AF545902

Stefan Schweizer

Die Hängenden Gärten von Babylon

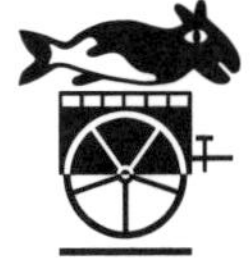

Stefan Schweizer

Die Hängenden Gärten von Babylon

Vom Weltwunder zur grünen Architektur

Mit einem Beitrag von Frank Maier-Solgk

Verlag Klaus Wagenbach Berlin

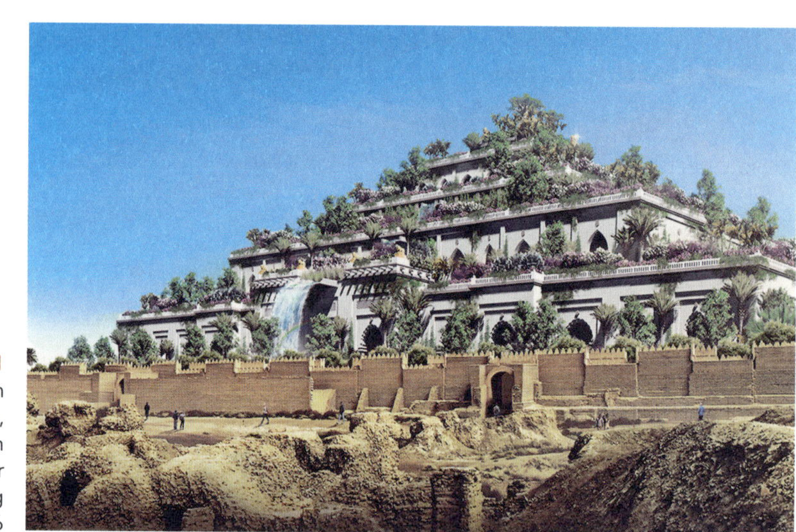

1
Die Hängenden Gärten von Babylon, Rekonstruktion im Auftrag der Reiseversicherung Budget Direct, 2016

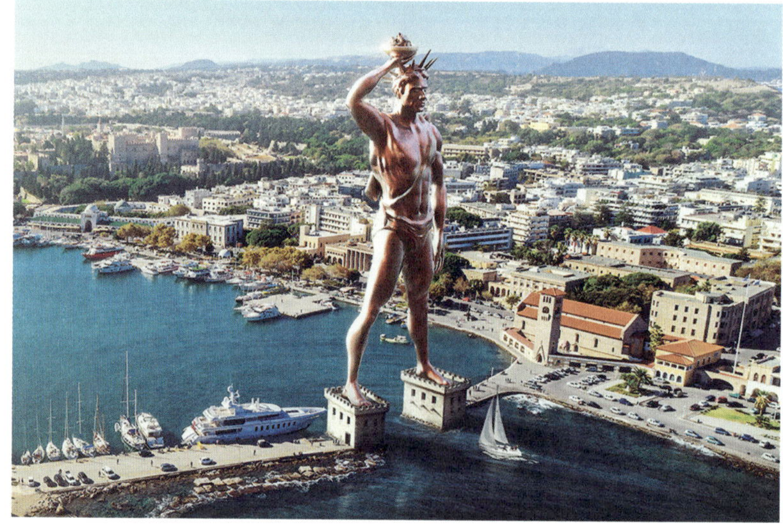

2
Der Koloss von Rhodos, Rekonstruktion im Auftrag der Reiseversicherung Budget Direct, 2016

1 *Einleitung*

Die Sieben Weltwunder der Antike beflügeln bis heute die menschliche Imagination. Es wäre doch zu schön, könnte man nicht nur zu den Pyramiden von Gizeh reisen, sondern auch den gigantischen Koloss im Hafen von Rhodos oder die kunstvoll aus Elfenbein geformte Zeusstatue in Olympia bewundern. Und wie großartig muss es sich angefühlt haben, durch die sagenumwobenen Hängenden Gärten von Babylon zu wandeln? Seit dem Altertum sind die Weltwunder Teil des globalen kulturellen Gedächtnisses, auch wenn die meisten von ihnen längst nicht mehr existieren. Die Sehnsucht nach leibhaftiger Teilhabe an den berühmten antiken Wunderwerken wurde jüngst durch den australischen Versicherungskonzern Budget Direct befeuert, der 3D-Video-Rekonstruktionen der Weltwunder für sein Online-Marketing herstellen ließ. Die spekulativen Rekonstruktionen, suggestiv in die heutige Umgebung versetzt, stellen nur das jüngste Zeugnis für das andauernde Interesse und die weltweite Bewunderung dar. Dabei ist es nicht einmal weit hergeholt, dass ein Konzern, der mit Reisen Geld verdient, seine Kunden für die Sieben Weltwunder zu begeistern versucht. Vielmehr vermittelt sich hier das Eingeständnis, dass die heutige Tourismusindustrie ebenso von Ranglisten ihrer besten Reiseziele lebt wie die antike Kultur. Die Sieben Weltwunder entsprechen heutigen Rankings; auch sie boten einst Orientierung und steuerten Aufmerksamkeit. Sie verkörpern zudem konkretes Weltwissen und bieten uns heute einen seltenen Einblick in die geografischen sowie kulturellen Vorstellungen davon, was vor zweitausend Jahren einmal eine Reise wert war.

Überblickt man den im frühen 3. und 2. Jahrhundert v. Chr. entstandenen Kanon der antiken Weltwunder, so überrascht der Umstand, dass auch ein Garten Aufnahme fand: die sogenannten Hängenden Gärten von Babylon. Überraschend ist das deswegen, weil »Wunderwerke« nach Maßstab der Antike bestimmte Kriterien erfüllen mussten: Kunstfertigkeit und Monumentalität, vor allem aber Dauerhaftigkeit und ganz buchstäblich Stabilität. Gerade diesen Kriterien aber entsprechen Gärten nicht oder nur mit Einschränkungen. Zunächst sind Gärten abhängig vom Wandel der Jahreszeiten und unterliegen den Gesetzen der Biologie: Auch wenn die Gartenbepflanzung substantiell in Form von Bäumen das Leben eines Menschen zu überdauern vermag, stirbt auch sie einmal und ist möglichst frühzeitig zu ersetzen, soll die Form langfristig bewahrt werden. Hinzu kommt die Fragilität von Gärten, die den Auswirkungen von Natur- und Klimakatastrophen ausgesetzt sind, aber auch einer kontinuierlichen Pflege bedürfen. Machtwechsel oder politischer Bedeutungsverlust zogen oft eine Unterbrechung, gar den Abbruch der Gartenpflege nach sich und löschten Gärten damit für alle Zeiten aus.

Daher hat – anders als zahllose antike Tempel, Grabmäler, Skulpturen, Malereien, sogar Straßen mitsamt Toren und Mauern – kein antiker Garten überdauert, wie auch?

Und so besteht die Sonderstellung der Hängenden Garten von Babylon auch darin, dass sie als einziges Werk des antiken Weltwunderkanons keine Spuren hinterlassen haben – sieht man von architektonischen Substruktionen ab, die der deutsche Archäologe Robert Koldewey um 1900 als Ort der Hängenden Gärten glaubte entdeckt zu haben (siehe Kapitel 6).[1] Demgegenüber fanden sich von den anderen zu den *septem mira*, den sieben Wundern, gezählten Bauwerken teils jahrhundertelang, teils bis heute deutliche Spuren: Die Pyramiden von Ägypten stehen noch, die Mauern von Babylon konnten teilweise ausgegraben werden, vom Mausoleum in Harlikarnassos (im heutigen Bodrum) sind Reste archäologisch gesichert worden, ebenso vom Artemis-Tempel in Ephesos (im heutigen Selçuk); und auch der Zeus-Tempel in Olympia wurde als Ruine überliefert, ja selbst von der sagenumwobenen Zeusstatue in seinem Innern fanden sich Fragmente. Neben den Hängenden Gärten ging nur ein weiteres der Sieben Weltwunder vollständig verloren: der um 294 v.Chr. errichtete Koloss von Rhodos, der bereits 226 v.Chr. bei einem Erdbeben zerstört wurde.[2] Allerdings konnte man die Überreste des buchstäblich in die Knie gegangenen Giganten noch Jahrhunderte später als Ruine besichtigen, ehe die letzten Fragmente in der Mitte des 7. Jahrhunderts von arabischen Eroberern verschifft wurden.[3]

Aber vielleicht ist es dann doch nicht so außergewöhnlich, dass auch ein Garten unter den Sieben Weltwundern rangiert. Gärten können durchaus eine Sonderstellung für sich beanspruchen. Mit der Sesshaftigkeit des Menschen im Zuge der neolithischen Revolution entstanden Gärten, die sich bereits in den frühen Hochkulturen zu besonderen Orten der Mensch-Natur-Beziehung entwickelten. Gärten müssen zur anthropologischen Grundausstattung gerechnet werden, denn sie dienten als notwendiger Baustein für den menschlichen Lebensunterhalt sowie als Schutz- und Ruhezone. Gemeint ist damit sowohl die kulturelle Ordnung von Natur im unmittelbaren Lebensumfeld wie auch das Versorgungspotential von Gärten, derer es für den Anbau von Obst, Gemüse und Kräutern (auch medizinisch nutzbaren) bedarf. In dieser Kombination wurde aus dem Garten ein Ort, der die leiblichen (Ernährung, Wasser, frische Luft, Sonne, Schatten) ebenso wie die seelischen (Ruhe, Kontemplation, ästhetische Erfahrung, Naturstudium) Bedürfnisse der Menschen befriedigt. Dies lässt sich als ein Universalismus in allen Hochkulturen beobachten.

Mit den Verheißungen des biblischen Paradieses verbunden, haftet Gärten seit jeher etwas Außerordentliches, Luxuriöses, Festliches an. Homer beschreibt in der *Odyssee* den Garten des Königs Alkinoos, in dem Odysseus Aufnahme gefunden hat. Der Herrscher stellt seinen Reichtum, seine Bildung und seinen Geschmack in einem Garten zur Schau und macht ihn zum Ort der Gastfreundlichkeit. Chinas Kaiserpaläste verfügten über Gärten, die Residenzen Persiens und der persischen Moghule auf dem indischen Subkontinent ebenso. Die ägyptische, griechische und auch die römische Oberschicht des Altertums legte sich Gärten an. Schon römische Politiker und Gelehrte etablierten die Idee von Gärten als prachtvolle wie Erholung spendende Gegenwelten zur Großstadt mit ihrem Lärm, ihrem Schmutz und ihrer Lasterhaftigkeit. Unter den Karolingern erfuhr die Gartenkultur eine neue Förderung. Die arabischen Herrscher hinterließen in Andalusien und auf Sizilien beeindruckende Gartenensembles, die europäischen Machthabern als Vorbild dienten. Seit dem 15. Jahrhundert erlebten auch Gärten eine Renaissance und traten wieder neu ins Bewusstsein, da die antiken Schriften über Botanik, Hortikultur und Agrarwesen wiederentdeckt und studiert wurden. Über den Fernhandel gelangten fremde Pflanzen nach Europa. Villen, Stadtpaläste und bald auch Residenzen waren mit Gärten ausgestattet und bildeten erstrangige Reiseziele, ja Attraktionen. Die frühneuzeitliche Gartenkultur fußt auf der hochstehenden antiken Gartenkultur, der sich auch die Kanonisierung der Hängenden Gärten Babylons als Weltwunder verdankt.

Der Weltwunderkatalog der Antike behielt auch deshalb über mehr als zwei Jahrtausende Gültigkeit für die westliche Welt, weil die in ihnen versammelten Werke als Bauaufgaben eine dauerhafte Aktualität beanspruchen konnten. Grabmal, Wehrmauern, Tempel, Kultbild, Denkmal, Palast und Garten zählen jenseits der einfachen Behausung zu den essentiellen Bauwerken jeder entwickelten Kultur. Die Weltwunderliste ermöglichte es, auf historische Archetypen aus frühen Hochkulturen zurückzugreifen, was oft genug geschah, um eigene Leistungen ins rechte Licht zu rücken. Zugleich existierte über eine lange Zeit und im Grunde bis heute ein elementares funktionales Verständnis der einzelnen Weltwunder und verlieh einer praktischen Orientierung an ihnen damit überhaupt erst den notwendigen Sinn.

Der archetypische Charakter einzelner Weltwunder ist immer wieder im Hinblick auf ihre Rezeptions- und Rekonstruktionsgeschichte untersucht worden. Vom Pharos zu Alexandria, einem monumentalen Leuchtturm, gelangte man zu den Wolkenkratzern der Moderne, vom Koloss an der Hafeneinfahrt zu Rhodos zur New Yorker Freiheitsstatue. Die Pyramide strahlte als Grabdenkmalform aus bis nach Rom, Großbritannien und dank Fürst Pückler sogar bis in die Lausitz. Der vom Grab des karischen Fürsten Mausolos abgeleitete Begriff »Mausoleum« setzte sich wiederum als allgemeine Gattungsbezeichnung für Begräbnisarchitektur durch.

Die Werke aus dem Weltwunderkatalog hinterließen mithin unübersehbar ihre Spuren in der europäischen (und gelegentlich auch in der außereuropäischen) Geschichte, und dies zumeist auf zweifache Weise: Zum einen entstand mit dem auf sieben Monumente begrenzten Katalog eine überschaubare Sammlung an künstlerisch beziehungsweise architektonisch herausragenden Attraktionen. Darüber hinaus vermittelte er einen räumlichen wie zeitlichen Zusammenhang und machte die unmittelbare Vorgeschichte der antiken Welt erfahrbar, die sich unter Alexander dem Großen zu einem Weltreich fügte, das Teile Südosteuropas, Nordafrikas und Kleinasiens vereinte. Der europäische Kolonialismus besitzt in den Weltwundern ebenso sein Urbild wie die auf der Babel-Überlieferung gründende jüdisch-christliche Tradition.

Zum anderen knüpft sich an die sieben höchst unterschiedlichen Einzelwerke eine je eigene Überlieferungsgeschichte. Sieht man von den erhaltenen ägyptischen Pyramiden ab, deren Rang als Attraktion auf den Weltwunderstatus nicht unbedingt angewiesen war, zielten die meisten Überlieferungsdiskurse auf die textliche, bildliche und archäologische Rekonstruktion. Deren Ergebnisse waren vielversprechend, nur für die Hängenden Gärten von Babylon konnte man sich bis in die Moderne nicht darauf festlegen, ob sie überhaupt existierten.[4] Manche wollten sie auf der Basis eines grandiosen Missverständnisses an einem anderen Ort, in einer anderen Kultur verorten,[5] und wieder andere verstiegen sich zu der Aussage, für die Hängenden Gärten sei keine Rezeptionsgeschichte nachzuweisen: »Ohne direkten und wesentlichen Einfluss auf den abendländischen G.[artenbau] blieben wohl die von Nebukadnezar II. circa 570 v. Chr. in Babylon hergestellten sog. Hängenden Gärten der Semiramis. Sie sind später öfters von klassischen Schriftstellern beschrieben«[6] worden, heißt es 1910 in der *Realenzyklopädie der classischen Altertumswissenschaft*.

Entgegen einer solchen Fehleinschätzung wird dieses Buch zeigen, auf welch wirkmächtige, bis in die Gegenwart reichende Karriere die Hängenden Gärten zurückblicken, eine Karriere, die sich in Texten seit über 2000 und in Bildern seit über 600 Jahren nachweisen lässt. Ihre Faszinationsgeschichte wird unter vier Gesichtspunkten diskutiert: erstens mit Blick darauf, wie das Wissen über die Hängenden Gärten von Babylon im Kontext der Weltwunderüberlieferung bewahrt, tradiert sowie verändert wird, zum Beispiel in Imaginationen und Rekonstruktionsphantasien (Kapitel 2 und 3); zweitens in Bezug auf die mythische babylonische Königin Semiramis, die in der neuzeitlichen und modernen Literatur-, Musik- und Kinogeschichte regelmäßig als Auftraggeberin der Hängenden Gärten beleuchtet wird (Kapitel 5); drittens über die archäologische Wiederentdeckung Babylons im 19. und frühen 20. Jahrhundert, die das Interesse an den Hängenden Gärten neu weckt und in einer gleichwohl spekulativen Lokalisierung unmittelbar am Ischtar-Tor gipfelt (Kapitel 6); viertens mit Blick auf die Architekturgeschichte: Hier überträgt sich die Faszination für die Hängenden Gärten auch auf den Bautypus der Dachgärten, die sich seit dem 15. Jahrhundert nachweisen lassen und heute im Zeichen von Klimawandel- und Nachhaltigkeitsdebatten technologisch einer neuen Verschmelzung von Architektur und Bepflanzung den Weg ebnen (Kapitel 4 und 7).

Die Frage, ob die Hängenden Gärten von Babylon je existiert haben, lässt sich auch hier nicht abschließend beantworten. Vielmehr soll gezeigt werden, in welchen Diskursen, unter welchen Bedingungen und mit welchen Ansichten die Überlieferung der Hängenden Gärten bewahrt wurde. Dabei gilt es, die Text- und die Bildimaginationen miteinander ins Verhältnis zu setzen, wobei die Bildtradition besonders interessiert. Sie bildet eine Geschichte sich ablösender Rekonstruktionsphantasien. Letztere gehen nicht nur auf Künstler zurück, sondern waren immer auch das Werk von Gelehrten. Neben Sebastian Münster versuchte sich der Gelehrte Athanasius Kircher, und unter den Architekten, die sich an der bildlichen Rekonstruktion der Hängenden Gärten Babylons beteiligten, rangieren mit Johann Bernhard Fischer von Erlach, Karl Friedrich Schinkel und Gottfried Semper gleich drei Weltstars, zu denen sich in der Klassischen Moderne noch Le Corbusier gesellt.

Ein gehöriges Eigenleben entwickelt die Überlieferung zur mythischen Figur der Semiramis, die zwar nicht immer uneingeschränkt als Bauherrin der Hängenden Gärten Babylons betrachtet wurde, sich aber in der Überlieferung als solche durchsetzte. Heute bilden die Hängenden Gärten Babylons und die Hängenden Gärten der Semiramis jedenfalls Synonyme. Dabei knüpfen sich an den Mythos von Semiramis weit mehr als nur ein Hängender Garten oder die Stadtmauern von Babylon. Sie gilt als einer der wichtigsten Prototypen für eine machtbewusste und kluge Regentin, für die Idee weiblicher Herrschaft an sich. Seit der Antike wird sie als sittenlose, wollüstige, gar in inzestuöse Beziehungen verwickelte Frau charakterisiert und mit negativen Eigenschaften ausgestattet, die sie aber im Spätmittelalter und der Frühen Neuzeit verliert. Dort avanciert sie zum Bildgegenstand und zur literarischen wie dramatischen Figur. Erst die Populärkultur der Moderne rückt Semiramis wieder ins Licht misogyner Verdächtigungen.

Neben die Texttradition und eine im Mittelalter einsetzende Bildgeschichte tritt die Architektur mit zum Teil prominenten Versuchen, Hängende Gärten zu errichten. Etablierten sich Hängende Gärten im 15. Jahrhundert als repräsentative Bauaufgabe, so bescherte der mit ihrer Konstruktion verbundene Aufwand ihnen in der Folge eine Randständigkeit, die sie in der Moderne und erst recht in jüngster Zeit wieder überwanden.

Um jedoch den Zusammenhang zwischen Mythos, mittelalterlicher Bildphantasie, frühneuzeitlicher Bauaufgabe und den zeitgenössischen Ansprüchen an Grüne Architektur und Nachhaltigkeit überhaupt herstellen zu können, muss zunächst die Bezeichnung geklärt werden. Was also ist ein »Hängender Garten«?

Der deutschsprachige Begriff »Hängender Garten« (im Folgenden wird wie in den meisten antiken Texten der Plural verwendet) führt regelmäßig zu Missverständnissen. Er hat weder etwas zu tun mit Hängepflanzen, noch besitzt die architektonische Struktur eine Aufhängung. In den antiken Überlieferungen bezeichnet das griechische Wort *kremastos* (das »hängen« und »schweben« bedeutet) einen Hängenden Garten, unter dem man im Kontext von Bauwerken einen auf architektonischen Substruktionen, auf einem Unterbau ruhenden Garten versteht.[7] Für die lateinische Übertragung sei stellvertretend auf Quintus Curtius Rufus verwiesen, der von den *Horti Pensiles Babylonis* spricht und damit dasselbe meint.[8] Im antiken Rom werden zahlreiche Gärten auf Substruktionen angelegt, die mit derselben Vokabel als *horti pensiles* bezeichnet werden. Die italienische Übertragung des lateinischen Begriffs lautet *giardini* (auch *orti*) *pensili*, die französische *jardins suspendus*.

Als feststehender Begriff wird darunter in der Frühen Neuzeit analog zum griechischen Ausgangsbegriff und zum römisch-antiken Verständnis noch immer ein Garten auf bewohnbaren Substruktionen verstanden. Diese architektonischen Substruktionen können ein Geschoss beherbergen, ja selbst ein ganzes Haus, sodass auch Dachgärten unter die Hängenden Gärten fallen. Entscheidend ist jedoch, dass es sich dabei nicht um eine einfache Terrasse handelt, sondern um eine unterbaute und bepflanzte. Die Bepflanzung ist wiederum zwingend eine Erdpflanzung, erschöpft sich also nicht einfach im Aufstellen von Kübelpflanzen, im Einhängen von Balkonkästen oder dergleichen.

Die damit einhergehenden technischen Probleme zu lösen und auf gebauter Architektur, im unmittelbarsten Wohnumfeld einen Garten nutzen zu können, beschreibt im Kern das frühneuzeitliche Faszinosum der Bauaufgabe. Schließlich musste man zum Betreten des Gartens nicht einmal das Haus verlassen und wurde dafür auch noch mit Abgeschiedenheit, sauberer Luft und zuweilen sogar mit einem weiten Ausblick entschädigt.

Ein Hängender Garten überwindet damit eine neuralgische Grenze der menschlichen Naturvorstellungen und -adaptionen.

In ihm wird die Natur in einer Weise domestiziert und nutzbar gemacht, die eigentlich undenkbar scheint. Die an die Natur gebundene gärtnerische Bepflanzung wird technisch gleichsam isoliert und in einzelnen Elementen in einen architektonischen Verbund versetzt.

So erscheint es nur logisch, die seit einigen Jahren als Grüne Architektur oder Hortitecture (*hortus* = lateinisch Garten + Architektur) bezeichneten Beispiele einer Baukunst, die Architektur und Gärten aufs Neue miteinander verbindet, in die Tradition der Hängenden Gärten Babylons zu stellen und entsprechend zu beleuchten. Nicht selten beriefen sich Architekten der Moderne selbst explizit auf das Weltwunder der Hängenden Gärten. Mit dieser Referenz lässt sich die Integration von Architektur und Garten als Verwirklichung eines Menschheitstraums begreifen. Und in der Tat können die am Ende des Buches im Beitrag von Frank Maier-Solgk präsentierten Beispiele für sich beanspruchen, in diese Tradition gestellt zu werden, wobei es längst nicht mehr um exzentrische herrschaftliche Repräsentationsansprüche, sondern um eine klimagerechte Architektur der Zukunft geht.

2 *Der Mythos entsteht: Die Hängenden Gärten in der Textüberlieferung*

Herodots Babylon besitzt keine Gärten

Die Überlieferungsgeschichte der antiken Sieben Weltwunder ist komplex, widersprüchlich und fragmentarisch – und damit auch diejenige der Hängenden Gärten von Babylon. Die altertumswissenschaftliche Forschung hat in den letzten Jahrzehnten mehrfach versucht, den Transfer zwischen orientalischem Mythos, antikem Wissen und frühneuzeitlicher Verbreitung nachzuvollziehen, wobei sich der zur Verfügung stehende Textkorpus seit 1900 nur unwesentlich verändert hat.[1]

Während die ersten Listen mit Sieben Weltwundern im 1. Jahrhundert v. Chr. entstanden, geht die Vorstellung, dass sich unter Verweis auf herausragende Bauten und Denkmäler – in einem Katalog versammelt oder nicht – Geschichte anschaulich darstellen lasse, auf den griechischen Historiker Herodot zurück. Bei derartigen Beschreibungen konnte sich Herodot unter anderem auf die *Odyssee* berufen, in der Homer mit dem ausführlichen Bericht über den Palast des Alkinoos einschließlich seines Gartens die erste Architektur- und Gartenbeschreibung der europäischen Literatur verfasst hatte.[2]

In seine um 430 v. Chr. verfassten *Historien* fügte Herodot kurze Baubeschreibungen ein, die aus Angaben zu den Maßen, der Anzahl der Säulen, den Baukosten und der Bauzeit bestehen.[3] Über die ägyptischen Cheops-Pyramiden vermerkt er kurz: »An der Pyramide selbst arbeitete man zwanzig Jahre. Bei viereckigem Grundriss ist jede Seite acht Plethren lang und ebenso hoch; sie besteht aus geglätteten, genauestens ineinandergefügten Steinen, von denen jeder mindestens 30 Fuß lang ist.«[4] Offensichtlich hält er Informationen darüber, wie das Bauwerk entstanden ist, für bedeutsamer und interessanter als eine detaillierte Architekturbeschreibung und widmet sich diesem Thema in der Folge ausführlicher.

Von Herodot haben wir auch Kenntnis über die Bauwerke Babylons, das er selbst besucht haben will.[5] Zwar geht er nicht auf Hängende Gärten ein, aber auf zwei Bauwerke, die jedes für sich Geschichte machen sollten: die Mauern der Stadt sowie den gewaltigen Turm. Zunächst beschreibt er Babylons Stadtgestalt:

> *Die Stadt liegt in einer großen Ebene und ist viereckig, jede Seite 120 Stadien lang. So beträgt der Umfang der Stadt im ganzen 480 Stadien. Die Stadt ist also recht groß. Sie ist aber auch die schönste Stadt von allen, die wir kennen. Zunächst läuft ein tiefer, breiter Wassergraben um sie herum. Dahinter liegt eine Mauer, 50 königliche Ellen breit; die Höhe der Mauer beträgt 200 Ellen [...]*[6]

Auch an dieser Stelle ist ihm die Art der Erbauung wichtig. Zudem will er Erklärungen liefern. Demnach hätten die Babylonier die beim Aushub des Grabens entstandene Lehmerde zu Ziegeln gebrannt:

> *Als Mörtel verwendeten sie heißes Erdharz [gemeint ist Bitumen, Anm. d. Vf.], und in einer Entfernung von je dreißig Ziegelschichten legten sie Rohrgeflechte zwischen die Steine. So befestigten sie zunächst die Grabenränder und bauten dann auf die gleiche Weise die Mauer auf.*[7]

Die Bauart sei deshalb zitiert, weil in nahezu allen jüngeren Erwähnungen der Hängenden Gärten zu Babylon das Vermauern von Lehmziegeln mit Bitumen auch thematisiert wird. Schließlich berichtet Herodot vom Tempelbezirk, in dem ein Turm gestanden habe, der in sich aus acht Einzeltürmen bestand, die von einem spiralförmigen Treppenaufgang umgeben wurden. Auf dem letzten Turm habe ein Tempel gestanden. Wir können davon ausgehen, dass damit der babylonische Turm gemeint ist, dessen Geschichte auch im ersten Buch Mose erzählt wird. Der Bibeltext erwähnt ebenfalls explizit die Verbindung von Ziegeln und Erdharz.[8] Der Turmbau dient in der biblischen Überlieferung jedoch als Symbol einer unsittlichen Anmaßung, denn von seinen babylonischen Erbauern heißt es, dass sie aus Ruhmessucht das Ziel verfolgt hätten, einen Turm bis in den Himmel zu errichten. Für Gottvater ist der Bau einer der seltenen Anlässe, auf die Erde herabzufahren und nach Besichtigung des Turmbaus die Bewohner (das heißt die Menschheit) zur Bestrafung ihrer Hybris mit vielen Sprachen zu verwirren. Daraufhin habe man die Stadt als Babel bezeichnet, als Ort der Verwirrung.

Der Turmbau zu Babylon wurde nur in seltenen Fällen als Weltwunder betrachtet und kommt auf den entsprechenden Listen kaum vor. Die Tatsache aber, dass über ihn auch in den christlichen Urtexten berichtet wird, rückte ihn, wie wir noch mehrfach beobachten können, in die Nähe der in Babylon verorteten Weltwunder, der Mauern und der Hängenden Gärten. Indem spätere Autoren Bezüge zwischen Turm, Mauern und Gärten herstellten, wurden unterschiedliche Überlieferungsstränge miteinander verknüpft. So wie die Weltwunder für viele Jahrhunderte die Bildphantasie des Abendlandes prägten, so trugen auch die bildlichen Vorstellungen vom Turmbau zu Babel das ihrige zur europäischen Bildphantasie bei.[9]

Und noch einen weiteren Ausgangspunkt bieten Herodots *Historien* für die Geschichte der Hängenden Gärten: Mit Semiramis nennt er eine historische Figur, die in den nachfolgenden Jahrhunderten regelmäßig für die Bauherrin der Hängenden Gärten gehalten wird.

> *Über Babylon haben unter vielen anderen Königen, über die ich in der Geschichte Assyriens berichten werde – sie haben die Mauern und die Heiligtümer ausgebaut –, auch zwei Frauen geherrscht. Die erste Königin, die fünf Generationen vor der jüngeren regierte und Semiramis hieß, hat draußen in der Ebene bewundernswerte Dämme geschaffen.*[10]

Herodots kurze Erwähnung skizzierte ein Bild der Königin Semiramis als Bauherrin, auf das später noch zahlreiche Autoren zurückgreifen. Der in ihrem Auftrag errichtete Ingenieurbau, daran sei mit Blick auf unser Thema hingewiesen, besitzt eine gewisse Verwandtschaft zur Bauaufgabe der Hängenden Gärten.

Ktesias von Knidos stellt die Hängenden Gärten vor

Mit Ktesias von Knidos, einem griechischen Arzt und Gelehrten, geht um das Jahr 400 v. Chr. erstmals ein Autor auf die Hängenden Gärten von Babylon ein – lange bevor sie zu den Weltwundern gerechnet wurden. Ktesias lebte zu dieser Zeit am persischen Königshof – ob als Kriegsgefangener oder als Gesandter ist umstritten.[11] Seine Beobachtungen legte er in 23 nur äußerst fragmentarisch erhaltenen Büchern nieder, die unter dem Titel *Persika* bekannt wurden.[12] Auch er verweist auf Semiramis, die bei ihm sogar als Gründerin Babylons auftritt. Um die Stadt zu errichten,

> *wählte sie von überall her Architekten und Handwerker aus, stellte das Material bereit und holte zur Vollendung des Werkes zwei Millionen Menschen zusammen. Mitten durch die Stadt ließ sie den Euphrat fließen; sie umgab sie mit einer Mauer von 360 Stadien Länge, die durch dicht nebeneinander gestellte hohe Türme unterteilt war [...]*[13]

Die Passage ist lediglich als Zitat bei Diodor erhalten, einem griechischen Geschichtsschreiber des 1. Jahrhunderts v. Chr., und wird hinsichtlich der Maßangaben von Letzterem und von späteren Autoren relativiert. Hier besteht Semiramis' Nennung erneut aus Informationen zu ihrer Tätigkeit als Bauherrin, wenn auch nicht als jene der Hängenden Gärten. Von denen berichtet Ktesias ausführlich, wobei seine Aussagen durch die Biografie von Alexander dem Großen überliefert wurden, den der kaiserzeitliche Historiker Quintus Curtius Rufus verfasst hat:

Beim Palast von Babylon sind – ein in griechischen Erzählungen gefeiertes Wunder – die Hängenden Gärten. Sie liegen in der Höhe der Mauerkrone und sind durch viele schattenspendende, hochgewachsene Bäume anmutig. Aus Naturstein sind Pfeiler errichtet, die das ganze Werk tragen, und über den Pfeilern ist ein Boden aus Quadersteinen verlegt für die Erde, die hoch darauf liegt, und auch für das Wasser, das diese feucht hält. Und derart mächtige Bäume trägt dieses Bauwerk, dass ihre Stämme 8 Ellen dick werden und sie bis zu 50 Fuß hoch in den Himmel ragen, ja sogar Früchte tragen, als würden sie vom Mutterboden genährt. Und während sonst der Zahn der Zeit nicht nur Werke von Menschenhand zernagt, sondern allmählich sogar die der Natur selbst, steht dieses wuchtige Bauwerk mit all der Last so viel wurzelschlagender Bäume, ja eines ganzen Haines, noch in unangetasteter Dauer; 20 Fuß breite Wandmauern tragen es nämlich, die voneinander jeweils nur 11 Fuß entfernt sind. Schaut man von fern darauf hin, so glaubt man deshalb, natürliche Wälder ragten hier auf ihren Bergen empor. Ein König von Syrien, der in Babylon herrschte, soll diesen Bau geschaffen haben, und zwar aus Liebe zu seiner Gemahlin. Sie hatte aus Sehnsucht nach ihren Hainen und Wäldern den Gatten dazu bewogen, mitten im Flachland mit einem derartigen Bauwerk die anmutige Natur nachzuahmen.[14]

Am Wahrheitsgehalt der auf Ktesias zurückgehenden Überlieferung wurde lange gezweifelt, da viele seiner Schilderungen allzu phantastisch klangen und nicht mit den Darstellungen Herodots in Übereinstimmung zu bringen waren. Die zitierte Passage enthält gleichwohl das meiste von dem, was auch in den nächsten Jahrhunderten das Faszinosum der Hängenden Gärten zu Babylon ausmachen sollte. Das Erstaunen beginnt bei den schieren Ausmaßen der Anlage und ihrer Höhe, die den Vergleich der Gärten mit einem bewaldeten Berg hervorrufen. Betonung findet die Notwendigkeit massiver Substruktionen, damit die Anlage trotz durchfeuchteter Erde und hoher Bäume stabil bleiben kann. Schließlich wird auch die Vorstellung, dass die Hängenden Gärten mit ihrer tiefen Erdschicht die gleiche Qualität besäßen wie der Mutterboden der Erde und die Bäume Früchte tragen konnten, zu einem anhaltenden Faktor der Bewunderung. Legt diese Behauptung doch immerhin nahe, dass der Mensch mit seiner Ingeniosität die Natur nachahmen und sogar überbieten könne. Über den Erbauer weiß Ktesias wenig zu berichten. Wer der erwähnte syrische König war, von dem die Rede ist, kann er nicht erklären. Der Anlass jedoch, den Garten für seine Gemahlin angelegt zu haben, um ihre Sehnsucht nach der bergreichen Heimat im Flachland des Euphrat-Tals zu stillen, erscheint zahlreichen Schriftstellern plausibel und wird daher regelmäßig wiederholt. Damit wird das Faszinosum der Fähigkeit herausgestellt, ganze Landschaften gleichsam an einen anderen Ort zu versetzen. Im Kleinen wird dies in der Tat später ein Thema der antiken wie frühneuzeitlichen Gartenkunst. Zu nennen wäre hier an erster Stelle die Villa Kaiser Hadrians bei Tivoli, in deren Garten ägyptische und griechische Bauwerke und ganze Landschaften das Herrschaftsgebiet des Kaisers *en miniature* in Szene setzten.[15] In der Renaissance erfolgt der Verweis auf Landschaften dann eher allegorisch und als Abbreviatur, wie etwa die monumentale Apennin-Skulptur im Garten der Villa Medicea in Pratolino.[16]

Die Weltwunder im Herrschaftsraum Alexander des Großen

Die moderne Geschichtsschreibung hat mehrfach darauf verwiesen, dass sich Vorstellungen von Weltwundern beziehungsweise besonderen baulichen Attraktionen in der Herrschaftszeit des makedonischen Königs Alexanders des Großen verfestigten.[17] Ähnlich wie bei Herodot wird im Umfeld Alexanders die Erwähnung herausragender Bau- oder Kunstwerke als ein narratives Element der Historiografie eingesetzt. Die Alexander-Biografien konnten mit dem Hinweis auf die spektakulären Bauten das von ihm beherrschte Imperium kenntlich machen und dabei Griechenland mit dem eroberten Orient auf eine Stufe stellen. Indem Autoren Bau- und Kunstwerke als historische Quellen einstufen und argumentativ entsprechend inszenieren, werden diese Werke zu Herrschaftsdenkmälern, obgleich man Alexander natürlich nicht einfach für die Erbauung eines der sieben Weltwunder verantwortlich machen konnte. Der Hinweis auf Denkmäler kommt damit als ein weit verbreitetes Element der Information, aber auch der Rhetorik zum Einsatz. Bau- und Kunstdenkmäler werden noch heute – das ist methodisch eine durchaus problematische Sicht der Dinge – als ein unmittelbarer Ausdruck von Geschichte gelesen, als Abbilder politischer Systeme, kultureller Entwicklungsstufen und so weiter. So verweist der griechische Schriftsteller Plutarch im 1. Jahrhundert n. Chr. in seiner Lebensbeschreibung des Perikles auf die Bauwerke der Athener Akropolis, um die perikleische Herrschaft möglichst eindrucksvoll zu veranschaulichen.[18] Diese Identifikation von Herrscher beziehungsweise Herrschaftsform und Bauwerken wird im 18. Jahrhundert von Johann Joachim Winckelmann wieder aufgegriffen und war auch in der Moderne noch ein Topos der Geschichtsschreibung.[19]

Es ist daher kein Zufall, dass die Geschichte Alexanders später mit den Weltwundern in eine direkte Verbindung gestellt wird.

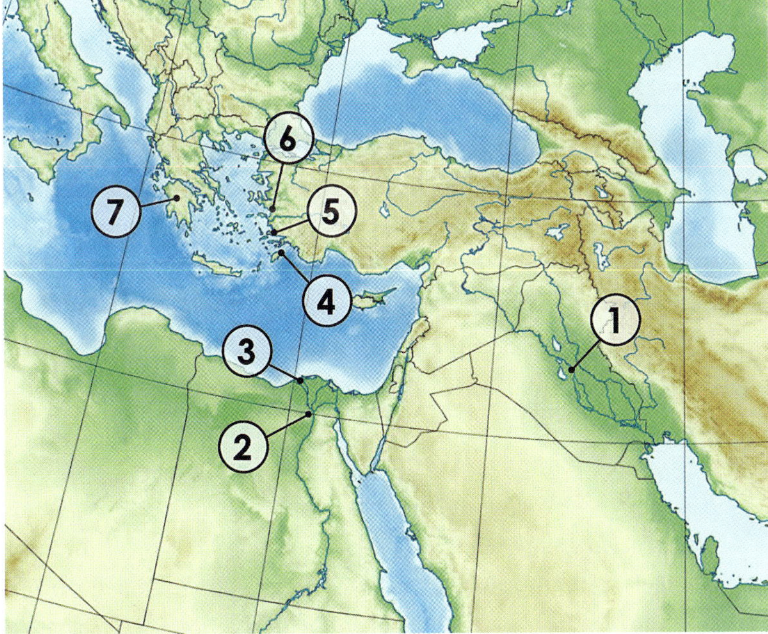

3
Die geografische Verteilung der Sieben antiken Weltwunder
1 Babylon (Mauern und Hängende Gärten)
2 Gizeh (Pyramiden)
3 Alexandria (Pharos/Leuchtturm)
4 Rhodos (Koloss)
5 Halikarnassos/Bodrum (Mausoleum)
6 Ephesos/Selçuk (Artemis-Tempel)
7 Olympia (Zeusstatue)

Nach Aussage des Diodor von Sizilien wollte Alexander ein achtes Weltwunder erschaffen, ein pyramidenförmiges Grabmal für seinen Vater Philipp. Alexanders früher Tod im Jahre 323 v. Chr. in Babylon verhinderte die Ausführung dieser Pläne.[20] Neben Diodors Hinweis auf sieben bereits bestehende Weltwunder, denen nun ein achtes folgen sollte, sind Alexanders Schicksal und die sieben antiken Weltwunder aber auch durch Alexanders Eroberung Babylons und seinen Tod in der Stadt am Euphrat neu miteinander verbunden. Und so ist es ebenso wenig ein Zufall, dass Alexanders Reich die Orte der Weltwunder umfasste: die griechische Peloponnes mit Olympia, die ägäische Insel Rhodos, die westliche Mittelmeerküste Kleinasiens mit Halikarnassos und Ephesos, Ägypten zu beiden Seiten des Nils mit Alexandria und dem Pyramidenort Gizeh sowie das mesopotamische Babylon in Vorderasien.

Die meisten der von griechischen Autoren stammenden Lebensbeschreibungen Alexanders des Großen sind nur fragmentarisch überliefert. Die moderne Geschichtsschreibung konnte jedoch ihre Spuren bei jüngeren Autoren nachweisen, wenn Autoren ihre Quellen nicht schon explizit benannten, wie das etwa bei Diodor geschah, der den zwei Jahrhunderte älteren Ktesias sogar zitierte. So liegen den Aussagen des griechischen Geografen und Historikers Strabon in seiner 17-bändigen *Geographika* vermutlich Überlieferungen von Kleitarchos und Onesikritos aus Astypalaia zugrunde. Beide Autoren hatten Lebensbeschreibungen Alexander des Großen verfasst, die nur in Fragmenten erhalten sind. Kleitarchos hatte Alexander vermutlich nicht mehr persönlich kennengelernt, aber von Onesikritos wissen wir, dass er teilweise an den Feldzügen Alexanders teilnahm. Auf die Aussagen dieser beiden konnte sich Strabon berufen, als er Babylon beschrieb:

> *Zu den Sieben Weltwundern wird sowohl die Mauer gezählt als auch der Hängende Garten, der bei viereckiger Gestalt an jeder Seite vier Plethren misst. Er wird getragen von Gewölben auf Bögen, die einer über dem anderen auf würfelähnlichen Pfeilern ru-*

hen. Die Pfeiler sind hohl und mit Erde gefüllt, so dass sie die Wurzeln der größten Bäume fassen, und sowohl sie als auch die Bögen sind aus gebrannten Ziegeln und Asphalt ausgeführt. Das oberste Verdeck hat treppenähnliche Aufstiege und die anliegenden »Schnecken«, mittels derer damit beauftragte Leute unaufhörlich das Wasser aus dem Euphrat in den Garten empor befördern. Der ein Stadion breite Strom fließt nämlich mitten durch die Stadt, und der Garten liegt am Strom.[21]

Zwei Punkte sind an dieser kurzen Darstellung besonders bemerkenswert: erstens der Hinweis darauf, dass die Stützpfeiler des Gartens hohl seien, um den Baumwurzeln Raum zu bieten. Was sich in dieser Beschreibung ausdrückt, ist das Bewusstsein, dass es sich bei einem Hängenden Garten um ein technisch anspruchsvolles Bauwerk handelt, für das unübliche bis außerordentliche technische Lösungen gefunden werden müssen. Dies betrifft vor allem den Charakter des Baus als Kombination von Architektur und Garten, der an das Erdwerk gebunden ist und eine Verwurzelung der Bäume jederzeit gewährleistet. Vorstellbar sind hohle Pfeiler vielleicht, aber die Begründung scheint doch weit hergeholt und hortikulturell zweifelhaft.

Zweitens führt der Text mit den »Schnecken« ein technisches Gerät zur Wasserversorgung auf, das gewöhnlich »archimedische Schraube« genannt wird. Als solche bezeichnet das Gerät etwa ein entsprechender Eintrag in Krünitz' *Oeconomischer Encyclopädie* 1828: »Schraube, des Archimedes, Wasserschraube, Schneckenschraube, Schnecke [...], im Wasserbau, eine schräg liegende Welle mit Schraubengängen von dünnen Brettern herumgeführt, worin beim Umdrehen das Wasser in die Höhe steigt.«[22]

Diese Vorrichtungen zur Hebung von Wasser waren noch in der europäischen Frühen Neuzeit verbreitet, etwa bei der berühmten Maschine von Marly, die unter Ludwig XIV. zur Wasserversorgung des Schlossparks in Versailles an der Seine errichtet worden war.[23] Gut möglich, dass auch in Babylon eine solche Wasserschraube zur Anwendung kam, zumal ihr Ursprung noch älter ist. In assyrischen Keilschrifttexten konnten Beschreibungen solcher Wasserschrauben nachgewiesen werden, die bereits unter dem assyrischen König Sanherib (Sin-ahhe-eriba) in Ninive, der Hauptstadt des assyrischen Reiches, zur Bewässerung von erhöht liegenden Gärten und Feldern eingesetzt wurden.[24]

Beruht die Passage bei Strabon auf einer älteren Beschreibung des Onesikritos, ging die Darstellung der Hängenden Gärten durch Kleitarchos in die Schilderung bei Diodor von Sizilien ein:

> *Da gab es auch den sogenannten Hängenden Garten beim Palast, und zwar nicht von Semiramis, sondern von einem der späteren Könige von Syrien, den dieser einer seiner Nebenfrauen zuliebe anlegte. Diese soll persischer Abstammung gewesen sein und voller Sehnsucht nach ihren heimatlichen Bergwiesen den König gebeten haben, mit Hilfe der Gartenbaukunst die Eigenart persischer Landschaft nachzuahmen. Dieser Park ist an jeder Seite etwa 4 Plethren lang und zieht sich wie Berg-Terrassen über mehrere Stockwerke hinan, so daß das Ganze wie ein Theater [mit seinen ansteigenden Sitzstufen für die Zuschauer, Anm. d. Vf.] aussieht. Unterhalb von diesen ansteigenden Lagen befanden sich Gänge, welche die Last der Gartenanlagen zu tragen hatten, jeder entsprechend der Neigung des Anstiegs etwas höher als der vorhergehende. Der oberste von ihnen war 50 Ellen hoch und trug auf sich die obersten Teile des Parks, etwa in gleicher Höhe mit der Brustwehr der Mauer. Die Stützmauern, die man für hohe Beträge errichtet hatte, waren 22 Fuß, ihre Zwischenräume aber nur 10 Fuß breit, die Decke bestand aus steinernen Quadern, die einschließlich des Spundes je 16 Fuß lang und 4 breit waren. Das Dach über diesen Quadern hatte zuerst eine Schicht aus Schilfrohr mit viel Asphalt, darüber eine doppelte aus gebrannten Ziegeln, die durch Gips verbunden waren; eine dritte Schicht bildeten Bleiplatten, damit nicht die Feuchtigkeit von der darauf geworfenen Erde in die Tiefe hinunter dringe. Obenauf lag eine Schicht Erde, tief genug auch für die Wurzeln größter Bäume. Der Boden selbst war geebnet und mit vielerlei Bäumen bepflanzt, wie sie in ihrer Höhe und sonstigen Schönheit die Betrachter in ihrer Seele erfreuen mußten.*[25]

Einige der Informationen besitzen Ähnlichkeiten mit der Beschreibung des Ktesias: Die Gartenanlage sei für die Frau eines weiter namenlosen Königs errichtet worden, um deren Sehnsucht nach der bergigen persischen Heimat zu stillen. (Bemerkenswert ist hingegen, dass Kleitarchos beziehungsweise Diodor explizit die Bauherrschaft durch Semiramis bestreiten.) Der Berg und damit eine Landschaft werden als Vergleichsmaßstab herangezogen. Die Lösung technischer (Abdichtung mit Bleiplatten) beziehungsweise statischer Probleme wird besonders herausgestellt und ausführlich betrachtet. Als bemerkenswerte Leistung wird auf das Wurzeln großer Bäume auf dem Bauwerk verwiesen. All diese von Kleitarchos betonten Besonderheiten hält auch Diodor noch für mitteilenswert und bescheinigt dem Garten damit Aktualität. Die detaillierten Maßangaben erlauben es den Lesenden zudem, sich genaue Vorstellungen von der Anlage zu machen.

Berossos aus Babylon bezeugt den Hängenden Garten

Eine der Quellen zu den Hängenden Gärten stammt tatsächlich aus Babylon. Der Astronom und Priester Berossos hatte um 290 v. Chr. eine Geschichte Babylons verfasst, die *Babyloniaká*, in der er auch die später als Weltwunder klassifizierten Mauern und Hängenden Gärten seiner Heimatstadt beschrieb.[26] Auch die Schriften Berossos' sind nur als Fragment überliefert. Seine Aussagen zu den Mauern, Palästen und Gärten wurden etwa von dem römisch-jüdischen Priester Flavius Josephus zitiert:

> *Als Nebukadnezar Babylon so befestigt und mit prächtigen Toren versehen hatte, erbaute er einen mit dem Palast seines Vaters zusammenhängenden zweiten Palast, dessen Größe und glanzvolle Ausstattung zu beschreiben hier vielleicht zu weit führen würde, doch darf nicht unerwähnt bleiben, dass er trotz seiner gewaltigen Ausdehnung schon in 15 Tagen vollendet war. In diesem Palast errichtete er steinerne Anhöhen, gab ihnen eine Gestalt, die der von Bergen sehr ähnlich war, bepflanzte sie mit vielerlei Bäumen, und bewerkstelligte und vollendete so den sogenannten Hängenden*

Park, weil seine Frau nach bergiger Umgebung verlangte, da sie im Gebiet von Medien aufgewachsen war.[27]

Der von Flavius Josephus zitierte Berossos charakterisiert die Hängenden Gärten in einer ganz ähnlichen Weise wie seine Vorgänger. Da es sich hierbei jedoch um einen wohl authentischen Augenzeugenbericht handelt, kommt dem Zitat ein hoher Quellenwert zu. Zum einen wird Nebukadnezar hier erstmals als Bauherr aufgeführt, und nun ist es seine persische Frau aus Medien, für die er den Hängenden Garten in Ermangelung einer bergigen Landschaft im Euphrat-Tal anlegt. So wird der Garten auch folgerichtig mit einem Berg oder einer Berglandschaft assoziiert. Zum anderen charakterisiert Berossos den Garten, indem er die Baumbepflanzung betont.

Angesichts des Hinweises auf Nebukadnezar als Bauherr sei an dieser Stelle kurz auf die noch genau zu untersuchende Konkurrenzsituation in der Überlieferungsgeschichte verwiesen: Denn zumindest in Mittelalter und Früher Neuzeit wurde Semiramis bevorzugt als Bauherrin des Hängenden Gartens betrachtet. Diese Vorstellung wurde erst durch die moderne Babylon-Archäologie aufgegeben, da nun auch Inschriftenzeugnisse entdeckt und ausgewertet wurden. So suchten die Archäologen der Deutschen Orient-Gesellschaft um 1900 nach einem terrassierten Garten des Königs Nebukadnezar II., ausgehend von einer vermutlich bei den Grabungen unweit des Ischtar-Tors aufgefundenen Inschrift eines Keilschrift-Zylinders:

Damals war ich darauf bedacht, die Warte Babylons zu verstärken. 360 Ellen Landes die Seiten (beziehungsweise an den Seiten) Nimitti-Bels [ein Wall, »Gründung Bels«, Anm. d. Vf.], des šalḫu [äußerer Wall, Anm. d. Vf.] von Babylon, zum Schutze, vom Ufer des Euphrat bis zur linken Schwelle des Ištar-Tores zwei mächtige Mauern aus Asphalt und Backsteinen baute ich zu einem dûru [innere Wallmauer, Anm. d. Vf.] bergegleich. Dazwischen errichtete ich eine Terrasse aus Backsteinen, oben darauf ein großes Schloß (?) zum Wohnsitz meines Königtums aus Asphalt und

Backsteinen baute ich hoch, verband (es) mit dem Palaste, der inmitten der Stadt (gelegen ist), und ließ ergänzen die Wohnung meiner Herrlichkeit.[28]

Auf eine ganz ähnlich klingende Steinplatten-Inschrift in Keilschrift verweist Donald John Wiseman: »Ich formte gebrannte Ziegel in der Art eines Berges und errichtete einen großen, stufenweise terrassierten ›kummu‹-Bau [Residenz, Anm. d. Vf.] als königlichen Aufenthaltsort für mich, hoch zwischen den Mauern von Babylon.«[29] Es ist strittig, ob die hier geschilderte bergartige Terrasse tatsächlich mit dem Hängenden Garten am Palast Nebukadnezars II. gleichzusetzen ist oder ob hier überhaupt ein Garten beschrieben wurde.[30] Für das Verständnis der Überlieferung ist jedoch nicht unwichtig, dass auch diese unzweifelhaft aus der Zeit Nebukadnezars stammende Inschrift ihn als Bauherren am Palast nennt und eine der Anlagen als berggleich beschrieben wird.

Der Hängende Garten als Weltwunder

Eine Liste mit Sieben Weltwundern überliefert erstmals ein Epigramm aus dem späten 2. Jahrhundert v. Chr., das dem griechischen Dichter Antipatros von Sidon zugeschrieben wird. Streng genommen ist von Wundern noch keine Rede, aber die später kanonisch werdende Zahl Sieben wird hier erstmals mit konkreten Bauten verbunden. Der in Rom lebende Antipatros von Sidon beruft sich vermutlich auf eine ältere Überlieferung, denn während der 292 v. Chr. fertiggestellte Koloss über der Hafeneinfahrt zu Rhodos Erwähnung findet, entbehrt die Liste eines Hinweises auf den 299 v. Chr. fertiggestellten Pharos zu Alexandria, den höchsten Leuchtturm der Antike, der später oft in Weltwunderlisten verzeichnet ist.[31]

Babylons ragende Stadt, ich sah sie mit Mauern, auf denen
Wagen fahren, ich hab Zeus am Alpheios gesehn,
sah des Helios Riesenkoloss und die hängenden Gärten,

auch den gewaltigen Bau der Pyramiden am Nil
und des Mausolos mächtiges Mal; doch als ich dann endlich
Artemis' Tempel erblickt, der in die Wolken sich hebt,
blasste das andre dahin. Ich sagte: »Hat Helios' Auge
außer dem hohen Olymp je etwas gleiches gesehen?«[32]

Erstaunlich an dieser Aufzählung ist zunächst die Hierarchisierung, denn das Epigramm räumt dem Artemis-Tempel in Ephesos den größten Raum ein und zollt ihm das höchste Lob. Diese Lobpreisung erscheint als der eigentliche Anlass des Gedichts. Um den Tempel zu preisen, bedarf es eines Vergleichs mit Werken von ähnlichem Rang: Babylons Mauern, der Zeus-Statue in Olympia (das am Alfios-Fluss liegt), dem Koloss von Rhodos, den Hängenden Gärten, den Pyramiden in Ägypten und dem Mausoleum in Halikarnassos. Ebenso fällt auf, dass die beiden babylonischen Stätten voneinander getrennt wurden. Es ist unklar, ob dies einen poetischen oder rhetorischen Hintergrund hat oder auch einer gewissen Unkenntnis des Autors geschuldet ist.

Als Teil eines festgelegten Kanons an Weltwundern wird der Hängende Garten in Babylon sehr ausführlich in einem Reisehandbuch über die Sieben Wunderwerke der Welt – *De septem mundi miraculis* – gewürdigt. Einem Philon von Byzanz zugeschrieben, der nicht mit dem gleichnamigen Ingenieur des 2./3. Jahrhunderts v. Chr. identisch ist, entstand der Reiseführer in der Spätantike und resümiert gewissermaßen die antike Überlieferung.

Der sogenannte Hängende Garten hat den Bewuchs überirdisch und wird so in der Luft bebaut, wobei er mit den Wurzeln der Bäume wie ein Dach von oben den gewachsenen Erdboden überdeckt. Unten sind steinerne Säulen aufgestellt, so daß der ganze Ort durch die Pfeiler unterirdisch ist.

Auf den Pfeilern liegen Palmen als Querbalken, jede für sich, und lassen jeweils nur einen ganz engen Zwischenraum. Dieses Holz fault als einziges von allen nicht; befeuchtet und belastet wölbt es sich nach oben, und es nährt die Triebe der Wurzeln, in-

dem es die Wurzelknoten von außerhalb zu sich in seine eigenen Lücken aufnimmt.

Auf diese Querbalken ist viel tiefe Erde aufgeschüttet, und schließlich sind breitblättrige und insbesondere Gartenbäume gepflanzt, ebenso vielerlei Blumen aller Art – kurz, alles was zum Anschauen am erfreulichsten und zum Genuß am angenehmsten ist. Bebaut wird der Ort wie der gewachsene Boden, ja er läßt den Anbau von Sprößlingen ähnlich wie festes Land zu. Diese Äcker also liegen über den Häuptern derer, die bei den Tragpfeilern umhergehen.

Wenn die Oberfläche von oben betreten wird, bleibt die Erde unten auf den Decken wie bei Orten mit sehr tiefer Erde unbewegt, ja völlig unberührt. Die Zufuhr von Wasser, das Quellen an höher gelegenen Orten schütten, erfolgt teils, indem es in geradem Lauf bergab fließt, teils, indem es, in Spiralen hinaufgedrückt, nach oben läuft; dabei fließt es durch mechanische Kräfte um die Schraubengänge der Maschinen. Es wird in zahlreiche große Bassins ausgeschüttet und bewässert den ganzen Garten, tränkt die Pflanzenwurzeln in der Tiefe und hält das Ackerland feucht, weshalb eben die Wiesen immerblühend und die Baumblätter, die an zarten Zweigen wachsen, taugenährt und windumweht sind.

Durstlos nämlich ist die Wurzel, die die anlaufende Feuchtigkeit des Wassers abpaßt und aufsaugt, und die sich mit anderen um das unterirdische Geflecht windet und so den Halt und das sicher steigende Wachstum der Bäume bewahrt. Üppig und königlich ist das kunstvolle Werk und besonders überwältigend darin, daß es die Arbeit des Landbebauens gleichsam über die Häupter der Betrachter aufhängt.[33]

Diese ausführliche Beschreibung ist von erstaunlicher Detailliertheit, und der Autor treibt es, was die Mutmaßungen über die Funktionsweise des Hochgartens angeht, sicher auf die Spitze. Was sich als technisches Verständnis ausgibt, ist reine Spekulation, doch wiederholt es einiges von dem, worüber bereits die älteren Darstellungen berichteten. Einen Bauherren oder eine Bauherrin nennt Philon nicht, die Mauern Babylons indes schreibt er der Königin Semiramis zu.[34]

Die römische Überlieferung

Nach der Betrachtung der spätantiken resümierenden Kompilation des Philon von Byzanz ist es noch einmal notwendig, in das Rom der späten Republik und der frühen Kaiserzeit zurückzukehren. Wie bereits mehrfach erwähnt, verdankt sich die Bewahrung grundlegender älterer Informationen zu den Weltwundern dem griechischen Geschichtsschreiber Diodor von Sizilien. Er verfasste in der ersten Hälfte des 1. Jahrhunderts v. Chr. eine *Historische Bibliothek* genannte Universalgeschichte, die für viele römische Autoren eine Wissensgrundlage bildete. Die umfangreiche Darstellung der Verhältnisse in Griechenland, Ägypten und Vorderasien kann als Basis dafür gelten, dass die Vorstellung von Sieben Weltwundern zum festen Bildungsgut werden konnte, wie die zahlreichen Bezugnahmen römischer Autoren belegen. Nach Kai Brodersen war es der römische Historiker Marcus Terentius Varro, der den Begriff der *septem opera in orbe terrae miranda,* der »sieben auf der Welt zu bewundernden Werke«, erstmals verwendete.[35]

Zu einem Standardnarrativ, das auch in der Renaissance wieder aufgegriffen wird, entwickelte sich das Lob zeitgenössischer Bauten, die ins Verhältnis zu den Sieben Weltwundern gesetzt werden – die oben zitierte Aussage des Antipatros von Sidon über den Artemis-Tempel von Ephesos weist bereits in diese Richtung. Der römische Dichter Marcus Valerius Martialis nutzt solche Vergleiche, um das Kolosseum als bedeutendste Bauleistung aller Zeiten zu loben und zugleich die Weltwunder herabzusetzen:

Das barbarische Memphis schweige von Pyramidenwundern,
und assyrischer Leistungsstolz prahle nicht mit Babylon;
schlaffen Joniern soll nicht des [Artemis-]Tempels Lob zufallen;
Delos soll sich samt dem berühmten Hörner-Altar verstecken;
und den in dünne Luft aufragenden Grabbau des Mausolos
sollen die Karer nicht maßlos bis zu den Sternen hochloben!
Jedes Werk bleibt zurück hinter Kaisers Amphitheater;
ein für allemal wird Nachruhm nur dieses Werk feiern![36]

Für die Frage nach dem Zusammenhang von antiker Überlieferung und gebauter Architektur ist es von größtem Interesse, dass auch der römische Architekt, Ingenieur und Architekturtheoretiker Vitruv den Katalog der Weltwunder nennt. Er erwähnt zwar nur das Mausoleum in Halikarnassos, dieses jedoch explizit als eines der *septem spectacula*, der sieben Wunder.[37] Auch auf Babylon nimmt Vitruv Bezug: Zum einen findet sich auch bei ihm zum wiederholten Male die in Babylon verbreitete Technik, die Steine mit Bitumen zu verlegen, zum anderen bezeichnet er Semiramis als Bauherrin der Babylonischen Mauern.[38]

Trotz der allmählich erfolgenden Festlegung auf die Zahl Sieben bleiben die römisch-antiken Weltwundersammlungen variabel, sodass sich die genaue Zusammenstellung von Autor zu Autor unterscheidet. Der unstete Ein- oder Ausschluss bezüglich des Weltwunderkanons betrifft nicht zuletzt die Hängenden Gärten von Babylon. Daher sei auf einige Autoren verwiesen, die sie zum Teil ausführlich berücksichtigten und damit die Überlieferungsgeschichte der nächsten Jahrhunderte prägten. Strabons wohl im ersten Jahrzehnt des 1. Jahrhunderts entstandene Darstellung besitzt Gewicht, da sie die Hängenden Gärten wie eine zeitgenössische Architektur beschreibt. Das babylonische Wunderwerk hatte er vermutlich nie besucht, doch liest sich seine Beschreibung wie der Situationsbericht eines Augenzeugen. Historische Überlieferung und geografisches Wissen durchdringen einander und bilden eine Mixtur aus Mythos und Wissen, die nicht selten auch Verwirrung stiftete. So informiert etwa der berühmte Plinius der Ältere seine Leser im 36. Buch seiner *Naturalis historiae* über die Weltwunder. Ausgangspunkt ist für ihn das Mausoleum in Halikarnassos, dem er römische Bauten an die Seite stellt.[39] Daneben rechnet er die ägyptischen Pyramiden, den Pharos von Alexandria, das Labyrinth von Kreta, den Tempel der Artemis von Ephesos und die nicht genauer verorteten Hängenden Gärten zu den Weltwundern.

Man liest auch von einem hängenden Garten, ja sogar von einer ganzen hängenden Stadt, nämlich Theben in Ägypten; die Pharaonen

> *pflegten unter ihr bewaffnete Heere herauszuführen, ohne daß es einer der Bewohner bemerkte; noch merkwürdiger ist, daß ein Fluß mitten unter der Stadt fließen soll. Wäre dies der Fall gewesen, hätte Homer es ohne Zweifel erwähnt, als er die dortigen hundert Tore rühmend hervorhob.*[40]

Plinius der Ältere gibt keinen konkreten Ort des Hängenden Gartens an und vergleicht ihn mit einer Hängenden Stadt, von der sonst nirgends die Rede ist. Der Passus ist voller Phantastik und Missverständnisse und zeigt, dass sich das historisch überlieferte Wissen immer neu modellieren ließ.

Ein karolingisches Manuskript im Vatikan und der Wissenstransfer im Mittelalter

Die Geschichtsdarstellungen des europäischen Mittelalters zählen die Sieben Weltwunder zum antiken Bildungsgut, das theologisch nicht verurteilt wurde. Selbst bei historiografischer Indifferenz schwingt eher Bewunderung, nicht selten aber auch Befremden in den Beschreibungen mit. Als Quelle lässt sich regelmäßig die *Naturgeschichte* von Plinius dem Älteren nachweisen. Er zählte neben dem Mausoleum in Halikarnassos die Pyramiden in Memphis, den Dianatempel in Ephesos, den Pharos von Alexandria, das kretische Labyrinth, die Hängenden Gärten, den Tempel von Kyzikos sowie die Stadt Rom zu den Weltwundern. Diese Liste scheint mit einigen Abweichungen zahlreichen mittelalterlichen Gelehrten eine Orientierung geboten zu haben. In einem Manuskript des Universalgelehrten, Fuldaer Abts und Mainzer Erzbischofs Hrabanus Maurus, das 1023 in Montecassino kopiert wurde, verbildlichte der Kopist sogar einige der Weltwunder, darunter den Pharos, das Labyrinth und das Kolosseum in Rom.[41]

Mittelalterliche Bilddarstellungen von Weltwundern sind rar, doch es gibt sie. Sie gingen den im 16. Jahrhundert unter antiquarischen Vorzeichen einsetzenden Bildrekonstruktionen voraus und zeigen nicht selten jeweils nur einzelne Weltwunder. So erscheint der Pharos von Alexandria etwa auf einem 539 entstandenen Bodenmosaik in Quasr-el-Lebia im heutigen Nordosten von Libyen. Neben dem Leuchtturm wurden ein Segelboot sowie Meerestiere ins Bild gesetzt. Die maritimen und architektonischen Abbreviaturen ergänzen sich zu einem Bild der Stadt Alexandria, für die der Pharos als Stadtemblem diente.[42] Auch auf einem um 1270 geschaffenen Mosaik in der venezianischen Markusbasilika und auf einem Altarretabel Ambrogio Lorenzettis (um 1335/37), das sich heute im Museo di Arte Sacra in Massa Marittima befindet, wurde der Pharos ins Bild gesetzt.[43]

Der Theologe Gregor von Nazianz bezieht sich im 4. Jahrhundert auf die antiken Weltwunder, um die Hospitalstiftung Basilius des Großen zu rühmen.[44] Zu diesem Zweck verweist er auf das ägyptische Theben, die Mauern von Babylon, das Mausoleum von Halikarnassos, die Pyramiden, den Koloss von Rhodos und andere, nicht weiter verortete Tempel. Diese Aufzählung stiftete in späteren Jahrhunderten unter den Kommentatoren wohl erhebliche Verwirrung, sodass in der Folge einzelne Wunder durcheinandergebracht wurden, sie keinen rechten Ort mehr besaßen und zunehmend freier und phantastischer konfiguriert wurden.

So integriert mit dem Geistlichen Gregor von Tours im 6. Jahrhundert erstmals ein Autor dezidiert auch christliche Werke in den heidnischen Kanon. Den Mauern von Babylon, dem Mausoleum, das Gregor als »Grab des Perserkönigs« bezeichnet, dem Koloss von Rhodos, dem Pharos von Alexandria sowie dem Theater von Herakleia, das erstmals in dieser Liste erscheint, stellt Gregor von Tours die Arche Noah und den Tempel Salomons an die Seite.[45] Diese Veränderungen der Weltwunderliste gehen zwar in einigen Fällen mit Erweiterungen einher, doch grundsätzlich sollte sich die Begrenzung auf sieben Wunder ebenso behaupten wie ein mehr oder weniger fixer Kanon an Einzelwerken.

Auf welch verschlungenen Pfaden das Wissen um die Weltwunder zwischen Antike und Neuzeit transformiert wurde und Verbreitung fand, sei zunächst am Beispiel eines mittelalterlichen Manuskripts aus der Vatikanischen Bibliothek veranschaulicht.

Im Codex Vaticanus Latinus 4929, einer Kompilation verschiedener antiker Texte, die ein Schreiber im 9. Jahrhundert kopiert hatte, findet sich unter der Überschrift *Septem mira* eine Zusammenstellung von sieben Weltwundern.[46] Sie nimmt die linke Spalte ein, wohingegen in der rechten bereits der Titel des darauffolgenden Werks Platz findet: die drei Bücher der *Chorographia*, ein von Pomponius Mela verfasstes geografisches Standardwerk der frühen römischen Kaiserzeit. Das nahezu quadratische Format der Pergamentblätter ließ Platz für Anmerkungen; eine der längeren Glossen im gesamten Kodex widmet sich den Hängenden Gärten.

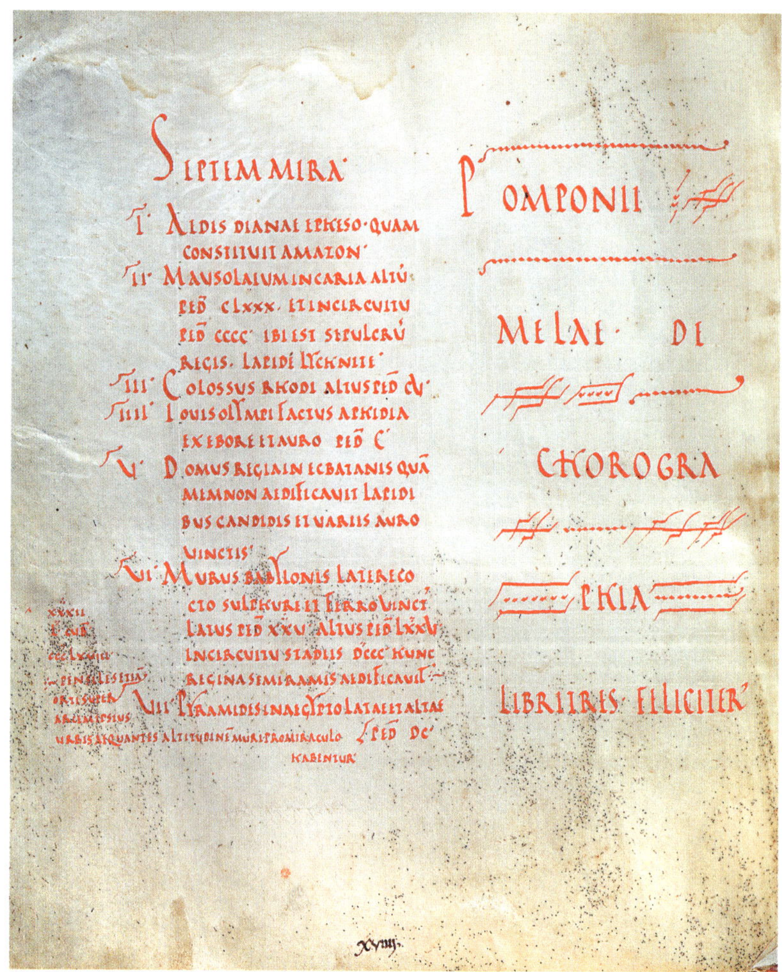

4
Die Überlieferung und Aktualisierung der Sieben Weltwunder in einem karolingischen Manuskript (Codex Vaticanus Latinus 4929)

Die Aufstellung der »Sieben Wunder« umfasst zunächst:

1. *Der Tempel der Diana in Ephesos, den eine Amazone baute.*
2. *Das Mausoleum in Karien, 180 Fuß hoch, und im Umfang 400 Fuß. Dort ist ein Königsgrab aus leuchtendem Stein.*
3. *Der Koloß von Rhodos, 105 Fuß hoch.*
4. *Der des olympischen Jupiter, hergestellt von Phidias aus Elfenbein und Gold, 100 Fuß (hoch).*
5. *Der Königspalast in Ekbatana, den Memnon aus weißen und bunten Steinen mit Auflagen aus Gold baute.*
6. *Die Mauer von Babylon aus gebranntem Ziegel, Schwefel und Eisen verbunden, 25 Fuß breit, 75 Fuß hoch, im Umfang 800 Stadien. Diese erbaute Königin Semiramis.*
7. *Die Pyramiden in Ägypten, 600 Fuß hoch und breit.*[47]

Claude W. Barlow, der 1938 den gesamten Kodex einer eingehenden Untersuchung unterzog, beobachtete zwei Korrektoren des Manuskripts: einen, der seine Anmerkungen bereits einige Jahre nach Fertigstellung der Handschrift gegen Ende des 9. Jahrhunderts eingetragen hatte, und einen weiteren Leser aus dem 11. oder 12. Jahrhundert mit eigenen Korrekturen.[48] Korrigiert wurden orthografische Fehler, aber auch falsche Angaben, etwa die Namen von Flüssen, Landschaften und Bergen, wie sich auch Ergänzungen finden, von denen die unten zitierte zu den Hängenden Gärten nur eine darstellt.

In den ersten drei Zeilen der linken Marginalspalte hat der erste Korrektor eine Anmerkung hinterlassen, die sich direkt auf die babylonischen Mauern bezieht. Zunächst verbesserte er die Maße: Statt 25 Fuß seien die Mauern 32 Fuß breit, statt 75 Fuß Höhe ergänzt er 50 Ellen, und den Umfang bemisst er mit 368 statt mit 800 Stadien. Entscheidend aber ist der nächste Satz des Korrektors: »Auch die Hängenden Gärten über der Burg derselben Stadt [Babylons, Anm. d. Vf.] von gleicher Höhe wie die Mauer werden als Wunder angesehen.«

Durch einen Vergleich der im Kodex angewandten Korrekturmethode gelang es Barlow, die Korrektur einem Mitarbeiter des

Lupus Servatus (auch Lupus von Ferrières; 805–nach 861) zuzuschreiben. Lupus war Abt des Benediktinerklosters Ferrières-en-Gâtinais im Loiret und gelehrter Berater Kaiser Karls des Kahlen.

Die Marginalie wirft ein Licht auf den Prozess der Transformation antiken Wissens: Unter den Karolingern oder auch etwas später war bereits ein so vielfältiger antiker Textkorpus bekannt und präsent, dass es einzelnen Schreibern möglich war, Informationen aus ganz unterschiedlichen Werken zu verknüpfen, miteinander abzugleichen, sie zu korrigieren oder sinnvoll zu ergänzen. Dabei ging es nicht etwa um die Hängenden Gärten der Semiramis in Babylon an sich oder um ein Interesse an Gärten im Allgemeinen, das man im Zeitalter der Karolinger sehr wohl beobachten kann, sondern nur um antike Texte. Die Überlieferung der Weltwunder hatte sich in nachantiker Zeit vollständig entkoppelt von den historischen, geografischen oder auch architektonischen Realien. Was konnte ein Mönch des 9. Jahrhunderts in einer zwischen Orléans und Sens liegenden Abtei von den ägyptischen Pyramiden, von einem Tempel in Ephesos, vom Grabmal des Königs Mausolos oder den Mauern und Hängenden Gärten Babylons wissen? Von Mauern abgesehen besaß er von den in der Vorlage geschilderten Bauaufgaben keinen rechten Begriff, und so kam eines zum anderen: Weder der Name Mausolos noch die Städtenamen Halikarnassos oder Olympia waren ihm geläufig. Der Schreiber übertrug also einen Text mit ihm völlig fremden Informationen.

Wie groß der Grad der Entfremdung zwischen zeitgenössischem Überlieferungsstand und der zugrundeliegenden historischen Realität war, verdeutlichen einige Jahrhunderte später spätmittelalterliche Buchmalereien. Sie beschäftigten sich nicht mit den Weltwundern der Antike, sondern mit berühmten historischen Personen, so zum Beispiel auch mit der für die Hängenden Gärten zentralen Königin Semiramis. In der mittelalterlichen Literatur erscheint Semiramis, dies wird an späterer Stelle ausführlich zu diskutieren sein, als widersprüchliche Figur. Für den Moment soll zunächst nur interessieren, wie Semiramis in den mittelalterlichen Heilsspiegeln – *Specula humanae salvationis* – bildlich dargestellt wurde.

Die Heilsspiegel des Mittelalters bilden einen Erzähltypus, der eine Weltgeschichte des Alten und Neuen Testaments in typologischen Gegenüberstellungen entwirft.[49] Die Urfassung entstand vermutlich zwischen circa 1169 und 1173 und fand seit dem frühen 13. Jahrhundert weite Verbreitung. Es erschienen Manuskripte, später auch Druckausgaben, auf Latein und in verschiedenen europäischen Volkssprachen. Die Heilsspiegel waren von Anfang an als Text-Bild-Kombination konzipiert worden, zunächst aus 24 Kapiteln und 136 Miniaturen bestehend.[50]

In hunderten, nicht selten illustrierten Ausfertigungen hergestellt, zählten sie zu den meistgelesenen Werken des Spätmittelalters. Die Königin Semiramis wurde in diesem heilsgeschichtlichen Rahmen als typologisches Vorbild und Präfiguration Mariens dargestellt. Maria, so die Erzählung, blicke genauso geduldig zum Himmel, wie Semiramis von ihrem Hängenden Garten aus ihr Vaterland überblicke.[51]

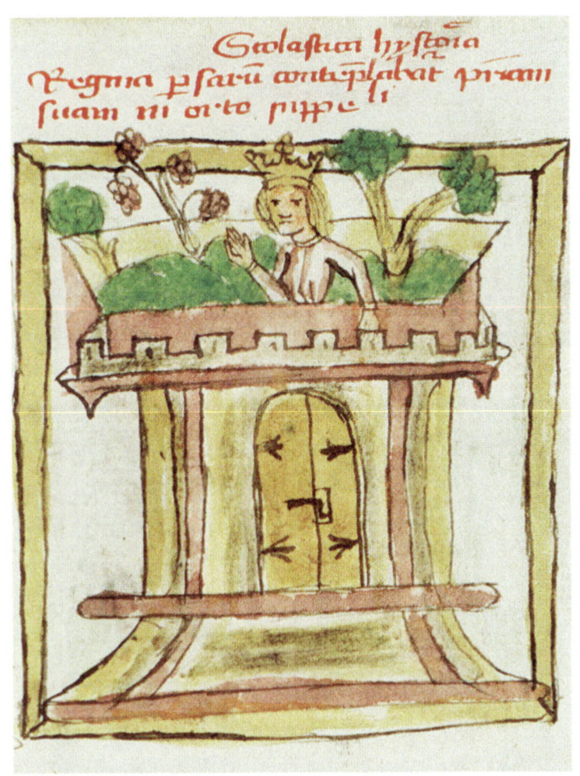

5
Königin Semiramis
im Hängenden Garten,
Illumination um 1450

Ein solcher Heilsspiegel in der Königlichen Bibliothek in Den Haag, der mutmaßlich um 1450 in Köln entstand, stellt Semiramis in ihrem Hängenden Garten dar.[52] Die entsprechende Textstelle lautet: *Regina persarum contemplatur patriam suam in orto suspendito* – »Die Königin der Perser sinniert über ihr Vaterland im Hängenden Garten«.

Der Maler verstand unter einem Hängenden Garten – *ortus suspenditus* – zwar das, was man auch in der Antike darunter verbuchte, einen Garten auf einem Bauwerk, sah sich aber nicht veranlasst, dieses Bauwerk zu historisieren. Schematisch platzierte er den Dachgarten auf einem zeitgenössisch anmutenden Turm. Indem er sich aber von dem Garten ganz buchstäblich ein Bild machte, rückte die Imagination in die Nähe seiner spätmittelalterlichen Realität. Der Maler stellte damit eine Verbindung zur eigenen Gegenwart her, die bei dem karolingischen Schreiber verlorengegangen war.

Ähnliche Darstellungen der Semiramis tauchen auch in anderen Heilsspiegeln auf – etwa in einem circa 1360 in Westfalen oder in Köln entstandenen Heilsspiegel, der sich heute in Darmstadt befindet.[53] Seit dem 15. Jahrhundert fanden Heilsspiegel auch in gedruckten Büchern Verbreitung, womit jedoch keine ikonografischen Änderungen einhergingen.[54] Der Umstand, dass Semiramis in einem Hängenden Garten erscheint, mag auf die antike Überlieferung zurückgehen, doch auch in die theologischen Schriften war ein solcher Garten eingegangen. In der von dem französischen Theologen Petrus Comestor (um 1100–1178) verfassten *Historia Scholastica* wird ein Hängender Garten in Babylon beschrieben.[55] Ein Abschnitt in den Kapiteln über die Visionen des Propheten Daniel widmet sich den babylonischen Herrschern und schreibt König *Nabuchodonosor magnus* (uns bekannt als Nebukadnezar) die Errichtung eines Hängenden Gartens zu – berggleich hoch über der Stadt platziert und bepflanzt mit Bäumen –, der seiner Gattin die Sehnsucht nach den Hügeln der Heimat vertreiben sollte.[56] Dieser Passus ist ein weiteres Beispiel dafür, wie einzelne, einst entkoppelte Überlieferungen aus dem vielfältigen antiken Schriftenkorpus neu zu einem Geschichtsbild zusammengesetzt wurden.

Humanistisches Bildungsgut: Die Hängenden Gärten zwischen Rhetorik und Geschichte

Das Wissen um die Sieben Weltwunder der antiken Welt verbreitete sich mit dem Beginn der Frühen Neuzeit dank neuer Übersetzungen und vor allem dank des Drucks antiker Texte. Sowohl Strabons *Geographika* als auch Diodors *Historische Bibliothek* wurden nördlich der Alpen bereits vor 1600 in lateinischen Übersetzungen gedruckt. Die erste deutschsprachige Ausgabe von Diodors *Bibliothek der Geschichte*, so der Titel, legte Friedrich Andreas Stroth ab 1783 in sechs Bänden auf.

Zunächst bildeten die Weltwunder einen kleinen, aber prominenten, weil anschaulichen Teil des schier unermesslichen antiken Geschichtswissens. Wie noch zu sehen sein wird, befeuerte die Weltwunderüberlieferung im 16. Jahrhundert die Bildphantasie von Künstlern und inspirierte erste Rekonstruktionsversuche. Zum anderen begannen sich Architekten und Architekturtheoretiker für Hängende Gärten zu interessieren (siehe Kapitel 4). Damit erfuhr die Weltwunderüberlieferung eine bemerkenswerte Aktualisierung, denn nun befragte man die Texte nach praktisch nutzbarem Wissen.

Wenn auch noch nicht kanonisiert, so kann man das Wissen über die Sieben Weltwunder der Antike spätestens seit dem 16. Jahrhundert zum allgemeinen Bildungsgut rechnen. Dies wird besonders dann deutlich, wenn die Weltwunder – einzeln oder als Sammlung – für Vergleiche herangezogen wurden oder man auf sie auch nur in Anspielungen verwies. Ein schlagendes Beispiel für diese rhetorische Indienstnahme bildet eine Passage aus einer Vorlesung des großen Gelehrten Angelo Poliziano an der Florentiner Akademie, dem sogenannten *Studio*.[57] Poliziano hatte seit 1480 den Lehrstuhl für griechische und lateinische Literatur inne und eröffnete seine Vorlesungen mit Reden, die bis heute zu den Meisterleistungen der Poesie wie der Rhetorik gerechnet werden. Poliziano setzt die Weltwunder rhetorisch in Beziehung zum unsterblichen Werk Vergils, das sich auch dann noch behaupten werde, wenn von den antiken Weltwundern nichts mehr übrig sei: »Auf also etruskische Jugend, eifrig um die Wette / opfert den aionischen Heiligen und kommt mit mir, / um die kunstvollen Monumente des ewigen Dichters zu schauen.« Die angerufenen Studenten mögen den Musen opfern, um das Werk Vergils zu studieren, das auch dem Vergleich mit den Sieben Weltwundern standhalte – »in siebenfachem Ruhm feiert als Schaustücke der Ruf. / Ja, weder mag das kriegerische Babylon seine von Viergespannen bestampften / Mauern oder die Hängenden Gärten mit ihrem fließenden Himmel / vergleichen.«[58] Zu den Weltwundern zählt Poliziano neben den Mauern und den Hängenden Gärten von Babylon den Hörneraltar in Delos, den Koloss von Rhodos, das Grab des Königs Mausolos, die Statue des Zeus in Olympia sowie die ägyptischen Pyramiden.

Als Poliziano diesen Vergleich zum Gegenstand einer öffentlichen Vorlesung machte, konnte er wohl damit rechnen, verstanden zu werden. Den Hinweis auf die »Sieben in der Welt verteilten, berühmten *spectacula*« wussten die Zuhörer zu entschlüsseln und auch einzelne Werke in diesen Kontext zu integrieren. Dass sie auch weiterhin als etwas Besonderes, als etwas Außerordentliches angesehen wurden, ergibt sich aus dem Vergleich. Vergils Werke hätten die Weltwunder überdauert, womit Poliziano auch sagen will: übertroffen. Zudem gebührt der Ruhm auch denjenigen, die sich ihrer erinnerten, den Gelehrten und Studenten im Musenort Florenz.

Wie in den nächsten Kapiteln dargestellt wird, war das Wissen über die Weltwunder weit verbreitet und bot Humanisten, Künstlern und Architekten die Möglichkeit, sich als gelehrt und geschichtsbewusst zu inszenieren. Die Hängenden Gärten wurden zudem als ein Bauwerk der Stadt Babylon erinnert, die in die Weltgeschichten einging, etwa in die noch zu analysierende *Cosmographia* Sebastian Münsters.

Münsters *Cosmographia* besitzt Parallelen zur *Beierischen Chronica* des bayerischen Hof-Historiografen Johannes Aventinus (Johann Georg Turmair), die um 1520/1530 entstand und 1554 auf Latein gedruckt wurde. Deutsche Ausgaben folgten postum 1556 und 1580. Aventinus' historische Enzyklopädie ist das Ergebnis seiner Tätigkeit als Fürstenerzieher und behandelte dementsprechend das für Adelige und Fürsten als notwendig erachtete Geschichtswissen. Für seine Geschichte der bayerischen Fürsten griff Aventinus weit in die Weltgeschichte und -geografie aus, sodass der Titel einer auf Bayern beschränkten Chronik eigentlich irreführend ist. Im weltgeschichtlichen Teil widmet sich Aventinus auch der Stadt Babylon und der Herrschaft der Königin Semiramis. Ausführlich stellt er die Hängenden Gärten vor:

Es hat auch ein köstlichen Garten zu Babylon gehabt / ist viereckt gewesen / bey tausent schuh lang und breyt / dermassen stund hoch in den Lüfften auff viel Gewelben / war immer eins höher ober das ander gemacht / waren Fürstliche Gemach drinn / man must / wie auff einem hohen Berge / hinauff steigen / der Boden zu oberst war oberlegt mit Steinen / grossen Trámen oder Brettern / war einer sechzehen schuh lang / sechß breyt / auff die was ein Boden gelegt von grossen Meerrören mit Judenleym zusammen geleimet / darauff ein zweifach Estrich von Zigelstein und Gips. Zum letzten mit Bleyen Taschen und Schindeln oberdecket / daß kein feuchtigkeit hindurch auff die Gewelb möchte kommen / hett auch sonst Rinnen / darinn das Wasser sich samlet und zusammen rann / uñ fürter auß dem Garten gelegt und getragen ward. Dieser Boden ward aller mit Kot tieff oberschütt / daß mächtig Graß und allerley Bäum darinn mochten wachsen. Es gieng auch darinn auff ein Rörbrunnen / darauß man den ganzen Garten oberwässern mocht / war das Wasser mit verborgen / heimlichen / kunstreichen Werckstücken hinauff geführet.[59]

Die Passage geht ganz überwiegend auf das Ktesias-Zitat bei Diodor zurück, doch wurde sie gleichsam didaktisch erklärender gestaltet. Ein Zeitgenosse des späten 16. Jahrhunderts dürfte mit Hilfe der Aventinus-Erläuterungen keine Schwierigkeiten gehabt haben, sich einen solchen Bau vorzustellen. Mit der Bezeichnung ›Kot‹ nutzt der Autor eine Vokabel der bayerischen Mundart, die mit Humus beziehungsweise Erde zu übersetzen wäre, um der Beschreibung einen realistischen Anstrich zu geben.

Über die Geschichts- und Weltenzyklopädien wurde das Wissen um die Hängenden Gärten zu Babylon Bestandteil des historischen Wissenskanons und abendländisches Bildungsgut. Im Gegensatz zu den mittelalterlichen Autoren versuchten die neuzeitlichen Gelehrten zunehmend die realistischen Dimensionen eines Hängenden Gartens zu erfassen – aus dem mythischen Bau wurde auf diese Weise ein architektonischer Typus. Dieser Realitätsanspruch fußte auf einem bis zum 18. Jahrhundert gewaltig angewachsenen Überlieferungskorpus zur Geschichte

Babylons. Mittlerweile lag eine Vielzahl antiker Texte gedruckt in Buchform vor und konnte mit der biblischen Überlieferung sowie mit neuzeitlichen Reiseberichten ins Verhältnis gesetzt werden. Wie umfangreich das Wissen über Babylon zu diesem Zeitpunkt war, demonstriert Johann Heinrich Zedler in seiner zwischen 1731 und 1754 publizierten Universalenzyklopädie. Neben einem langen Hauptartikel »Babylon« finden sich weitere über »Semiramis« und sogar einer über »Schwebende Gärten«. Daneben behandelt Zedler im Lemma »Wunderwercke« auch die Weltwunder der Antike, namentlich: 1. Die Mauern und Hängenden Gärten zu Babylon, 2. Die Pyramiden in Ägypten, 3. Die Statue und der Tempel des Jupiter zu Olympia, 4. Den Koloss von Rhodos, 5. Das Grab des Königs Maussolos, 6. Den Diana-Tempel zu Ephesos und 7. Den Pharus zu Alexandria.[60]

In seinem Babylon-Artikel versucht er einerseits, die Vielfalt der antiken Texte zum Thema abzubilden, paraphrasiert andererseits im Artikel über »Schwebende Gärten« antike Vorlagen nahezu unkommentiert. So beabsichtigt er die babylonische Geschichte mit ihren zahlreich überlieferten Königen zu ordnen, wenn es heißt: »Die gegründeste Meynung ist wol, Nimrod habe sie [die Stadt Babylon, Anm. d. Vf.] erbauet, Belus vergrössert, Semiramis dieselbe mit prächtigen Gebäuden versehen, Nebucadnezar aber sie in den vollkommensten Stand gesetzt.«[61]

Die schwebenden Gärten behandelt Zedler nicht als einen Typus oder eine Bauaufgabe, sondern als das singuläre babylonische Wunderwerk. Neben dem Topos der in einer dicken Erdschicht wurzelnden Bäume auf der oberen Terrasse verweist der Text auch auf »Pflantzen, Gewächse und Blumen, die zu einem Lust Garten gehören«.[62] Als Bauherr wird Nebukadnezar vorgestellt, der, auch das ist längst ein Topos, den Garten für seine Gattin angelegt habe. Zedler hält die schwebenden Gärten im Übrigen für ein Werk königlicher Eitelkeit und herrschaftlichen Hochmuts.

Zedler stützt sich dabei nicht nur auf die antiken Quellentexte, da längst eine (architektur)historische Literatur existierte, die Hängende Gärten zum Thema macht. Diese reicht von Johann

Friedrich Penthers *Lexicon architectonicum*, das einen Eintrag zu den *Horti Pensiles* enthält,[63] bis zu Johann J. Schmidts *Biblischem Historicus*, der auf die Hängenden Gärten Babylons im Kontext der biblischen Geografie verweist.[64] Obgleich über die historische Existenz der Hängenden Gärten zu Babylon auch weiterhin Unsicherheit unter den Autoren herrschte, werden sie zu den Realien der Weltgeschichte geschlagen und dementsprechend auch als architekturgeschichtliches Relikt behandelt. Eine spezielle Autorengruppe geht zwischen dem 16. und 19. Jahrhundert regelmäßig auf die Hängenden Gärten ein: die Verfasser von Gartentraktaten und Gartenhistorien.

Gartentheoretiker und die Hängenden Gärten als Urtypus der Gartenkunst

Die seit jeher von historischen Rückbezügen bestimmte Gartenliteratur verweist auf die Hängenden Gärten Babylons, um die Legitimität ihres Wissensfeldes zu betonen. Als eines der Wunderwerke der Antike bilden sie jedoch keinen exklusiven Archetypus der Gartengeschichte, sondern stehen in Konkurrenz zu beziehungsweise in einer Reihe mit dem biblischen Paradies, dem bei Homer geschilderten Garten des Alkinoos, mit Abdalonymos, einem verarmten Abkömmling des Königshauses von Sidon, der zum König erhoben wurde, mit dem Perserprinzen und Heerführer Kyros, der den Spartaner Lysander in seinem Garten empfing, sowie schließlich mit dem Garten der Hesperiden, aus dem Herkules die goldenen Äpfel entwendete.[65] Alle diese Mythen verweisen auf unterschiedliche Dimensionen von Gärten, aber sie eint, dass Gärten als noble Orte und die Hortikultur beziehungsweise die Gartenkunst als noble Disziplinen anerkannt werden.

Bezüglich der Hängenden Gärten der Semiramis sei nur auf wenige Beispiele verwiesen: Der brandenburgische Hofgärtner Johann Sigismund Elsholtz stellt an den Beginn seines 1666 veröffentlichten Traktats über den *Gartenbaw* eine Reihe vornehmer historischer Gärten, wohl um die Angemessenheit eines solchen für Fürsten und Könige zu begründen. Dem Hinweis auf das

Paradies, das einem Lustgarten gleiche, folgt eine Aufzählung der ältesten von Menschen errichteten Gärten. »Unter denen nach der Suendflut sind die Altane oder hangende Gaerten / welche die Babylonische Koenigin Semiramis erbawet / die beruehmtesten / und werden vom Diodoro Siculo im II. buch seiner Bibliothec beschrieben.«[66] Da der Garten zwischen der biblischen Überlieferung des Paradieses und den Gärten des Alkinoos und des Adonis aus der griechischen Mythologie rangiert, behandelt ihn Elsholtz als Mythos, nicht als Überlieferung einer untergegangenen Realie. Es kommt ihm nur auf eine möglichst noble Vorgeschichte der Gärtnerei an. Mit der Absicht einer Legitimierung, nun jedoch mit anderer Stoßrichtung, verweist noch Johann Georg Sulzer in seiner *Allgemeinen Theorie der Schönen Künste* auf die Hängenden Gärten: »Die Gartenkunst scheinet so alt, als irgend eine andre der schönen Künste zu seyn. Die prächtigen Gärten der alten Stadt Babylon sind jedem bekannt«.[67] Hier stellen die Hängenden Gärten nun einen Archetypus für den Kunstwerkcharakter von Gärten dar.

Dass ein Propagandist des Landschaftsgartens wie der Kieler Philosoph Christian Cay Lorenz Hirschfeld die Hängenden Gärten zu Babylon kritisch betrachtet, verwundert nicht. Doch er kommt nicht umhin, mit dem babylonischen Beispiel seinen Abschnitt zu den Gärten des Altertums einzuleiten und die »Schwebenden Gärten der Babylonier« damit an den Anfang seines fünfbändigen Gesamtwerks zu stellen: »Vermuthlich befand sich zu Babylon ein Hügel, der in verschiedene Absätze getheilt und mit hohen Bäumen bekleidet war. Das Ungewöhnliche eines solchen Gegenstandes in einem ebenen Lande erschien einer erhitzten Phantasie wunderbar, und die Sage machte daraus ein Wunder in der besten Form.«[68] Neben der Skepsis gegenüber der Glaubwürdigkeit antiker Quellen ist es der architektonische und damit ›unnatürliche‹ Charakter ihrer Anlage: »Es war ein Werk, das der Natur Trotz bieten sollte, ein einzelnes gewagtes Werk, das nicht wohl einer Nachahmung fähig war.«[69]

Ungeachtet dieser durchaus gelehrten Kritik an der widersprüchlichen Überlieferung und am unnatürlichen Charakter schrieben Autoren in der Folge die Hängenden Gärten zu Babylon in den Kanon der Gartengeschichte ein. Unter ihnen ist auf John Claudius Loudon zu verweisen, der den Hängenden Gärten großen Raum in seiner *Encyclopaedia of Gardening* einräumt und sie, ganz im Gegensatz zu Hirschfeld, in einer realistischen Manier beschreibt: Der Garten habe einen großartigen Blick auf die Umgebung geboten, die einzelnen Terrassen verfügten über Springbrunnen, Zierbeete, Sitzbänke und Bankett-Räume; die Gartenanlage »kombinierte die kleinen Schönheiten der Blumen und Blätter mit der Masse an Schatten und weiten Ausblicken«; ein Ort des Rückzugs inmitten einer Stadt voller Lebhaftigkeit und Getöse; eine Pracht und ein Luxus »östlicher Großartigkeit«.[70]

Als formalen Archetypus und Vorbild für die Verknüpfung von Architektur und Gartenraum behandelt schließlich Jakob von Falke 1884 die Hängenden Gärten zu Babylon und verweist auch auf die ersten archäologischen Lokalisierungsversuche, die der vormaligen Existenz des Gartens eine neue Realität verleihen:

6
Einbandmotiv von Arthur Mangins *Histoire des jardins anciens et modernes,* 1888

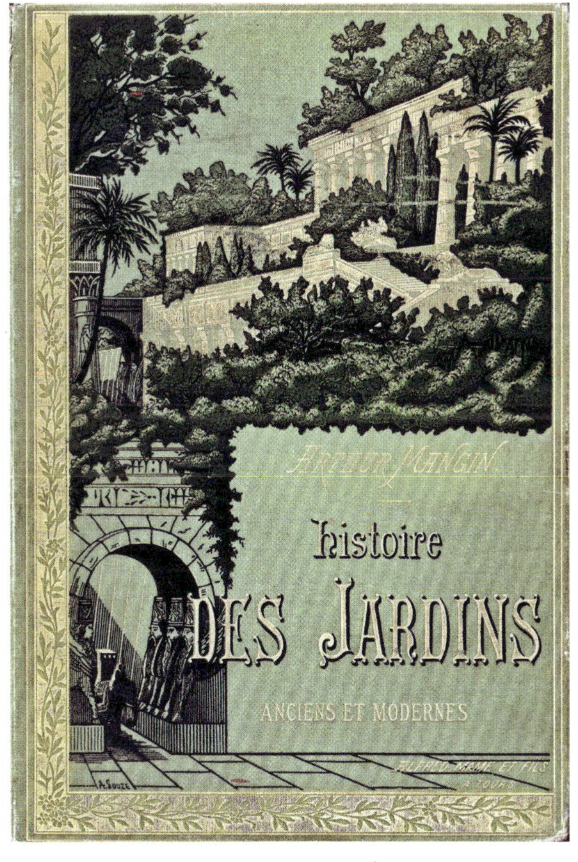

> *Die hängenden oder schwebenden Gärten der Königin Semiramis in Babylon innerhalb der Ringmauern ihres weiten Palastes über dem Ufer des Euphrat bilden eines der Wunder der Welt: mächtige Terrassenbauten mit kühlen Grotten, Wasserwerken, Bäumen, Blumen und Rasen. […] Man will noch heute seine Stätte erkennen. Zwanzig Wände thürmten sich aus gehauenen Steinen auf, elf Schuh von einander, belegt mit Quadern, welche eine feste, wasserdichte Fläche bildeten. Darauf wurde Erde hoch*

aufgeschüttet und in die Erde wurden Bäume gepflanzt, die bei guter Pflege und reichlicher Bewässerung bald Schatten gaben und Früchte trugen wie andere Bäume, die in ihrem eigenen fruchtreichen Erdreich stehen. Mit Stämmen von acht Schuh Dicke und mit einer Höhe von fünfzig Schuh waren sie von ferne wie ein hochragender Lustwald anzusehen.[71]

An keiner Stelle jedoch kommt der archetypische Charakter der Hängenden Gärten im späten 19. Jahrhundert klarer zum Ausdruck als auf dem Einband von Arthur Mangins *Histoire des jardins anciennes et modernes* aus dem Jahre 1888. Als Leitbild der zweiten Auflage dieser vielgelesenen Gartengeschichte versinnbildlichen die Hängenden Gärten in Form einer imaginativen pseudobabylonischen Gartenarchitektur nunmehr die gesamte Geschichte der Gärten.

3 *Die Bildgeschichte der Hängenden Gärten in Früher Neuzeit und Moderne*

Verfolgt man die bildlichen Vorstellungen längst verlorengegangener Weltwunder, so offenbart sich anschaulich die Abhängigkeit der Bildphantasien von den zeitlichen Umständen, aus denen sie jeweils hervorgingen.

Die kurz gestreifte mittelalterliche Bildtradition verdeutlichte bereits, dass sich die visuellen Vorstellungen von einem in Texten überlieferten Werk zum Teil dramatisch voneinander unterschieden.

Die Bildüberlieferung zu den Hängenden Gärten Babylons nimmt sich – verglichen beispielsweise mit der immensen Bildproduktion zum Turmbau von Babylon – gleichwohl bescheiden aus.[1] In einem ikonografischen Katalog mit Darstellungen des Turmbaus zu Babel werden mehr als 600 Exempla aufgeführt, die von einem 5.000 Jahre alten altsumerischen Rollsiegelbild bis zu Karikaturen des späten 20. Jahrhunderts reichen.[2]

Zur Auflistung gehören Werke der unterschiedlichsten Bildmedien, des Kunsthandwerks sowie der Architektur – eine bemerkenswerte mediale Vielfalt. Der Turm zu Babel ist damit auch häufiger dargestellt worden als die Werke aus dem antiken Weltwunderkatalog.[3] Ein Grund dafür ist die mit dem Turmbau in der Genesis des Alten Testaments verbundene Geschichte einer göttlichen Strafe.

Der Turmbau wurde so zu einem Symbol menschlicher Laster und fand daher vielfach eine moralisierende Darstellung.

Sebastian Münsters Cosmographia *und die Veränderung von Bildphantasien*

Frühe Zeugnisse für voneinander abweichende Imaginationen der Hängenden Gärten von Babylon bilden die Illustrationen in Sebastian Münsters ab 1544 erschienener *Cosmographia*. Unter dem Begriff der Kosmografie stellte der in Heidelberg unterrichtende Gelehrte eine Weltbeschreibung zusammen, die alle damals bekannten Kontinente, ihre Städte, Gebirge, Flüsse und sogenannte »Merkwürdigkeiten« umfasste.[4] Das auf unterschiedlichsten Quellen – Historien, Reiseberichten, theologischer und naturkundlicher Literatur und nicht zuletzt der Zuarbeit zahlreicher zeitgenössischer Gelehrter – beruhende Kompendium wurde vielfach aufgelegt und übersetzt. Der Erfolg beruhte auch auf den Illustrationen, für deren Produktion Münster ein Netzwerk von Zeichnern und Holzschneidern in Dienst nehmen konnte.[5] Bis 1628 erschienen 21 deutsche Ausgaben, etwa ein Dutzend jeweils auf Latein und Französisch, drei auf Italienisch, vier auf Englisch und eine auf Tschechisch.[6]

Die Stadt Babylon handelt Münster im fünften Buch ab, das Asien gewidmet ist. Für den auf »Mesopotamia« folgenden Abschnitt »Babylonia und Chaldea« griff Münster unter anderem auf die Schriften Pomponius Melas, Plinius des Älteren, Strabons, Herodots und auf mittelalterliche Kompilationen zurück.[7] Neben den Regenten der Stadt beziehungsweise des babylonischen Reiches geht er zunächst auf den im Alten Testament überlieferten Turmbau, die Mauern und schließlich die Hängenden Gärten ein, zu denen Münster ergänzt: »Diß werck ist gezelt worden under die sieben wunderwercke der welt.«[8] Auch ihm ist demnach der Weltwunderkatalog präsent, wenngleich er für die *Cosmographia* nicht relevant war. Als Bauherrin der Hängenden Gärten wird Königin Semiramis genannt, die Witwe des Königs Ninus, der es gelungen sei, die Stadt wiederaufzubauen, sie mit der berühmten Mauer zu umgeben und eine Brücke über den Euphrat zu errichten.[9]

Bemerkenswert ist die Veränderung der Holzschnittillustration von der ersten Ausgabe 1544 zu den Ausgaben ab 1574, die ebenso wie die bereits zu Münsters Lebzeiten deutlich erweiterten Texte an neue Erkenntnisse beziehungsweise an neue Erwartungen der Lesenden angepasst wurden. Sie stellen nach der vierten Auflage nicht mehr das Werk Münsters dar. Nach dessen Tod 1552 verlegten seine Witwe, diverse Drucker wie der Baseler Sebastian Henricpetri (die Ausgabe 1588) und zum Teil nicht näher bekannte Gelehrte die Neuausgaben.

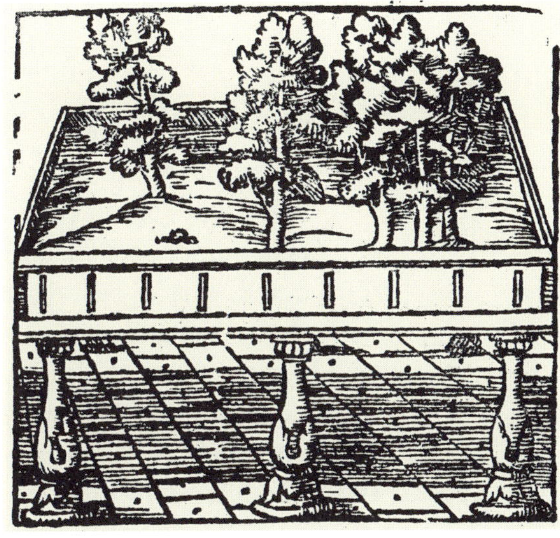

7
Sebastian Münster, Die Hängenden Gärten von Babylon, 1544

In den Editionen bis einschließlich 1569 wird der Textabschnitt zu Babylon mit einer auffälligen, ja skurrilen Darstellung des Hängenden Gartens illustriert.[10] Sie zeigt einen Kastentisch auf gedrechselten Beinen, der auf einem Plattenfußboden steht. Der Kasten ist mit Erde gefüllt, die kleine Hügel bildet und mit Bäumen bepflanzt ist. Die Bildlogik ist nicht sofort verständlich, weil der Maßstab verwirrt. Die Bodenfugen lassen an ein Möbel in einem Innenraum denken, doch vermutlich ist damit wohl eine Art Pflasterung gemeint, um den Hochgarten in einem urbanen Raum zu verorten. Dann aber müssten die den Garten tragenden Beine gigantische Ausmaße besitzen. Münsters Zeichner (und sein Holzschneider) haben offenbar keine Vorstellung davon, wovon der Text berichtet. Die Beschreibung der Ausgabe von 1544 lautet:

> *Sie [Semiramis] richtet auch auff in diser Statt ein Schloß / daß begriff in seinem circk 20. stadien / und darin ein wunderbarlicher Garte[n] / der stunde auff Steinen Seulen oder Mawren / und war der Boden auff den Seulen mit Quadersteinen besetzt / unnd ein tieffer Grund darauff geworffen / daß auch Bäwm darauff wuchsen die 500. Schuh hoch obersich giengen / und so fruchtbar waren / als weren sie gewachsen auß dem Grund der Erden. Diß Werck ist gezehlt worden under die sieben Wunderwerck der Welt. Welcher von fernen diesen Garten sahe / der meynt er sehe ein*

Wald auff einem Berg. Zwentzig breite Mawren / da je eine eilff Schuh fern von der andern stund / trugen diesen Wald.[11]

Weder stellt der Holzschnitt den räumlichen Zusammenhang zu einem Bauwerk wie dem erwähnten Schloss her noch lässt sich überhaupt von einer Architektur sprechen. Der artifizielle Charakter einer bepflanzten Architektur erscheint dem Zeichner so fremd, dass er sich darunter nur ein monumentales Möbel vorstellen kann, das zurückverweist auf die Größe seiner Erbauer:

Diese Maßstabsverschiebung, die dem Betrachter einen Blick durch Gottes Auge gestattet, erklärt den Baum – die größte Pflanze, die wir kennen – zum Teil des menschlichen Haushalts, zum Riesenspielzeug: In dieser der Kunst einbeschriebenen Form wird die Natur zum Spiel, und der Mensch erhebt sich über sie als ihr unbeschränkter Meister.[12]

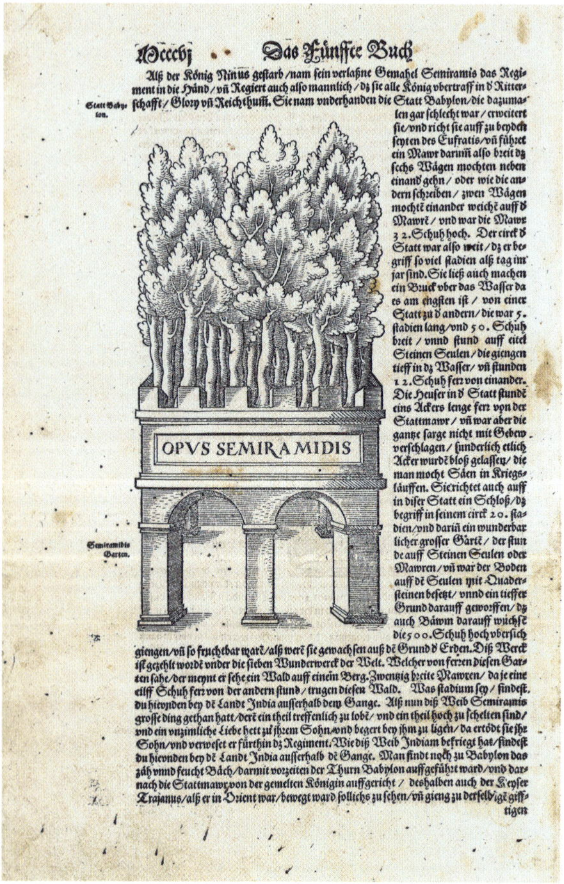

8
Sebastian Münster, Die Hängenden Gärten von Babylon, 1588

In den Ausgaben der Jahre 1574 und 1588, die eine substantielle inhaltliche Erweiterung gegenüber der letzten noch von Münster redigierten Ausgabe 1550 darstellen,[13] wurde diese Illustration ausgetauscht, ebenso wie der zweite Holzschnitt des Kapitels, der bis dahin die Errichtung des babylonischen Turmes abbildete. Letzterer wurde durch einen Holzschnitt der Stadtmauer und Stadttore abgelöst, das Gartenmöbel wurde nun durch eine regelrechte Gartenarchitektur ersetzt. Die Ansicht zeigt die Fassade eines zweibogigen Torbaus über Pfeilern, in dessen Attika die Inschrift OPVS SEMIRAMIDIS (»Werk der Semiramis«) präsentiert wird. Bekrönt wird der Bau von einem umlaufenden Zinnenkranz. Das Dach ist mit hochaufragenden Bäumen bepflanzt, deren Höhe diejenige des Bauwerks übersteigt. In seinen Details erscheint der Bau wie eine antike Architektur: Die Pfeiler ruhen auf Basen und werden durch Kämpfer gegliedert; die Attika dekorieren profilierte Gesimse, das Inschriftenfeld ist spiegelartig vertieft, und als Type der Inschrift wird eine römische Antiqua eingesetzt.

Zugleich erscheint der Baumgarten völlig dysfunktional, denn der dichte Wald öffnet sich weder für Wege oder Aufenthaltsorte, noch wird sichtbar, wie man ihn betreten oder wie seine Verbindung zu einem Stadtpalast oder überhaupt zu seiner Umgebung aussehen könnte. Die Chiffrierung als antikes Bauwerk beruht offensichtlich auf der Adaption von mittlerweile verbreiteten Darstellungskonventionen antiker Architektur in entsprechenden Publikationen. Am ehesten könnte man an die Antiken- und Architekturtraktate von Sebastiano Serlio oder Torello Saraina denken, die beide jeweils die antike Porta Leoni in Verona mit ihrer doppelbogigen Fassade abbilden.[14]

Es ist leider unbekannt, wer den Austausch der Illustrationen zu verantworten hat. Augenscheinlich jedoch hielt man seit 1574 die Tischversion der Hängenden Gärten für veraltet. Für eine neue Version lag es nahe, an antike Architekturformen und die visuellen Chiffren von Antikendarstellungen anzuknüpfen, wobei auch dieses Bild jede Reflexion über die Funktion des Gartenbauwerks vermissen lässt.

Maarten van Heemskerck erfindet die Bilder der Weltwunder

Der Bilddiskurs über die Sieben Weltwunder der Antike wurde durch eine 1572 aufgelegte druckgrafische Serie Philipp Galles nach Zeichnungsvorlagen Maarten van Heemskercks in neue Bahnen gelenkt. Heemskerck lieferte zahlreiche Zeichnungsserien, die Vorlagen für weit verbreitete Stiche bildeten. Thematisch widmen sie sich etwa allegorischen Darstellungen der

Planeten, der Jahreszeiten, der Elemente, den christlichen Patriarchen, den Schicksalsschlägen des jüdischen Volkes, sechs allegorischen Triumphzügen nach Petrarca, aber auch Genreszenen wie einer Serie mit Allegorien über den Nutzen des Weins und so weiter.[15] Heemskerck vertrat dabei einen kosmologischen Anspruch, der darauf zielte, das Wissen der Zeit in Bildmotive (Autopsien, Allegorien, Historiendarstellungen) zu überführen. In diesen Zusammenhang muss auch die Serie der *Octo Miraculi Mundi* gerückt werden. Ihre Blätter tragen am unteren Blattrand jeweils eine kurze Gedichtinschrift, die aus der Feder des niederländischen Humanisten und Arztes Hadrianus Junius (Adriaen de Jonghe) stammt, mit dem Maarten van Heemskerck befreundet war. Den Anlass der Verse aber bildete die Zeichnungsserie Heemskercks, ehe die Texte 1598 postum im *Pinaces liber unus* als Teil von Junius' *Poemata* ein weiteres Mal erschienen.[16] Heemskerck ist demnach als Spiritus Rector der Weltwunderserie anzusehen, die durch die lateinischen Erklärungen von Hadrianus Junius allerdings erheblich aufgewertet wurde.

Vielleicht ist es kein Zufall, dass Heemskercks Druckserie der Weltwunder sowie das Gedicht des Hadrianus Junius exakt zu der Zeit entstanden, als sich die Herausgeber von Münsters *Cosmographia* entschieden, die Darstellung des Hängenden Gartens zu Babylon auszutauschen, um den Text mit dem Bild eines als antik zu verstehenden Baus zu illustrieren. Ebenso wenig dürfte es Zufall sein, dass ein mit der römisch-antiken Kultur vertrauter Künstler wie Maarten van Heemskerck die Weltwunder ins Bild setzte. Es ist naheliegend, in Rom daher einen Ausgangspunkt der Serie zu sehen, zumal sich Heemskerck für die Weltwunder auf die Überlieferung Martials stützte, der das Kolosseum im 1. Jahrhundert dem Katalog als achtes Weltwunder hinzugefügt hatte. Heemskerck hatte das flavische Amphitheater während seines Romaufenthalts 1532 bis 1536 intensiv studiert und sich sogar vor ihm porträtiert.[17] Martial pries das Kolosseum als eine Bauleistung, die alle älteren Weltwunder in den Schatten stelle: »Jedes Werk bleibt zurück hinter Kaisers Amphitheater; ein für allemal wird Nachruhm nur dieses Werk feiern!«[18]

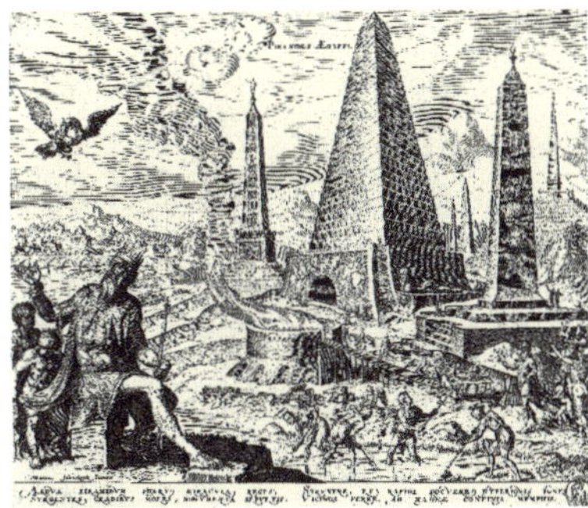

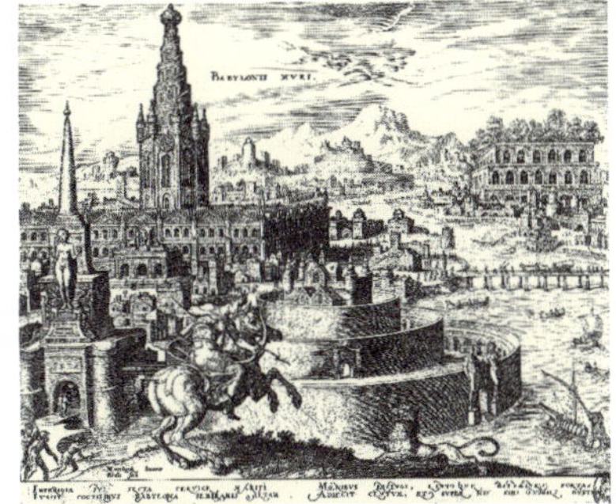

9
Maarten van Heemskerck, *Die Weltwunder der Antike*, 1572

1 Die Pyramiden von Ägypten
2 Die Mauern und die Hängenden Gärten von Babylon

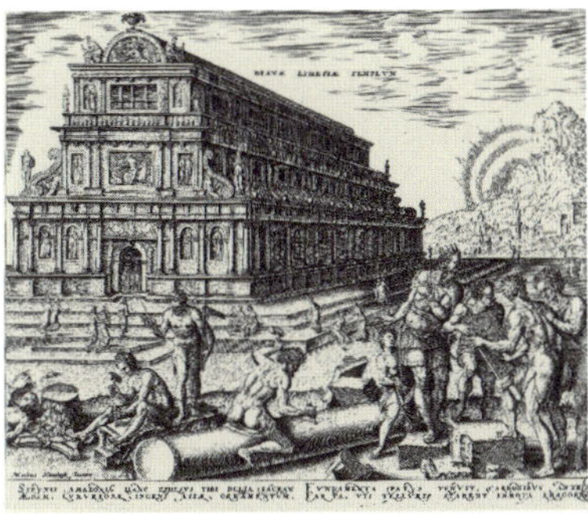

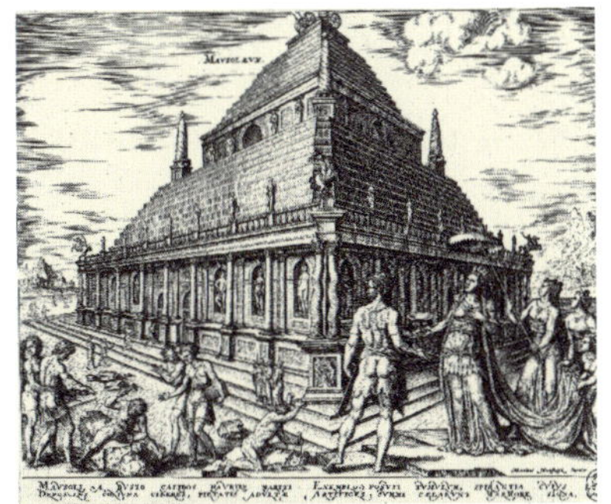

3 Der Artemis-Tempel von Ephesos
4 Das Mausoleum von Halikarnassos

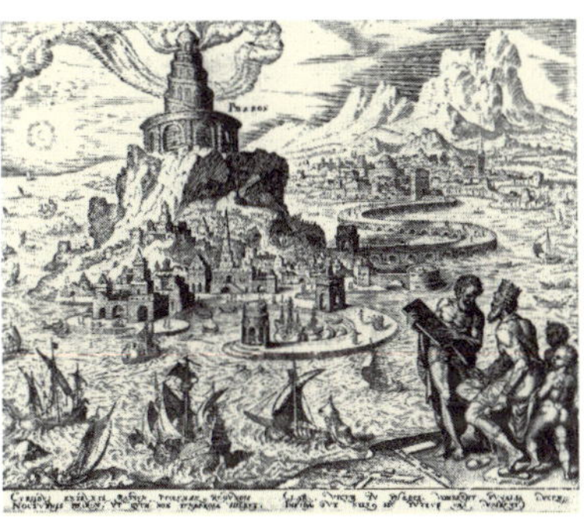

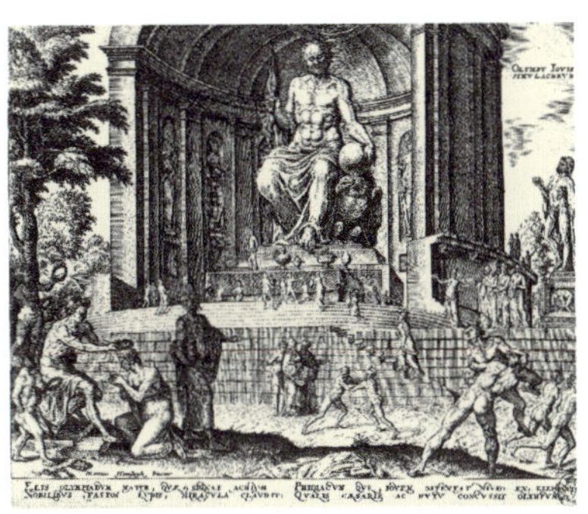

5 Der Pharos von Alexandria
6 Der Zeus-Tempel zu Olympia

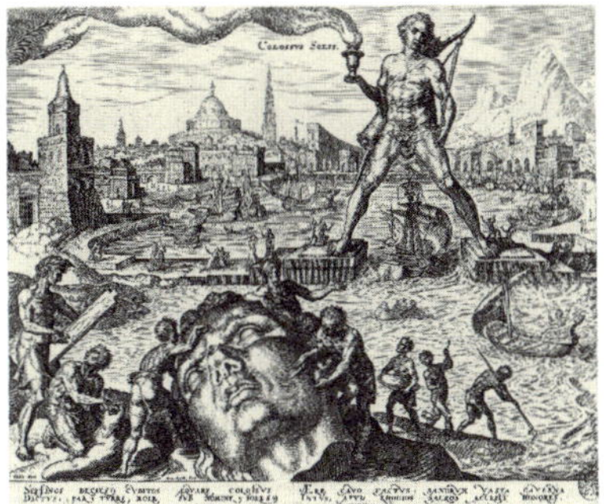

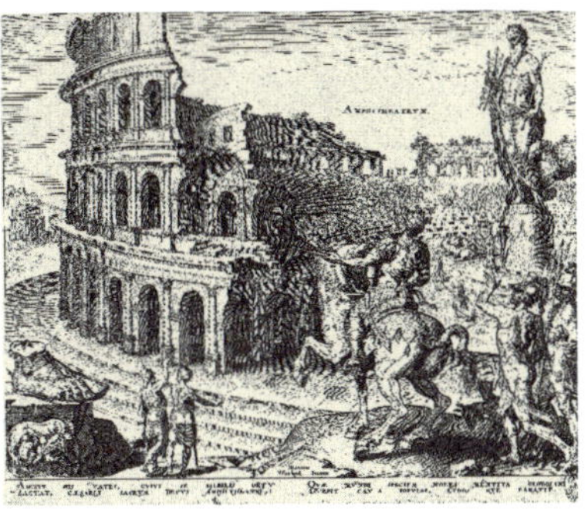

7 Der Koloss von Rhodos
8 Das Kolosseum zu Rom

Der von Heemskerck ins Bild gesetzte Weltwunderkatalog besteht aus acht Einzeldarstellungen mit folgenden Motiven: die Pyramiden in Ägypten, die Mauern Babylons, der Artemis-Tempel zu Ephesos, das Mausoleum zu Halikarnassos, die Statue des olympischen Jupiter, der Pharos von Alexandria, der Koloss von Rhodos sowie das römische Kolosseum. In dieser Zusammenstellung entsprechen die einzelnen Weltwunder dem Querschnitt der meisten älteren Kataloge. Bei genauerer Betrachtung erkennt man mit den Hängenden Gärten auf dem Babylon-Blatt ein weiteres, neuntes Weltwunder.

10
Maarten van Heemskerck, *Die Sieben Weltwunder*: Babylon: Mauern, Tempel, Hängende Gärten

Das *Babylonis Muri* betitelte Blatt findet Erklärung durch die Zeilen des Hadrianus Junius, die am Fuß des Blattes zu lesen sind:[19]

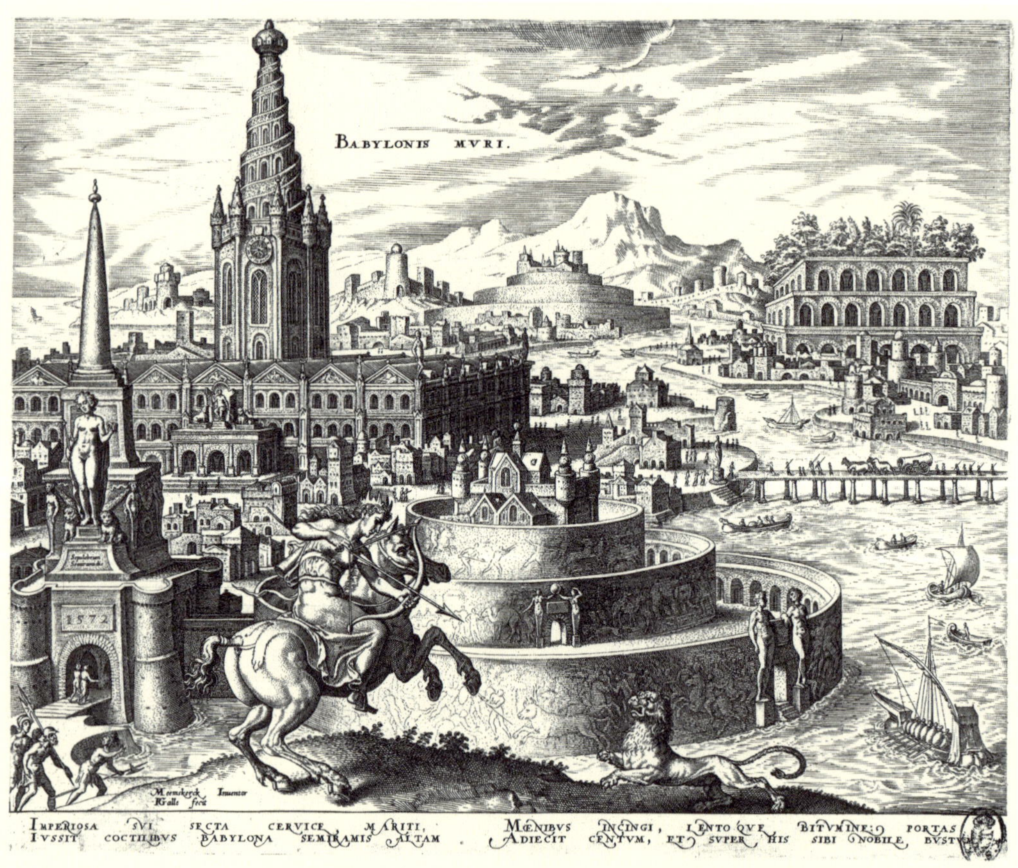

Nachdem sie den Hals ihres Gatten durchtrennt hatte, / befahl die mächtige Semiramis, Babylon hoch mit ziegelgebrannten / Mauern zu umschließen und mit trägem Asphalt: Tore / fügte sie hundert hinzu und darüber errichtete sie ihren / edlen Scheiterhaufen.[20]

Heemskercks Grafik zeigt ungeachtet der nur die Mauern erwähnenden Inschrift die Stadt Babylon in Gänze mit verschiedenen Bauwerken.[21] Im Bildvordergrund reitet Königin Semiramis hoch zu Ross und jagt einen Löwen am Ufer des Euphrat – ursprünglich als Thema der babylonischen Wandmalereien überliefert –,[22] doch Heemskerck belebt damit die Darstellung und beglaubigt die Kraft der Königin. Am linken Bildrand befindet sich eine Kombination aus Stadttor und einem inschriftlich als *Sepulchrum Semiramidis* gekennzeichneten Grabbau, datiert mit der Jahreszahl 1572. Er wird von einem obeliskartigen Aufsatz bekrönt sowie einer Statue der nackten Semiramis. Dieses Grabbild entspricht der Schilderung bei Valerius Maximus, der die Errichtung der Grabskulptur mit dem Dank begründet, den die Babylonier dafür ausdrücken wollten, einen Aufstand niedergeschlagen zu haben.[23] Rechts davon befindet sich inmitten dreier zylindrisch verlaufender Mauerringe der Königspalast. Dahinter wird der Mittelgrund des Bildes vom Turmbau bestimmt, der in einem Palastkomplex liegt und eine spiralförmige Spitze trägt. Auf Höhe des Palastes verläuft in der rechten Bildhälfte die Brücke über den Euphrat.

Im Hintergrund ragen einige größere Bauten auf, am markantesten auf der rechten Seite die Hängenden Gärten. Es handelt sich um einen dreistufigen Bau, dessen beide Obergeschosse jeweils gegenüber der darunterliegenden Etage zurückspringen. Ihre Fassaden bestehen aus Rundbogenöffnungen und schließen mit einem Gesims ab. Da nicht zu erkennen ist, wie sich Heemskerck die Funktionen des Bauwerks vorstellt, soll es wohl ausschließlich als eine Substruktion für den darauf lagernden Garten verstanden werden. Dieser wird, wie in den meisten Texten geschildert, von hochaufragenden Bäumen bestimmt.

Für den Palast mit dem Hängenden Garten und die anderen Bauwerke der Serie geht Heemskerck bei seiner Bildrekonstruktion von zeitgenössischen Architekturerfahrungen aus. Das Blatt scheint ein Babylon ins Bild zu setzen, dessen Bauwerke als real betrachtet wurden. Der ummauerte Königspalast liegt nach europäischem Schema wie eine Zwingburg am Stadtrand, das Tor besitzt halbrunde Bastionen. Die Ziegelfassaden kannte Heemskerck als antike Mauertechnik aus Rom, auch in Kombination mit Hausteinbögen und -gesimsen.

Zugleich legte Maarten van Heemskerck Wert darauf, die Blätter mit möglichst vielen Informationen auszustatten, die er aus den antiken Beschreibungen kannte. So verbildlicht etwa der spiralförmige Aufsatz des Turmbaus vermutlich die Beschreibung des Paneions von Alexandria bei Strabon,[24] auf dessen Text auch die Darstellung der Zeusstatue in Olympia basiert.

Maarten van Heemskerck kommt mit seiner Serie nicht nur das Verdienst zu, die antiken Weltwunder anschaulich ins Bild gesetzt, sondern damit auch entscheidend zu ihrer Kanonisierung beigetragen zu haben. Welche Schlüsselrolle Bilder für die Vermittlung historischer Informationen hatten, wusste er durch seine eigenen Antikenstudien in Rom. Es waren die Maler, Zeichner, Stecher, die Bildhauer und Architekten, die als Archäologen *avant la lettre* eine bildliche Vorstellung von Geschichte lieferten. Künstler wussten durchaus um ihre Leistung für die Anschaulichkeit geschichtlicher Ereignisse. Indem sie die Vergangenheit verbildlichten, leisteten sie zu Beginn der Frühen Neuzeit einen eminenten historiografischen Beitrag, was auf Heemskerck im Besonderen zutrifft.

Li Sette miracoli del mondo *und der vatikanische Obelisk*

Offensichtlich unabhängig von Maarten van Heemskeercks Weltwunderserie 1572, jedoch in unmittelbarer zeitlicher Nähe, treten uns die Sieben Weltwunder auf einem bemerkenswerten Kupferstich entgegen, der in Rom zwischen 1574 und 1578 entstand.[25]

Die Inschrift nennt Franciscus van Aelst, bei dem es sich vermutlich um den Stecher handelt,[26] während Étienne Dupérac vermutlich die Vorlage lieferte. Geradezu spektakulär erscheint die gebündelte Darstellung der Sieben Weltwunder (»Li Sette Miracoli del Mondo«) auf einem Blatt.[27]

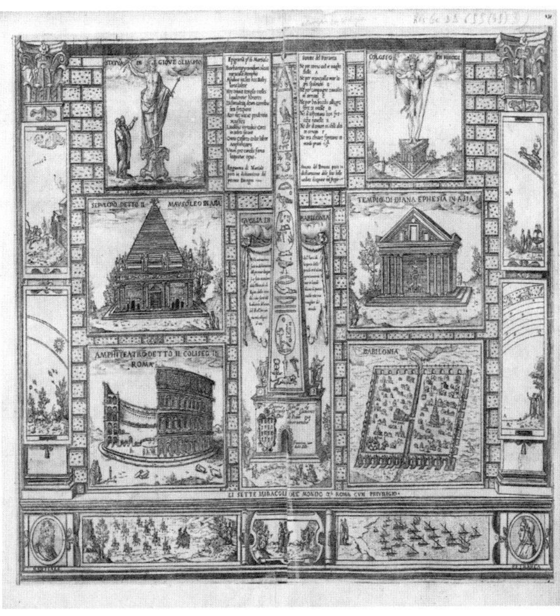

11
Franciscus van Aelst/ Étienne Dupérac, *Li Sette miracoli del mondo*, 1578

Das Blatt präsentiert einzelne gerahmte Grafiken der Sieben Weltwunder vor einer antikisierenden Mauer in *opus isodomum* (eine antike Mauer aus regelmäßigen Steinen), die von korinthischen Pilastern flankiert wird: die Statue des olympischen Zeus, das Mausoleum zu Halikarnassos, das Kolosseum in Rom, der Koloss von Rhodos, der Diana-Tempel in Ephesos sowie die Stadt Babylon. In der Bildmitte erscheint zudem ein Obelisk, der inschriftlich als »Guglia di Babilonia« (Turm von Babylon) bezeichnet wird. Der den Obelisken umlaufende Text verweist darauf, dass neben den ägyptischen Pyramiden und dem Pharos zu Alexandria (»torre del isola faros« [sic!]) auch das Labyrinth und der Palast des Königs Kyros und die Gärten der Hesperiden sowie die Hängenden Gärten zu den Weltwundern gerechnet werden. Bei genauerer Betrachtung finden sich die Hängenden Gärten auch auf der Ansicht mit der Stadt Babylon. Die Stadt besitzt einen quadratischen Grundriss, hohe Mauern und wird durch den Euphrat geteilt. Unter den Einzelbauwerken sind der Turm (»Torre de Babil«) sowie die Hängenden Gärten (»Horti pensili«) inschriftlich bezeichnet; zu erkennen ist jedoch auch der Obelisk. Der Turm hat einen spiralförmigen Aufbau, wohingegen die Hängenden Gärten aus einer vierstufigen, nicht näher gekennzeichneten Terrassenkonstruktion bestehen.

Am Blattkopf befindet sich eine Inschrift, die aus zwei Texten besteht: dem Epigramm Martials mit dem bekannten Lobgedicht auf das römische Kolosseum, das alle anderen Weltwunder übertreffe, und dem Auszug aus einem Sonett Petrarcas mit Landschaftsbeschreibungen.[28]

Die Entschlüsselung des Blattes beruht auf der Auflösung der Inschrift des Obelisken. Demnach wurde das Blatt von Horatius de Marij Tigrinus in Auftrag gegeben und ist Giacomo Boncompagni gewidmet, seines Zeichens Päpstlicher Gonfaloniere und Sohn Papst Gregors XIII. Vermutlich präsentierte Horatius de Marij Tigrinus mit diesem Blatt und der Darstellung des Obelisken seine Idee für die Neuaufstellung des vatikanischen Obelisken, die Gregor XIII. 1574 mit einer Ausschreibung in Gang setzen wollte. Die Widmung an Gregors Sohn verklausuliert die Hoffnung darauf, dass dieser seinen Einfluss geltend mache, um Tigrinus zu dem Auftrag zu verhelfen. Die Bezeichnung »Guglia di Babilonia« beruhte auf dem weit verbreiteten zeitgenössischen Verständnis, dass der vatikanische Obelisk ursprünglich aus Babylon stammte und sogar von Semiramis gestiftet worden sei. Bildsprachlich ergänzt der Obelisk demnach die sechs beziehungsweise sieben bildlich dargestellten Weltwunder um ein siebtes beziehungsweise achtes: den päpstlichen Obelisken. Indem Tigrinus die Weltwunder zum Bezugspunkt der Neuaufstellung des vatikanischen Obelisken wählte, folgte er dem Epigramm Martials, der für das Lob des Kolosseums ebenso den Vergleich mit den Weltwundern gesucht hatte.

In welchem Verhältnis das Blatt zu Heemskercks Serie steht, ist unklar. Die Darstellungen unterscheiden sich deutlich voneinander, ebenso die zugrundeliegenden Quellen. Der olympische Zeus steht auf einem Kapitell, der Koloss von Rhodos wurde als begehbare Maschinenskulptur auf einem dreieckigen Säulenpostament platziert, wie dies Guillaume Du Choul 1556 in seiner Religionsgeschichte schildert.[29] Der Tempel der Diana in Ephesos erscheint als schematisierter antiker Säulentempel analog zu antiken Münzbildern, das Mausoleum beruht auf der Darstellung eines pyramidalen Grabbaus in der *Hypnerotomachia Poliphili* (1499).[30] Den Autoren des Blattes geht es um eine an Modellen der Antikenrezeption ausgerichtete Rekonstruktion der antiken

Welt, ein Interesse an orientalisierenden Stereotypen lässt sich hingegen noch nicht feststellen. Weiter zählt Babylon zur abendländischen antiken Welt, und noch immer beziehungsweise bereits wieder taugen die Sieben Weltwunder der Antike als Legitimationstopos.

Antonio Tempesta, Crispijn de Passe der Ältere und Ferdinand Verbiest – die Weltwunder zwischen Antwerpen und Peking

Während der Hängende Garten in der 1608 entstandenen Druckserie der *Septem orbis admiranda ex antiquitatis monumentis collecta* (Sieben Wunder der Welt aus der Sammlung der antiken Denkmäler) des Malers Antonio Tempesta allenfalls in Form von mit Bäumen bepflanzten Türmen angedeutet wird,[31] beansprucht das Gartenmonument auf einem Babylon-Stich Crispijn de Passe des Älteren eine ungleich prominentere Stellung.[32] Tempestas Serie entstand wie schon diejenige Galles in Antwerpen, während De Passe seine Weltwunderstiche in Utrecht druckte. Offensichtlich existierte jeweils ein interessiertes Publikum für den Katalog der Weltwunder, denn ohne entsprechende Absatzchancen wären die Blätter nicht angefertigt worden. Da Tempesta über umfangreiche Erfahrungen mit antiker Architektur verfügte, entwarf er ohne Rückgriff auf Heemskercks Darstellung ein neues Babylon-Bild, das mit dem Blick vom Umland auf die mauerbewehrte Stadt dem verbreiteten Typus der europäischen Stadtvedute entsprach.[33]

12 Antonio Tempesta, *Babylon mit den Hängenden Gärten*, 1608

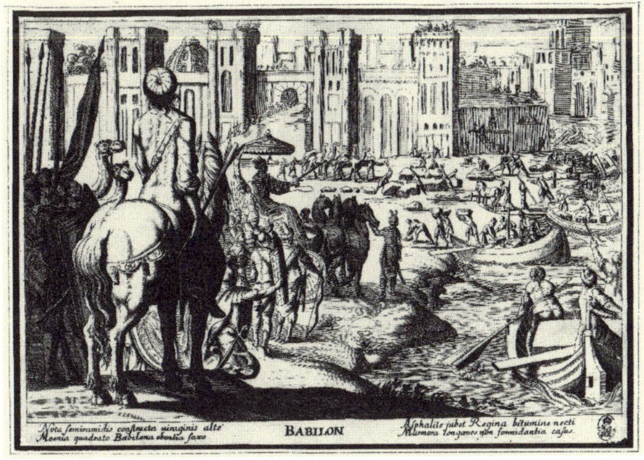

Im Gegensatz dazu handelt es sich bei der 1614 verlegten Serie von De Passe um eine erkennbare Adaption von Galles Stichen nach Heemskerck, zumal auch die Bildlegenden von Junius übernommen wurden. Am unteren Bildrand wird der bereits 1603 verstorbene Marten de Vos als Vorlagenzeichner genannt, der seit den frühen 1570er Jahren die meisten Vorlagen für De-Passe-Stiche angefertigt hatte.[34] Die Babylon-Ansicht folgt dem Druck Galles nach Heemskerck in der Grundstruktur, nicht jedoch in den Einzelheiten. De Passe rückt die jagende Semiramis noch stärker in den Bildvordergrund. Torbau und Grab wurden der zeitgenössischen Stilistik angepasst, wie auch Babylon eher einer mitteleuropäischen denn einer orientalischen Stadt gleicht.

Hatte Tempesta die Mauern von Babylon zum wichtigsten bildlichen Bezugspunkt gemacht, versammelte De Passe verschiedene Monumente nahezu gleichranging: Das Semiramis-Bild befindet sich nun auf einer Säule, neben dem Turm im Hintergrund wird die Stadt auch von einem Tempel in Form einer Kirche überragt; die zylindrischen Mauern umschließen keine Burg mehr, sondern einen Hängenden Garten, der an Darstellungen des römischen Augustusmausoleums aus dem 16. Jahrhundert erinnert.[35] Den linken Bildrand dominiert ein mehrgeschossiger Palast mit regelmäßiger Wandgliederung, der dem Hängenden Garten als Unterbau dient. Das Dach wird von hier gepflanzten Bäumen überragt, Säulen und Skulpturen schmücken den Garten.[36] Offensichtlich hatte der Vorlagenzeichner Kenntnis von einem Weltwunderkatalog, der neben den Mauern auch die Hängenden Gärten als Weltwunder nennt. Ostentativ inszeniert er sie als wesentlichen Bestandteil der Stadt am Euphrat.

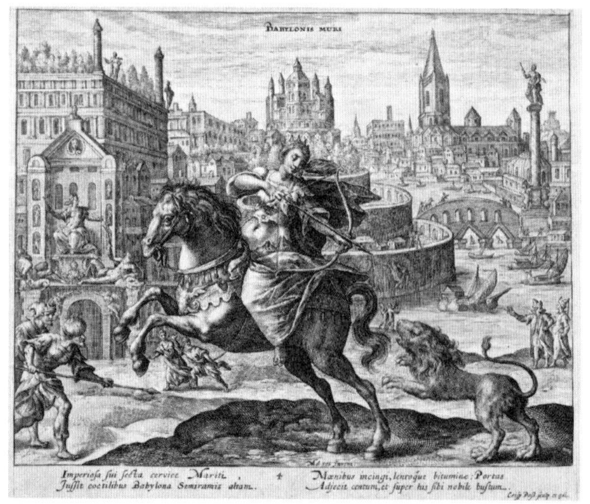

13
Crispijn de Passe d. Ä., *Babylon mit den Hängenden Gärten*, 1614

Als Repräsentation einer eurozentrischen Perspektive auf die Geschichte der Welt lässt sich eine 1674 in Peking edierte Serie mit den Weltwundern verstehen. Sie stammt von dem flämischen Jesuiten Ferdinand Verbiest, der 1657 als Missionar nach China ging und dort unter dem Namen Nan Huai-jen bis zum Vorsteher des kaiserlichen Observatoriums in Peking aufstieg.[37]

Verbiest legte 1674 auf kaiserlichen Wunsch hin eine Weltkarte *(Kunyu Quantu)* auf.[38] Diese Weltkarte ergänzte ein mit Erklärungen versehenes Textbuch, in dem Verbiest Illustrationen und Texte versammelte, die den chinesischen Betracht- beziehungsweise Lesenden Europa erläutern sollten. Hierzu zählten dreiundzwanzig Darstellungen mit in China unbekannten Tieren, das Bild eines europäischen Seeschiffes sowie die Sieben Weltwunder, erweitert um das römische Kolosseum. Der von Verbiest beauftragte Zeichner verwendete offenkundig Heemskercks Serie als Vorlage, sah jedoch von Staffagen und Personen ab, sodass die Monumente auf das Wesentliche reduziert wurden. Die Babylon-Ansicht wurde dabei am deutlichsten und so sehr verändert, dass von einer Stadtdarstellung nun keine Rede mehr sein kann. Vielmehr kreierte der Zeichner eine bergige Landschaft mit Flusstal, Brücke und einem Bastionswall mit Hängendem Garten. Hatten die für das europäische Publikum angefertigten Serien Babylon im Modus einer mitteleuropäischen Stadt erscheinen lassen, so verwandelt sich nun die mesopotamische Stadt in eine chinesische Landschaft. Ungeachtet dieser Darstellung wird im Erklärungstext Verbiests eine Stadt beschrieben:

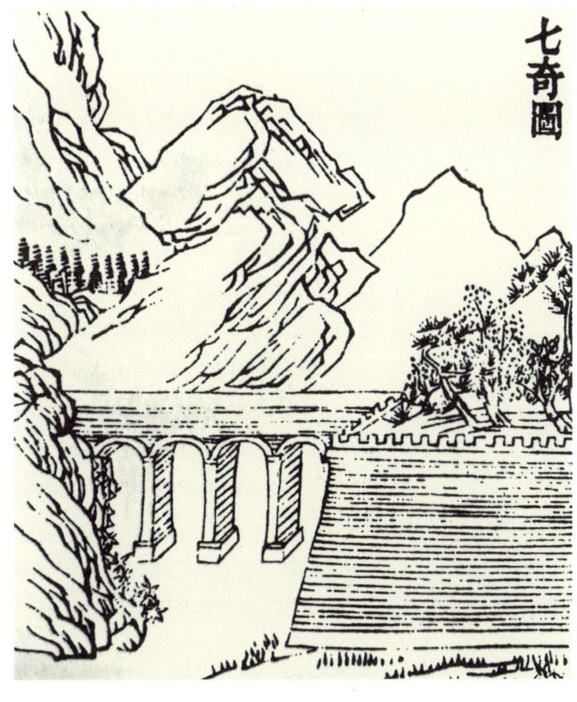

14
Ferdinand Verbiest,
Die Hängenden Gärten von Babylon, 1674

1. Die Stadtmauern von Babylon (Pa-pi-luan) in Asien. Die Königin Semiramis (Sê-mi-la-mi-te) erbaute die Stadtmauern und Wassergräben der Hauptstadt. Deren Gestalt ist quadratisch, und jede hat eine Länge von 50 li. Der Umfang ergibt 200 li. Die Stadttore – insgesamt hundert – sind alle aus reiner Bronze gemacht. Die Mauern sind 10 Klafter hoch. Ihre Dicke beträgt 4 Klafter 8 Fuß. Aus schönen Steinen sind sie aufgeführt. Auf dem oberen

Stockwerk der Mauern gibt es Gärten; Szenerien von Bäumen fügen sich in Berge und Gewässer ein, die rauschend dahinfließen wie Bäche. Täglich waren 300.000 Bauleute [daran beschäftigt].[39]

Der Text kombiniert verschiedene Überlieferungen von Herodot, Diodor (Ktesias) und Plinius dem Älteren. Ob Verbiest eine direkte Vorlage besaß oder den Inhalt selbständig kompilierte, ist unklar. Die Weltgeografie *K'un-yü t'u-shuo* Verbiests wurde mehrfach verlegt; ihre Darstellungen fanden Eingang in andere Publikationen und kodifizierten das chinesische Wissen um Weltwunder noch bis ins 19. Jahrhundert. In Europa setzte sich die Transformation der Vorstellungen von Weltwundern unterdessen fort und veränderte ihr Bild mehrfach.

Athanasius Kircher vermisst den Mythos und entwirft ein neues Bild des Hängenden Gartens

Hatte Maarten van Heemskerck das Bild vom Hängenden Garten in Babylon im Rahmen seiner Serie veröffentlicht und sie als Werk der Semiramis in den Kanon der Weltwunder integriert, verortete der deutsche Gelehrte Athanasius Kircher die Hängenden Gärten im letzten Viertel des 17. Jahrhunderts in einem neuen, nun biblischen Kontext.[40] Die sich verändernden und teilweise auch konkretisierenden Vorstellungen von den Weltwundern der Antike beruhten unter anderem auf zahlreichen neuen Quelleneditionen. Neben den Schriften Herodots wurden auch diejenigen Plinius des Älteren, Strabons und Diodors publiziert. 1640 schließlich edierte der griechische Gelehrte und päpstliche Bibliothekar Leone Allacci *De septem orbis spectaculis* des Philon von Byzanz erstmals in einem Buch.[41]

Athanasius Kircher, Universalgelehrter und langjähriger Professor am Collegio Romano, der jesuitischen Bildungszentrale in Rom, kannte diese Editionen sicher aus erster Hand. Als Lehrer für Mathematik, Physik und orientalische Sprachen diente ihm die Forschung vor allem der Ausdeutung und Bestätigung der göttlichen Ideen, wie sie in den biblischen Schriften fixiert worden waren. Sein Interesse galt der Inkorporation antiker Wissenschaft und Überlieferung in das christliche Weltbild, das durch die Eroberung neuer Kontinente, das neue Wissen über alte Kulturen sowie nicht zuletzt durch die jüngeren Erkenntnisse der Astronomie in seinen Grundfesten erschüttert und herausgefordert wurde. 1676 legte er einen Band über die Arche Noah auf und ließ diesem 1679 den Kaiser Leopold I. gewidmeten Band über den Turmbau zu Babel folgen.[42] Mit seiner ganzen historiografischen, philologischen, theologischen und naturwissenschaftlichen Erfahrung reflektiert Athanasius Kircher die Überlieferungen zum Turmbau und berücksichtigt dabei auch das Wissen über Babylon aus der Weltwunderüberlieferung. Bibel und antike Geschichtsschreibung finden so ergänzend zueinander und implementieren das babylonische Reich in die christliche Menschheitsgeschichte.

Kirchers Darlegungen zum Turmbau von Babel verfolgen das konkrete Ziel, die heidnisch-antike Überlieferung zu entwerten und im Zuge dessen die Bibelüberlieferung wissenschaftlich zu bestätigen. Um den Konflikt zu schlichten, geht er von zwei Türmen in der babylonischen Geschichte aus: Den ersten hält er für ein Phantasieprodukt der einschlägigen Schriften Herodots, Diodors, Josephus' und anderer; der zweite entspreche der Bibelerzählung.

Für den ersten babylonischen Turm führt Kircher den Nachweis, dass er, so wie beschrieben, niemals existiert haben könne.[43] Weder habe die errechnete Anzahl der Arbeiter (etwa viereinhalb Millionen Männer) in der zur Verfügung stehenden Zeit (3.426 Jahre) einen Turm bis zur Höhe des Himmels errichten können, noch sei dafür genügend Holz sowie ausreichend Ziegelsteine vorhanden gewesen. Schließlich wäre der Turmbau nach den antiken Beschreibungen auch zu schwer für die Erde gewesen und hätte diese aus dem kosmischen Zentrum gerückt.

Mit dem zweiten Turmbau setzt für Kircher die Geschichte der Architektur ein, die er um weitere Ur-Bauwerke der Stadt Babylon ergänzt: die Mauern, den Palast sowie die Hängenden Gärten. Dass er sich für diese Bauten auch auf die (aus seiner Sicht falsifizierte) heidnisch-antike Überlieferung stützen muss – Diodor etwa –, stellt nur einen von zahlreichen Widersprüchen dar.

Dem Thema der »von Semiramis in Babylon errichteten Hängenden Gärten, die unter die Weltwunder gerechnet werden«, so die Übersetzung der Überschrift, ist ein eigenes Kapitel gewidmet.[44] Es stützt sich explizit auf Diodor, dessen Beschreibung auch in längeren Passagen zitiert wird. Neben der Rekonstruktion der Hängenden Gärten widmet sich Kircher, hier wie an anderer Stelle, den mit Semiramis' Herrschaft verbundenen Werken. Kircher erklärt Semiramis zur Erfinderin der Pyramide,[45] die sie als Grabbau für ihren Gatten in Ninive habe errichten lassen. Zudem wird den Babyloniern auch die Erfindung der Obelisken zugeschrieben, deren Verhältnis zu den römischen Obelisken Kircher ergründet.[46] Mit Blick auf die Hängenden Gärten gleicht er die unterschiedlichen Angaben der einzelnen Autoren miteinander ab und stellt die Gartenarchitektur in ihren Einzelheiten vor.

Die überwiegend auf Diodors Beschreibung beruhenden Illustrationen lassen erkennen, dass Kircher die Überlieferung einerseits konkretisiert und andererseits monumentalisiert. Zwei Stiche von Coenraet Decker, eine Stadtansicht Babylons sowie eine Ansicht des Hängenden Gartens, beruhen auf Vorlagen des

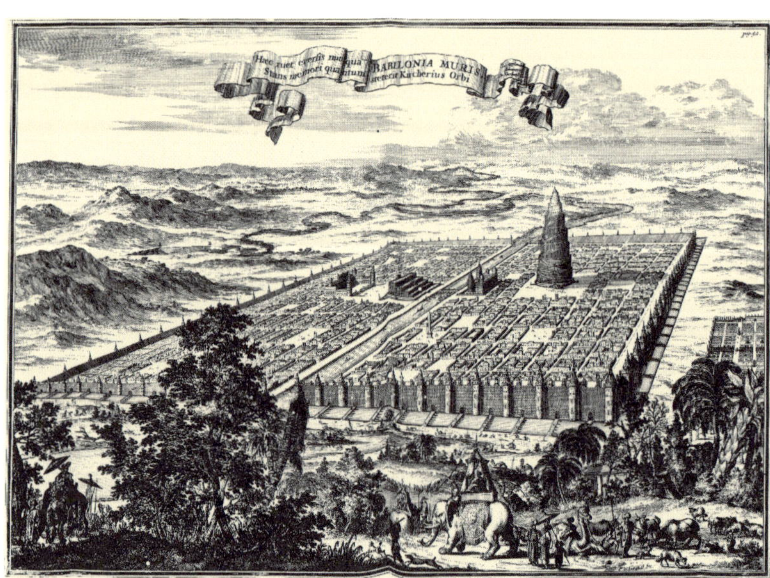

15
Lieven Cruyl/
Coenraet Decker,
Stadtansicht Babylons,
aus Athanasius Kirchers
Turris Babel, 1679

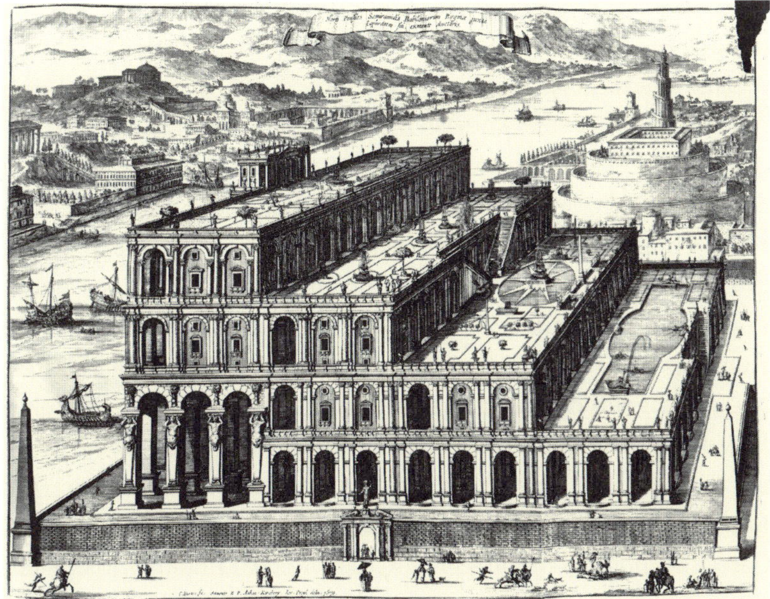

16
Lieven Cruyl/
Coenraet Decker,
Die Hängenden
Gärten Babylons,
aus Athanasius Kirchers
Turris Babel, 1679

flandrischen Zeichners und Stechers Lieven Cruyl aus dem Jahr 1670.[47] Ein dritter Stich mit der schematischen Darstellung des Hängenden Gartens wurde anonym abgedruckt. Alle drei Ansichten stehen im Widerspruch zueinander und ergeben kein einheitliches Bild. In der Stadtansicht aus der Vogelschau wird Babylon als von hohen Mauern und zahllosen Türmen bewehrte Stadt über regelmäßigem Rastergrundriss gezeigt, in deren Zentrum der Turm, zwei Paläste, die Euphratbrücke sowie die Hängenden Gärten alle anderen Bauwerke überragen. Obschon exakter gezeichnet, folgt die Stadtvedute in der Grunddisposition weitgehend dem Stich von Franciscus van Aelst, was besonders für den die Stadt teilenden Verlauf des Euphrat gilt. Ein Zug von Menschen und Elefanten sowie einzelne Palmen im Vordergrund orientalisieren die Umgebung bildsprachlich. Der von van Aelst adaptierte Terrassenbau steht am Ufer des Euphrat und nimmt in seiner Breite die Palastbauten zu beiden Seiten des Flusses auf.

Auf dem eigens die Gartenarchitektur inszenierenden Blatt befindet sich der Bau nun auf der anderen Seite des Euphrat und grenzt nicht mit der niedrigsten, sondern mit der höchsten Terrasse an den Fluss. Das über Rechteckgrundriss stehende Bauwerk ruht auf einem Sockel und wird von diesem und einer Mauer zur Umgebung hin abgegrenzt; vier Obelisken markieren die Kanten.

Die vierfach getreppte Seitenfassade nimmt das römische Theatrum-Motiv des Kolosseums auf, das seit dem 15. Jahrhundert ein Standardmodell römischer Palastfassaden bot. Auf eine dorische Doppelpilasterordnung folgt mustergültig eine ionische, eine korinthische und schließlich eine komposite. Das Erdgeschoss öffnet sich vollständig in Bögen, wobei die ersten drei Joche der Flussseite eine Kolossalordnung mit Atlant- beziehungsweise Karyatidhermen ausbilden, wie sie in der Gartenarchitektur seit der Renaissance regelmäßig eingesetzt werden.

Jeweils drei Joche pro Terrasse lassen insgesamt zwölf Joche im Erdgeschoss entstehen. Diesem ist zur Flussseite eine Art Belvedere-Pavillon vorgelagert. Betrachtet man die einzelnen Gartenflächen, so findet sich von den vielfach in den antiken Texten bewunderten Bäumen kaum eine Spur. Lediglich fünf Bäume auf den beiden oberen Plateaus lassen erkennen, dass für Kircher die Belebung der Terrassen mit Brunnen und Wasserspielen eher dem Charakter eines Wunders entsprach als die Bepflanzung der Flächen. Flache, regelmäßig strukturierte und spärliche Zierbeete bestimmen das Bild. Alle Terrassen besitzen zentrale Brunnenanlagen. Über dem Erdgeschoss wird die Mitte sogar durch ein Bassin mit seitlichen Fontänen bestimmt. Die von Balustraden umgebenen Flächen bieten Skulpturen Platz, Obelisken akzentuieren die Kanten. Zwei der vier Terrassen werden mittig durch zentrale zweiseitige Treppenrampen erschlossen, die als expliziter Verweis auf Vorbilder gelesen werden können: den vatikanischen Belvedere-Garten Bramantes und die Treppenrampen am antiken Fortuna-Heiligtum von Palestrina.[48] Vor allem die druckgrafische Ansicht des Belvedere-Hofes von Maria Cartaro führte die architektonische Monumentalität der Anlage vor Augen, von der Cruyl und Kircher sich bei ihrer Darstellung des Hängenden Gartens zu Babylon leiten ließen.[49]

Kircher beziehungsweise Lieven Cruyl als Zeichner adaptierten damit für ihr Bild der Hängenden Gärten zu Babylon eine der spektakulärsten Gartenarchitekturen des 16. Jahrhunderts, die

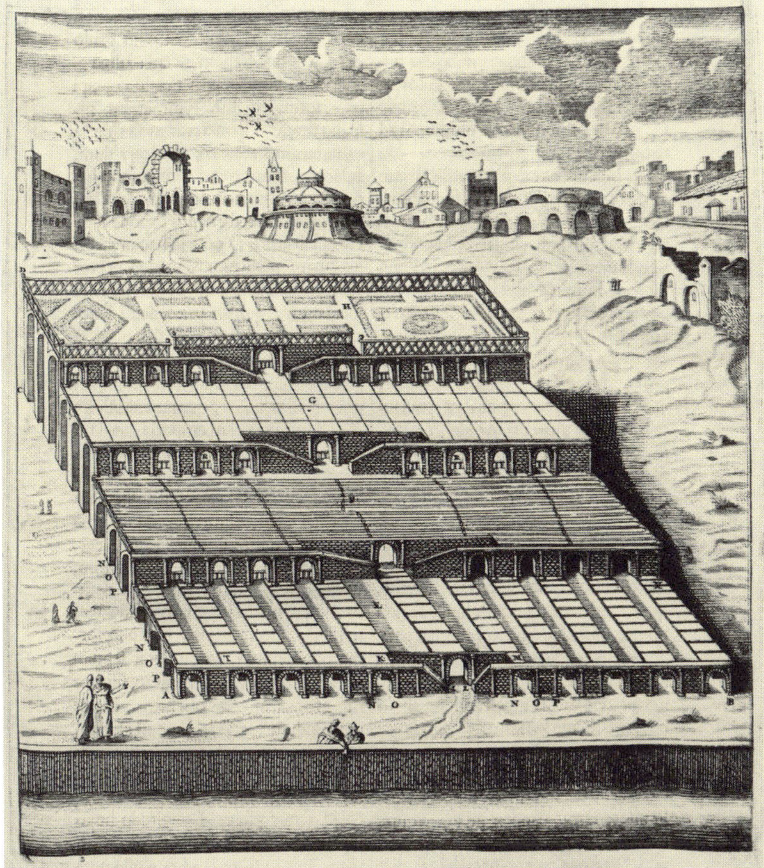

17
Lieven Cruyl/
Coenraet Decker,
Die Struktur der
Hängenden Gärten,
aus Athanasius Kirchers
Turris Babel, 1679

jedoch durch bauliche Veränderungen selbst längst Geschichte war. Die visuelle Rekonstruktion ist demnach einerseits eine zeitgenössische Projektion, wofür auch die vielen Brunnenanlagen sprechen, andererseits enthält sie einen Verweis auf die jüngere Baugeschichte.

Dies gilt insbesondere für den dritten Stich, der die Bauart des Hängenden Gartens thematisiert. Die Verortung an einem Hang überrascht, denn davon ist weder in den Texten die Rede noch entspricht dies, wie auch die Darstellung der unmittelbaren städtischen Umgebung, der topografischen Situation auf den anderen Illustrationen. Dafür macht Kircher die einzelnen Bauphasen und mit ihnen den Aufbau der Anlage deutlich und verknüpft Text und Bild zudem durch einen Index.[50] Die untere Terrasse besteht

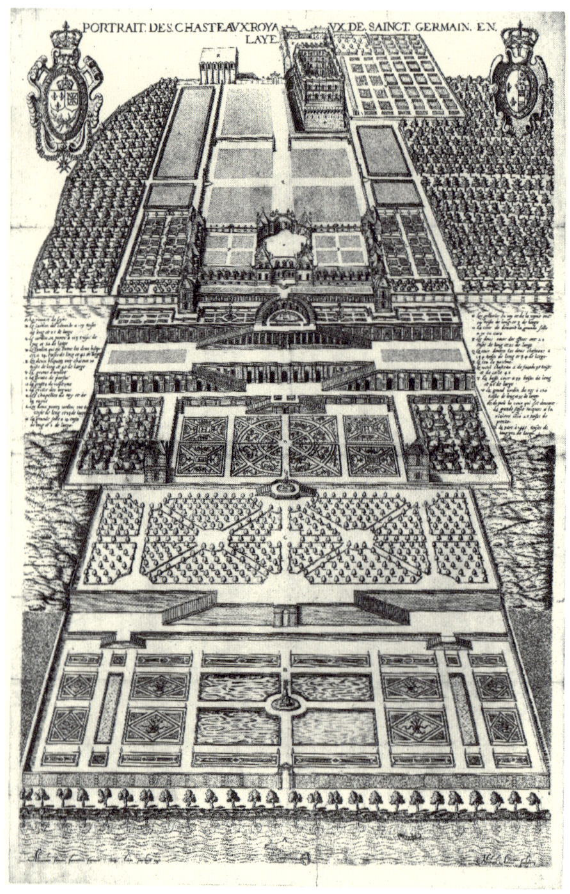

18
Alessandro Francini,
Ansicht von
Schloss und Garten
Saint-Germain-en-Laye,
1614

aus Gewölben mit quer darauf gelagerten Steinbalken; auf diesen ruht in einem Gipsbett die aus Schilfrohr und Bitumen verbundene Decke, im dritten Abschnitt folgt eine doppelte Ziegelschicht, die mit Blei versiegelt wurde. Die vierte Schicht besteht aus Erde, in der schließlich die Pflanzen des Gartens wachsen.

Für einen Buchgelehrten wie Athanasius Kircher schloss die zeitgenössische Realität immer auch das in Grafiken gespeicherte Bildwissen der Zeit ein und bestimmt seine historiografischen Projektionen. So nimmt es nicht wunder, dass er auch für die Illustration zu den einzelnen Bauphasen auf eine Vorlage zurückgriff, die zudem die eigenartige topografische Anordnung erklärt. Offensichtlich basiert die Illustration zur Bauart der Hängenden Gärten auf einem Stich Alessandro Francinis mit der Darstellung des um 1610 angelegten königlichen Gartens am Château-Neuf in Saint-Germain-en-Laye.[51] Wie für den Belvedere-Garten gilt auch hier, dass der unter König Ludwig XIII. am Ufer der Seine entstandene Garten zum Zeitpunkt von Kirchers *Turris-Babel*-Publikation nicht mehr in dieser Form existierte. Zudem handelte es sich um eine Terrassenanlage am Hang und nicht um einen Hängenden Garten. Der Stich Francinis fand weite Verbreitung, unter anderem durch den Kölner Drucker Abraham Hogenberg, der die Grafik wie auch die Darstellung des vatikanischen Belvedere-Gartens von Mario Cartaro 1655 in einer Gartenstichsammlung publiziert hatte.[52] Offenkundig ließen sich Kircher und seine Bildproduzenten Cruyl und Decker für ihre Imaginarien von solchen Stichsammlungen leiten.

Mit seinen architektonischen Beschreibungen der für Babylon überlieferten Bauwerke (eingeschlossen auch diejenigen von Ninive) hatte Kircher einen Katalog von Archetypen der Architekturgeschichte entworfen und ins historische Bewusstsein seiner Zeitgenossen eingeschrieben.[53] Dabei gelang ihm eine seinerzeit überzeugende Rekonstruktion der Stadtanlage Babylons. Die Monumente nehmen in ihrer Lage Bezug aufeinander, was sich Kirchers Erfahrung mit römischer Urbanistik verdanken dürfte. Seine umfassende Beschreibung der Hängenden Gärten und ihre monumentale Imagination verliehen diesem Weltwunder neue Aufmerksamkeit und sollten besonders die Bildgeschichte der babylonischen Gärten in den nächsten knapp 200 Jahren mitbestimmen.

Wie nahtlos die Rezeption erfolgte, belegte eine 1680 publizierte Abhandlung des niederländischen Gelehrten Olfert Dapper zu Kleinasien.[54] Dapper übernahm Kirchers Kupferstich mit der Stadtansicht von Babylon sowie der terrassierten Gartenarchitektur und schrieb der Rekonstruktion damit insofern Gültigkeit zu, als er sich auch weiterhin an die antiken Texte hielt.[55] Bild- und Textüberlieferung wurden einmal mehr entkoppelt.

> *An der einen Seiten der Stadt / an dem Eufrates / neben dem Kastel / oder der Königlichen Burg / waren unterschiedliche Gärten / die unter die sieben Wunderwercke der Welt gerechnet / und bey Strabo und Diodor hangende Gärten / und bey dem Josephus hängende Paradiese genennet wurden / weil sie auf Schwibbögen gebauet waren / und in der Luft schienen zu hangen / auch als ein irdisches Paradies mit allerley Gewächsen bepflanzet waren.*[56]

Auf Diodor, Strabon und Josephus gestützt, vermittelt auch Olfert Dapper seinen Lesern alle technischen Details und spricht zudem die unterschiedlichen Auffassungen zur Bauherrschaft an: Bei Berossos und Josephus werde Nebukadnezar als Bauherr angesehen, bei Diodor und anderen aber Semiramis. Schließlich erzählt auch Dapper einmal mehr die Geschichte eines namenlosen syrischen Königs, der diesen Garten für seine Frau angelegt habe, um ihrer Sehnsucht nach der bergigen Heimat abzuhelfen.

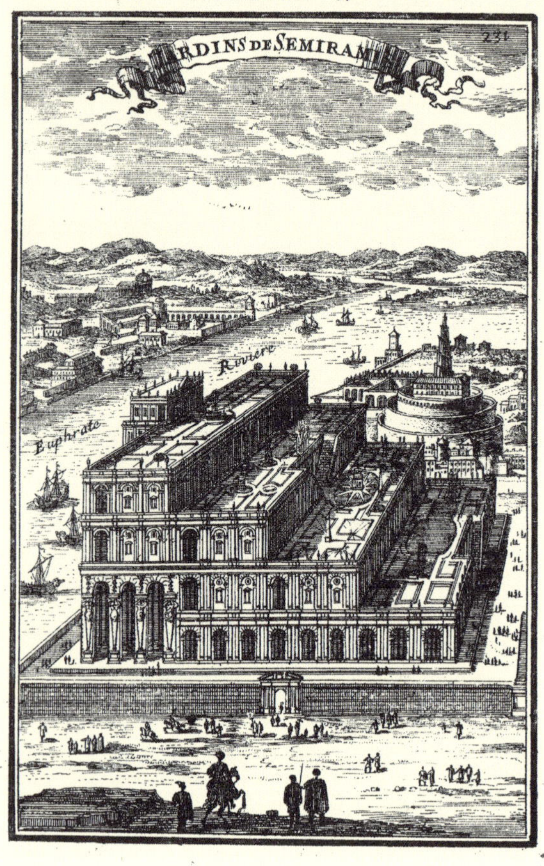

19
Allain Manesson-Mallet, Die Hängenden Gärten von Babylon, 1716

Auch nach 1700 wurde das von Kircher in die Welt gesetzte Bild der Hängenden Gärten als authentisches Modell betrachtet. Es fand Eingang in die neuesten Weltbeschreibungen und Weltgeschichten. Da diese mehrfach aufgelegt wurden, nicht selten als Raubdrucke, verstärkte und verlängerte sich die Wirkung, was man anhand der Kosmografie Allain Manesson-Mallets gut beobachten kann. Bereits in der ersten Auflage der *Description de L'Univers*, die 1683 erschien, nutzte der französische Hofgelehrte Kirchers Vorlage der Hängenden Gärten, die er spiegelbildlich abdruckte.[57] Manesson-Mallets Aussagen zu Babylon fanden sodann Eingang in die erste deutsche Übersetzung, die 1684/85 in Frankfurt erschien. Auch in der von 1716 bis 1719 von dem Gelehrten Johann Gottfried Gregorii besorgten zweiten deutschen Übersetzung wurde Kirchers Bild weiterverwendet. Die Funktion der visuellen Rekonstruktion, ihre gegenüber einer Beschreibung anschaulichere Wirkung, macht Manesson-Mallet explizit zum Thema: Mit Hilfe des Bildes wird »man sich ihre [der Hängenden Gärten, Anm. d. Vf.] Gestalt besser einbilden können, als wann wir eine weitläufftige Beschreibung, womit wir uns nur lange auffhalten würden, davon machen.«[58]

So wanderte das für den Jesuiten Athanasius Kircher gestochene Bild über den französischen Königshof in die deutsche Gelehrtenwelt ein und sollte dort noch bis zur Aufklärung Verwendung finden. Auch der Weimarer Verleger Friedrich Justin Bertuch greift noch 1790/95 für sein *Bilderbuch für Kinder* auf die von Kircher verbreitete Ansicht mit den Hängenden Gärten von Babylon zurück, um die Sieben Weltwunder zu illustrieren.[59] Für junge Lesende aufbereitet, heißt es:

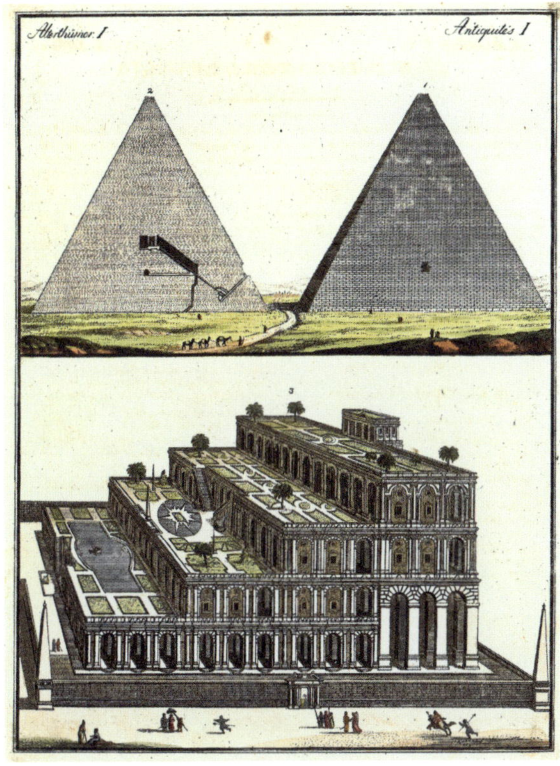

20
Friedrich Justin Bertuch, Die Hängenden Gärten von Babylon, 1795

> *Die sogenannten schwebenden Gärten in Babylon waren ein prächtiges Gebäude in Babylon, das der König Nebucadnezar seiner Gemahlin, Amytis, die aus Medien, einem gebirgigen Lande war, zur Lust erbauete; und auf seinen 4 Terrassen Garten Anlagen und Wasserwerke hatte. Blumen, Sträuche und Palmbäume wuchsen darauf als in natürlicher Erde. Jede Seite des Gebäudes war 400 Fuss lang, und die oberste Terrasse war so hoch, als die Stadt-Mauern von Babylon.*[60]

Bertuchs Darstellung steht exemplarisch für den Trend, dass sich mit der Zeit paradoxerweise die auf komplexem Wissen beruhenden Imaginationen konkretisierten. Neben der Art der Bepflanzung erscheint nun auch erstmals der Name der medischen Gattin, für die die Hängenden Gärten einst errichtet wurden: eine sagenhafte Amytis.

Fischer von Erlach und die Hängenden Gärten als Architekturgeschichte

Versuchte bereits Athanasius Kircher mit dem Blick auf Babylon den Beginn der Architekturgeschichte zu markieren, so werden die Weltwunder der Antike – und mit ihnen die Hängenden Gärten

Babylons – auch von dem Wiener Barockarchitekten Johann Bernhard Fischer von Erlach als Archetypus einer Weltgeschichte der Architektur abgehandelt. Fischer legte mit seinem *Entwurff einer Historischen Architectur* erstmals eine illustrierte Geschichte der Baukunst vor, die sich neben dem Weltwunderkatalog unter anderem auf die 1604 in Rom publizierten Rekonstruktionen des Salomonischen Tempels durch Juan Bautista Villalpando stützt.[61] Zudem greift er auf Münzbilder, Ruinendarstellungen, archäologische Befunde, Architekturtraktate, Reisebeschreibungen und überhaupt auf gelehrtes Wissen jeglicher Art zurück. Er widmete das Manuskript mit den Zeichnungen Kaiser Karl VI. 1712 anlässlich von dessen Regierungsantritt, um sich dem Kaiser zugleich als Architekt zu empfehlen.[62] Dieses Ansinnen war von Erfolg gekrönt, da ihn der Kaiser 1715 mit dem Bau der Wiener Karlskirche, Fischers Hauptwerk, beauftragte.

Gedruckt lag der Band 1721 in einer Wiener Ausgabe vor, der noch zwei Leipziger (1725 und 1742) sowie zwei Londoner Ausgaben (1730 und 1737) folgten. In der Vorrede an den Leser betont Fischer von Erlach, dass er eine illustrierte Architekturgeschichte auch deshalb vorlege, um »das Auge der Liebhaber zu ergötzen / und denen Künstlern zu Erfindungen Anlaß zu geben«.[63] Damit wird ausdrücklich auch ein Bezug zur zeitgenössischen Baupraxis hergestellt, die Fischer mit eigenen Beispielen würdigt. In der Ausgabe von 1725 werden alleine vier Tafeln der Karlskirche gewidmet. Darüber hinaus preist Fischer die bildliche Vermittlung von Architekturgeschichte als einen wissenschaftlichen Beitrag an: »Auf solche Weise kan gegenwärtiger Entwurf von allerhand Bau-Arten nicht nur zur Lust / sondern auch zu Beförderung sowohl der Wissenschafften / als der Künste dienen«. Und nicht zuletzt stellt er die didaktischen Qualitäten von Bildern heraus, wenn er vorgibt, »durch solches Anschauen das Gedächtnis [zu] stärken«.[64]

Fischer von Erlach beginnt seinen Band nach Widmung beziehungsweise Privileg und Vorrede mit dem Abdruck einer Landkarte, die Südosteuropa, Nordafrika, Kleinasien und die arabische Halbinsel mit Persien umfasst. Damit ist für die ältere, im

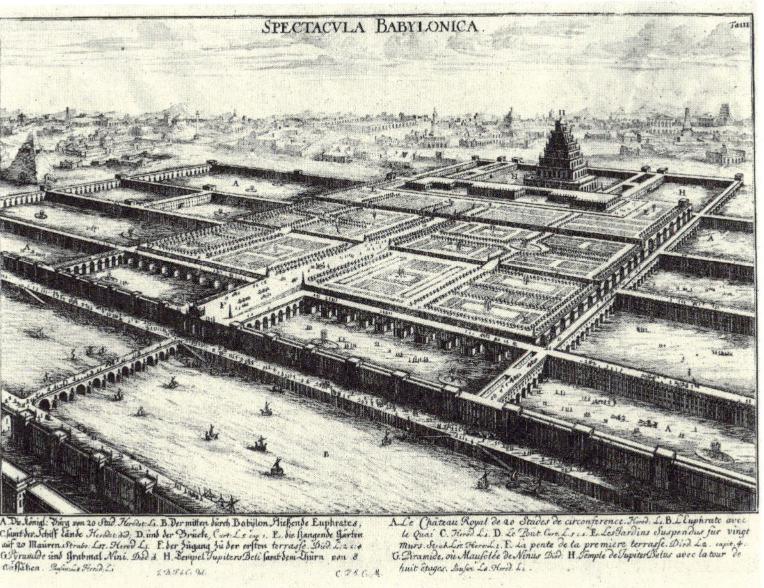

21
Johann Bernhard Fischer von Erlach, Babylon, 1721

ersten Buch abgehandelte Architekturgeschichte der historische Raum kartiert. Das zweite Buch widmet sich der römisch-antiken Baukunst, das dritte der asiatischen Architektur, ehe im vierten ausgesprochen selbstbewusst die eigenen Werke vorgestellt werden.

Das erste Monument des ersten Buches stellt der ausführlich beschriebene Salomonische Tempel in Jerusalem dar.[65] Das Blatt sowie der Erklärungstext zu den »Spectacula Babylonica« folgen unmittelbar darauf und leiten die Betrachtung der Weltwunder ein. Zu diesen gehören neben den Werken in Babylon auch die Pyramiden Ägyptens, die Zeusstatue in Olympia, das Mausoleum von Halikarnassos, der Artemis-Tempel von Ephesos, der Koloss von Rhodos sowie der Pharos von Alexandria.

Fischer von Erlach nimmt nur wenige Änderungen am Kanon der Weltwunder vor: Zunächst behandelt er die babylonischen Werke als eines, setzt diese Werke aber an den Beginn seiner Abhandlung, während die Pyramiden erst an zweiter Stelle folgen. Damit führt er eine Chronologie ein, die im Gegensatz zu derjenigen Kirchers steht. Nach Fischer von Erlach ist der Salomonische Tempel als erstes nennenswertes Bauwerk der

Menschheitsgeschichte zu betrachten. Darauf folgen die Werke der babylonischen und schließlich der ägyptischen und griechischen Baukunst.

Jenseits des Weltwunderkanons, der nur die Mauern und die Hängenden Gärten umfasst, und auch jenseits der Bibeltradition, die den Turm ins Zentrum der Überlieferung stellt, erstreckt sich Fischer von Erlachs Babylon-Rekonstruktion auf weitere Elemente: Hierzu zählen die Königsburg, die Euphratbrücke, die Pyramide und das Grabmal des Ninus sowie der Tempel des Jupiter Beli als Teil der Turmanlage.

Fischer rekonstruiert für jeden Leser nachvollziehbar das Babylon der Königin Semiramis auf der Basis antiker Quellen. Im Text gelingt ihm eine abwägende Rekonstruktion, indem er für die Informationen auf verschiedene Autoren verweist. Einzelne Angaben verwirft er, wenn ihm die Autoren mit allzu gigantischen Angaben »über die Schnur zu hauen [scheinen].«[66] Allerdings fällt die von seiner Hand bildlich rekonstruierte Anlage nicht weniger monumental aus.

Wie man Stadtansicht und Text entnehmen kann, interessierte sich der Autor besonders für die Hängenden Gärten, wohingegen etwa der Turmbau eher am Rande behandelt wird:

> *Das sonderlichste waren die berühmte hangende Gärten / deren Gesicht man sich in gegenwärtigem Blate am meisten bemühet hat, vorzustellen. Sie waren viereckigt, jede Seite 4. Jugera; das ist (nach Plinii Calculation ein Jugerum zu 240. Fuß gerechnet) bey 1000. Fuß lang, und ruheten oben über dem Schlosse auf 20. zugewölbten Mauren, so 22. Fuß dick waren. Vor selbigen sind in diesem Risse 20. andere Arcaden in der Facade vorgestellet. Der Zugang geschahe über eine Pente so der ersten Mauer an Höhe gleich war. Nach diesem war der Prospect durch unterschiedene Terrassen einer Schau-Bühne ähnlich, daran der letzten Mauer Höhe 50. Fuß gewesen. So, daß an diesen gleichsam in der Lufft angelegten fruchtbaren Baum-Gängen, und durch geheime Wasser-Leitungen springenden Wasser-Künsten alles überirdisch schiene. Diesen Bau hat Diodorus selbst nicht der Semiramis, wie das vorige, zugeeignet.*[67]

Fischers Stadt liegt in einer ungeordneten archäologischen Wüstenei mit zahlreichen, zum Teil ruinösen Monumenten sowie dem pyramidalen Grab des Ninus.[68] Der Stadtraum hebt sich durch seine Ordnung deutlich davon ab. Aus den Angaben in den antiken Texten rekonstruiert Fischer eine ummauerte Stadtanlage mit langen mehrstöckigen Gebäudefluchten und begehbaren Dachterrassen, die im Zentrum von einem in drei Höhenniveaus ansteigenden Plateau überragt werden. Auf diese Weise besteht ein großer Teil der Stadtfläche aus Terrassengärten, die auf großflächigen Substruktionen ruhen. Dabei überragen die Gärten den kaum näher charakterisierten Palastkomplex samt Turmbau nicht, wie noch bei Heemskerck oder Kircher, sondern sind der königlichen Residenz vorgelagert. Diese Anordnung entspricht weitgehend der Residenzarchitektur des Barock, wie sie Fischer aus Schönbrunn, vom Palais des Prinzen Eugen beziehungsweise aus Versailles und vom Pariser Palais des Tuileries kannte. Einen weiteren wichtigen Impuls für Fischers Vorstellung lieferten die Rekonstruktionen römischer Altertümer.[69]

Zum Palast hin steigen die Terrassen an, wobei Rampen sowie Treppen von einem Terrassenniveau auf das nächste führen. Die Hauptachse läuft auf den Palast/Turm-Komplex zu und wird von Bäumen und an den Höhenstufen von Obelisken flankiert. Auf der mittleren Terrasse verläuft eine Querallee; einige Parterreflächen sind von Bäumen eingefasst und durch Fontänenbrunnen zentriert. Die einzelnen Terrassen besitzen eine je eigene Parterrestruktur, die dem System der Spiegelsymmetrie folgt. Mit diesen Elementen rückt Fischer die Residenzrekonstruktion in die Nähe seines in der *Historischen Architectur* abgedruckten ersten Entwurfs für Schönbrunn.[70] Das Schloss sollte auf dem Hügel postiert werden, ihm zu Füßen die terrassierten Gärten mit Rampen, in Bögen geöffneten Futtermauern, Parterres, Brunnen, Bassins und Skulpturen.

Im Gegensatz zu Heemskerck und Kircher veranschlagt Fischer die Bedeutung von Fassaden für die Wirkung von Hängenden Gärten gering. Damit gelingt ihm auch eine Entzeitlichung der Architektur, da Fassaden stilgebunden sind und ihr Bild schnell obsolet wird. Aus der daraus resultierenden architektonischen Monotonie seiner Rekonstruktion entsteht schließlich zudem der wohl intendierte monumentale Eindruck der Gesamtanlage. Das Verständnis einer untergegangenen Stadt findet auf diese Weise in ein abstrakteres Bild. In diesem Zusammenhang ist auch erwähnenswert, dass Fischers Turmrekonstruktion erstmals auf eine spiralförmig umlaufende Treppe und die runde Grundrissform verzichtet, die seit dem 16. Jahrhundert den visuellen Stereotypus des babylonischen Turms bestimmte.[71] Es stellt jedoch vermutlich einen Zufall dar, dass Fischers Rekonstruktion mit den zentralen Rampentreppen recht nahe an die archäologisch rekonstruierte Form des Etemenanki in Babylon heranreicht.

Die Hängenden Gärten im Diorama Karl Friedrich Schinkels

Standen die Bildrekonstruktionen der Hängenden Gärten in der Frühen Neuzeit im Kontext von Bilderfindung und Wissensproduktion, so verändert die Entwicklung im 19. Jahrhundert den Bezug zu Weltwundern. Noch immer bleiben die Hängenden Gärten und mit ihnen die Weltwunder ein Bildungsgut, das aber einerseits an Unterhaltungswert gewinnt und entsprechend neu betrachtet wird sowie andererseits als Archetypus der Architektur Eingang in die Geschichtsschreibung der Architektur und die Architekturausbildung findet. Vor allem auf dem Feld der eher unterhaltenden Weltwunderpräsentationen im späten 19. Jahrhundert kommt es zu einem wahren Überschuss an Phantasie, ehe die Babylon-Archäologie Gewissheiten produzierte – zu produzieren schien, um genau zu sein (mehr dazu in Kapitel 5).

Wie das Weltwunderthema zum Gegenstand der Populärkultur wurde, belegen Dioramen aus den ersten beiden Jahrzehnten des 19. Jahrhunderts – entworfen von keinem Geringeren als Karl Friedrich Schinkel.[72] Schinkel war sich der populären Verwendung seiner Entwürfe mehr als bewusst und versuchte in seiner 1825 verfassten autobiografischen Skizze den möglichen

Verdacht zu zerstreuen, er könne für Jahrmärkte gearbeitet haben.[73] Die Mode der Dioramen kam Ende des 18. Jahrhunderts auf und ist für Berlin und andere Orte (Paris, New York) gut dokumentiert. Die Berliner Dioramen haben ihren Ursprung in weihnachtlichen Schaufensterdekorationen, die Passanten und Käufer anlocken sollten. Um 1815 ebbte die Mode wieder etwas ab. Neben Präsentationen in Schaufenstern, auf Jahrmärkten und Messen wurden auch eigene Gebäude errichtet, wie etwa eine 1808 erbaute hölzerne Rotunde nahe der Hedwigskirche, in der Schinkel seine Panorama-Ansicht der Stadt Palermo ausstellte.[74] Zahlreiche Dioramen Schinkels verdanken sich der Zusammenarbeit mit Wilhelm Ernst Gropius. Die dargestellten Gegenstände lassen sich in vier Themengruppen einteilen: Landschaften und Bauwerke fremder Länder, deutsche Bauwerke, patriotische Ereignisse und archäologische Rekonstruktionen, zu denen die Sieben Weltwunder zählten.[75] Insgesamt lassen sich knapp 60 Dioramen Schinkels nachweisen.[76] Zumeist handelt es sich um auf Papier gemalte Darstellungen, die durch ausgeklügelte, wechselnde Beleuchtungen und teilweise auch mechanische Animationen sowie kleine, scheinbar nahtlos in die Malflächen übergehende Wasserflächen belebt wurden. Die kleineren Dioramenbilder maßen knapp zwei auf drei Meter, die größeren vier auf sechs Meter.[77]

Der Zyklus mit den Sieben Weltwundern wurde erstmals 1814 in Wilhelm Gropius' Mechanischem Theater ausgestellt. Die Szenen zeigten im Einzelnen: »1 Das Grabmal des Königs Maussolloss in Karien, 2 Das ägyptische Labyrinth, 3 die ägyptischen Pyramiden, 4 Der Tempel der Diana zu Ephesos, 5 Der Koloss zu Rhodos, 6 Die Hängenden Gärten der Semiramis, 7 Der olympische Jupiter«.[78] Leider ist zu den Maßen der verlorengegangenen Blätter ebenso wenig bekannt wie zu den Licht- und sonstigen Inszenierungen. Lediglich vom Bild des Diana-Tempels in Ephesos hat sich eine Reproduktion erhalten. So bleiben letztlich nur die Entwurfsskizzen, um sich ein oberflächliches Bild zu machen.

Thematisch und zum Teil auch bildmotivisch folgt Schinkel dem Weltwunderkanon in Fischer von Erlachs *Historischer*

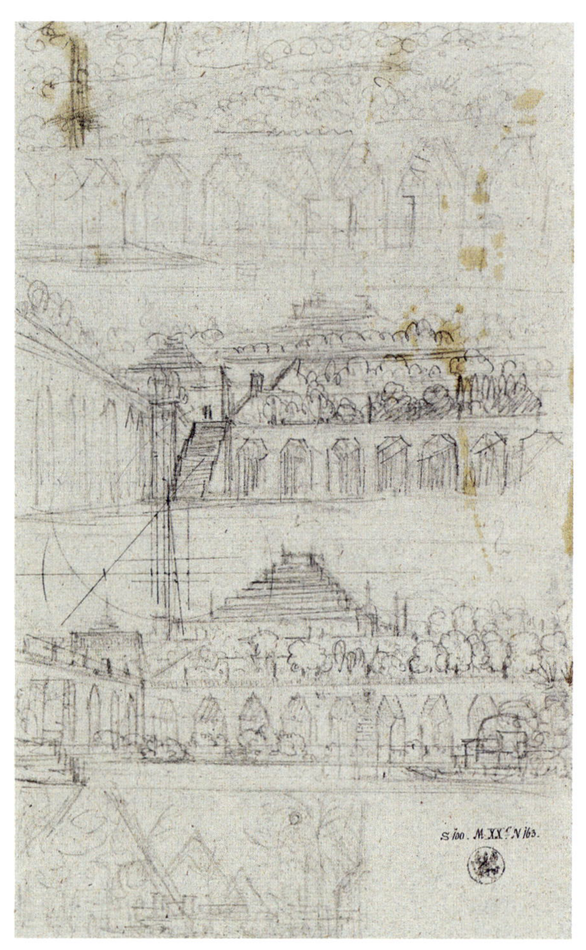

22
Karl Friedrich Schinkel, Skizze für ein Diorama mit den Hängenden Gärten, 1814

Architectur. Es fehlt lediglich der bei Fischer abgehandelte Pharos von Alexandria, den Schinkel mit dem »ägyptischen« (sic!) Labyrinth ersetzt. Besaß er nach seinem Besuch von Paestum authentische Vorstellungen von griechisch-antiker Architektur, war er für Babylon nach wie vor auf phantastische Rekonstruktionen angewiesen. In dieser Hinsicht konnte er sich auf seinen Lehrer stützen, den Archäologen Aloys Hirt, der die Bauten Babylons in seiner *Geschichte der Baukunst bei den Alten* ausführlich berücksichtigt und sie damit nachhaltig in den Überlieferungskanon der Architekturgeschichte eingeordnet hatte.[79]

Zwei Skizzen zeigen die Hängenden Gärten und lassen den szenografischen Aufwand und seine Wirkung erahnen: Das erste Blatt vereint Darstellungen unterschiedlicher Weltwunder, die Pyramiden, den Artemis-Tempel, die Zeus-Statue in Olympia, daneben noch eine Darstellung des babylonischen Turms.[80] Schinkel verbindet die Darstellung der Hängenden Gärten mit der Euphratbrücke, die bereits von Herodot beschrieben wurde. Der Einsatz von Wasserflächen im Bildvordergrund beruht wohl auf der sich daraus ergebenden Möglichkeit, dem Bild eine realistische Wasserfläche vorzulagern und so den Bildraum faktisch zu erweitern und ihn durch Miniaturschiffe zu beleben. Auf der unteren Zeichnung blickt man durch die leicht schräg gestellten Brückenpfeiler auf eine ansteigende Stadtlandschaft mit Turm und den Substruktionen des mit Bäumen bepflanzten Hängenden Gartens. Die kleine Abbildung oben rechts zeigt die Szene in zentraler Perspektive.

Auf dem zweiten Blatt nähert sich Schinkel einer endgültigen Bildidee, wobei auch hier am Fuß noch eine Skizze der Pyramiden eingeführt wurde:[81] Oben skizziert Schinkel die offenen Substruktionen mit der Bepflanzung in Untersicht, die beiden unteren Ansichten verorten die Brücke am linken Bildrand und eröffnen den Blick über den Fluss auf die Stadtlandschaft mit den Hängenden Gärten – ebenfalls aus Untersicht. Die zentral vom stufenförmigen Turmbau überragte Stadt wird in ihrem vertikalen Aufbau betont und steigt von der Flussebene mit Schiffen über die Substruktionen, die darauf ruhenden Gärten bis zum Turm an.

Wie bei Fischer von Erlach ergeben sich zwischen der Rekonstruktion der Hängenden Gärten und dem eigenen Werk Parallelen. Hängende Gärten entwarf Schinkel etwa für Schloss Orianda auf der Krim (siehe das Ende von Kapitel 4), doch konnten sie nicht verwirklicht werden. Fraglich ist, wie er den Bezug formuliert hätte. Als Protagonist des Klassizismus war Schinkel orientalistischen Themen zwar nicht abgeneigt, doch bezog sich das auf deren architektonische Nutzung in der europäischen Tradition.[82] An Babylon besaß er kein explizites Interesse.

Auch wenn die Rekonstruktion der antiken Welt ein Bildungsgut blieb – die Dioramen wurden von Programmheften mit wichtigen Quellen- und sonstigen Informationen begleitet –, so verwandelten sie sich doch sukzessive in ein Unterhaltungsthema.

Gottfried Semper und die Hängenden Gärten Babylons im Rahmen der Architektenausbildung

Von der Hand des Architekten Gottfried Semper stammt eine der eindrucksvollsten Rekonstruktionen der Hängenden Gärten Babylons im 19. Jahrhundert. Um die Mitte des Jahrhunderts, vielleicht auch erst 1860, hatte Semper das Blatt für den Unterricht am Eidgenössischen Polytechnikum angefertigt. Von einigen seiner Schüler haben sich Mitschriften der Vorlesung »Vergleichende Baulehre« erhalten, die Sempers Vorlage in Form von Skizzen wiederholen.[83]

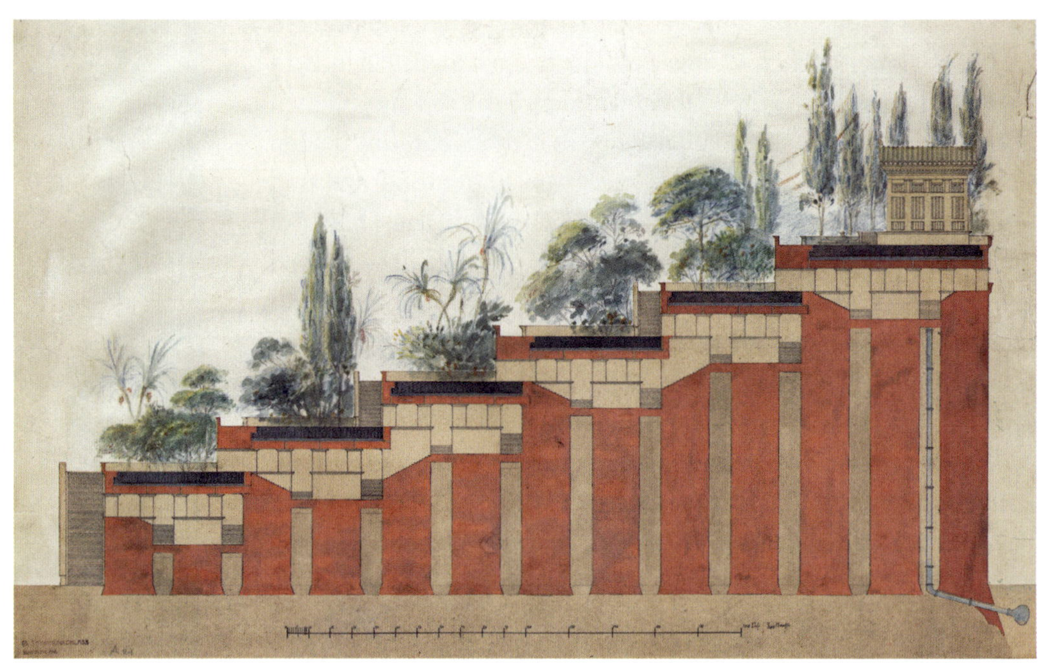

23
Gottfried Semper, Die Hängenden Gärten von Babylon, etwa 1860

Das kolorierte Blatt zeigt die Hängenden Gärten zu Babylon im Schnitt. Sie bestehen aus sechs Terrassenebenen, die nicht nur mit Sträuchern und Bäumen bepflanzt sind, sondern sich unterhalb der Gärten auch jeweils zu Wohnräumen vertiefen. Die unterste Terrasse wird durch eine Treppenrampe erschlossen, auf dem obersten Plateau thront ein tempelartiger Pavillon. Die Größe veranschaulicht ein Maßstab in der Einheit Fuß am unteren Blattrand: Demnach wäre die Tiefe des Bauwerks mit circa 400 Fuß zu bemessen, nach den Standardwerten also etwa 133 Meter, während sich die Höhe auf circa 200 Fuß, mithin 66 Meter beliefe. In der Schnittdarstellung ist die Baustruktur nur unvollständig erfasst. Bei den ockerfarbig eingezeichneten vertikalen Strukturgliedern handelt es sich wohl um ein Stützensystem der Gesamtanlage. Die Erdlagen der Bepflanzung sind markiert und besitzen kleine Wasserabflussrohre. Von der höchsten Terrasse fließt das Wasser in einem Fallrohr ab. Legt man die Zeichnungen aus verschiedenen Kollegheften zugrunde, dann verortete Semper den Garten am Ufer des Euphrat, der die Stadtfläche Babylons diagonal teilte.[84]

Semper behandelt die Hängenden Gärten nicht im Rahmen des Weltwunderkatalogs, sondern als Beispiel für einen Bautypus. Er widmete sich ihnen zunächst in einem 1853 in London gehaltenen Vortrag *Über den Zusammenhang der architektonischen Systeme mit allgemeinen Kulturzuständen*, der 1884 erstmals gedruckt wurde.[85] Semper geht in dieser Schrift der Frage nach, wie politische, soziale und religiöse Konstellationen die Architektur geprägt, ja, wie diese aus »allgemeinen Kulturzuständen« sich ergeben haben.[86] Semper diskutiert in der Hauptsache zwei Beispiele: das chinesische Kaiserreich und Assyrien, das für ihn Babylon umfasst. Beide weisen Parallelen auf: »Wir sehen hier wie in China das kriegerische Prinzip, das der Subordination, Ordnung und Stärke in den Einrichtungen Assyriens maßgebend, und ebenso war es der Fall in der Architektur.«[87] Zwar beruhen alle folgenden Aussagen auf dem bekannten antiken Überlieferungskanon zu Babylon – Stadtanlage, Mauern, Turm, Hängende Gärten –, doch verweist er auch auf die jüngsten archäologischen Beschreibungen Ninives von Austen Henry Layard und Paul-Émile Botta. Die Hängenden Gärten markieren das Ende des Textes und werden ausführlich gewürdigt, doch ist der Autor weniger an den technischen Bedingungen dafür interessiert als an einem realistischen Bild:

> *[G]roße terrassenförmig angelegte Gärten standen in Verbindung mit dem Palast. Die alten Schriftsteller schildern die am meisten bekannten dieser Werke, welche unter dem Namen der hängenden Gärten der Semiramis bekannt sind, wie folgt:*
>
> *Sie bestanden aus dreizehn übereinanderliegenden Terrassen, deren unterste eine quadratische Grundform von 400 Fuß Seitenlänge hatte und deren höchste ungefähr 70 Fuß hoch war. Jede Terrasse war 32 Fuß breit und mit Bäumen und Buschwerk bepflanzt, der Boden war aus großen Steinplatten gebildet, welche von 22 Fuß dicken Mauern getragen wurden.*
>
> *Die Zwischenräume zwischen den Mauern empfingen ihr Licht von oben und bildeten schön ausgestattete und reich dekorierte königliche Gemächer. Auf den Terrassen standen zwischen*

den Pflanzungen zerstreut Pavillons, Hütten und andere einzelnstehende Gebäude, welche während der kühleren Jahreszeit und während der Nächte zum Aufenthalte dienten, außerdem waren Springbrunnen, Wasserbassins und andere Zierden angebracht.

Diese Beschreibung ist für uns von größter Bedeutung, da sie uns den Schlüssel zum Verständnis der Grundrißanlagen der assyrischen Paläste bietet, wie wir solche durch die Ausgrabungen von Layard und Botta bei Mossul, dem alten Niniveh, kennen gelernt haben.[88]

Diese Textpassage weicht von der bereits diskutierten Rekonstruktionszeichnung ab, weist aber auch Parallelen auf. Semper erkennt in den Hängenden Gärten eine Wohnarchitektur, nicht nur einen Dachgarten, und imaginiert dementsprechend auch Pavillons. Zudem hält er das Prinzip des in den Palast integrierten Terrassengartens für universell, wenn es auch Herrschern vorbehalten war. Aus der Überlieferung des Hängenden Gartens von Babylon entwickelte er die hochmoderne Idee eines begrünten Wohnsystems.[89]

Ein zweites Mal erwähnt Semper die Hängenden Gärten in einem Vortrag *Ueber Baustile*, den er 1869 in Zürich hielt.[90] Noch anschaulicher als im ersten Text wird deutlich, welche symbolische Dimension er den babylonischen Terrassenbauten abgewann. Einerseits sei die mit ihnen einhergehende Höhenhierarchie eine soziale, andererseits würden die Terrassenstufen einer ebenso in Stufen gegliederten Gesellschaft Ausdruck verleihen. Die imaginierte Stadtlandschaft, eine »zinnenbekrönte Terrassenburg«, war neben den Tempeltürmen gekennzeichnet von einer »Menge von fürstlichen Diäten [Gartenhäusern, Anm. d. Vf.] und Wohnpavillons, halbversteckt und zerstreut liegend zwischen den schattigen Gärten und auf den baumbepflanzten Stufenabsätzen der Paläste.«[91]

In den babylonischen Terrassenkonstruktionen erkennt Semper einen architekturgeschichtlichen Archetypus. In einem Manuskript zur Vorlesung »Vergleichende Baulehre« notierte er: »Terrassenanlagen wesentliches Element der assyrischen

Baukunst.«[92] Sempers Leidenschaft für Babylon-Imaginationen überrascht nicht, denn die Architekturhistoriografie der Frühgeschichte wird just in dieser Zeit um neues, authentisches Wissen erweitert. Gründete das Wissen über Babylon bis dahin überwiegend auf Texten, so wurde deren Informationsgehalt nun ersten archäologischen Überprüfungen unterzogen. Wie Sempers Texte bezeugen, beobachtete der Architekt die neuesten britischen Grabungsfunde in Assyrien genau. Namentlich aus der Rekonstruktion des von Austen Henry Layard ausgegrabenen Palastes Assurnasirpal II. (Aššur-nâṣir-apli II.) in Nimrud (das man zunächst für Ninive hielt) bezog Semper Informationen, die er seinen Überlegungen zugrunde legte.[93] 1853 war zudem Layards Bericht über die Babylon-Expedition erschienen.[94]

Festzuhalten gilt, dass Babylons Bauwerke Schritt für Schritt in die globale Architekturgeschichte integriert wurden. Nachdem bereits Aloys Hirt die Hängenden Gärten als Realie der Baugeschichte behandelt hatte, leistet Gottfried Semper mit seiner architekturgeschichtlichen Typologie eine wichtige theoretische Vorarbeit für ein vertieftes – auch politisch-ikonografisches – Verständnis der babylonischen Architektur.

Die Imagination der Hängenden Gärten von Babylon in der Populärkultur des 19. Jahrhunderts

Wie Bertuchs Kinderbuch mit dem Weltwunderkatalog belegt, hatte das Wissen um die Hängenden Gärten Babylons längst die Welt der Gelehrten verlassen. Über den Umweg der Kinderzimmer und Schulen begann die Überlieferung bald auch die vom Bild dominierte Massenkultur zu faszinieren.

Die frühneuzeitliche Bildtradition zu Mesopotamien im Allgemeinen und den Hängenden Gärten im Besonderen wurde in dem Maße außer Kraft gesetzt und aktualisiert, wie neue Informationen zur einsetzenden archäologischen Entdeckung Mesopotamiens Verbreitung fanden. Auf der Basis archäologischer Berichte und der ersten altassyrischen Museumsstücke aus den Grabungsstätten in Ninive, Nimrud und Khorsabad wurde die

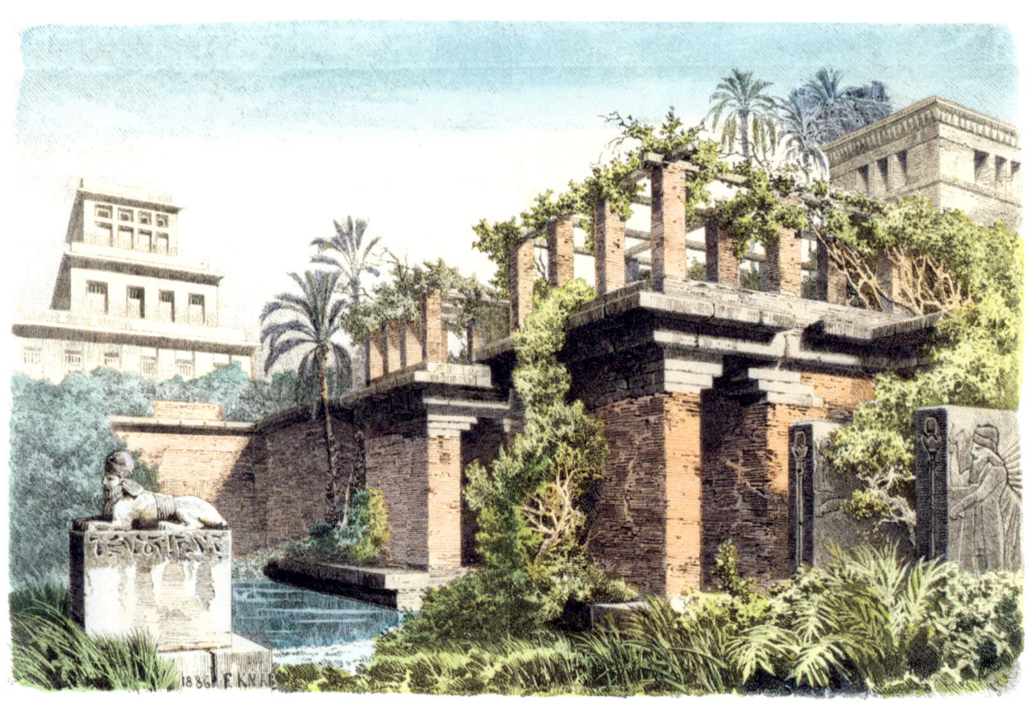

24
Ferdinand Knab,
Die Hängenden Gärten
von Babylon (Münchner
Bilderbogen Nr. 927),
1886

Imagination der Hängenden Gärten neuerlich befeuert – und erreichte auf unterschiedlichsten Wegen eine wachsende Öffentlichkeit. Stellvertretend sei auf die 1886 im Münchner Bilderbogen publizierte Bildrekonstruktion des Architektur- und Landschaftsmalers Ferdinand Knab verwiesen, der die Sieben Weltwunder der Antike in Szene setzte.[95]

Die Ansicht der Hängenden Gärten wirkt wie ein architekturhistorisches Capriccio. Aus Untersicht blickt der Betrachter auf eine auf Ziegelsteinstützen ruhende Gartenpergola, die von turmartigen Tempel- und Wehrbauten überragt wird. Wasser umfließt die Pfeiler, die Bepflanzung erscheint wild-natürlich und nur auf der Pergola in eine gartenarchitektonische Form gezwängt. Im Unterschied zu den anderen Weltwunderdarstellungen Knabs, etwa des Artemis-Tempels in Ephesos oder des Mausoleums in Halikarnassos, mangelt es seinem Bild der Hängenden Gärten an Monumentalität. Überhaupt besteht der in den antiken Quellen als Terrassenbau beschriebene Garten nur aus einer Höhenebene. Zugleich wirkt er damit realistischer. Diesen

Realismus verstärken archäologische Bildzitate. Am rechten Bildrand befinden sich zwei Stelen mit geflügelten Genien, die stark denjenigen ähneln, die durch Layard bereits in den 1850er Jahren im Nordwestpalast des Königs Assurnasirpal II. (Aššur-nâṣir-apli II.) in Nimrud ausgegraben und nach London ins British Museum verschifft worden waren.[96] Die am linken Bildrand auf einem Sockel liegende Gestalt erinnert sehr an die menschenköpfigen geflügelten Löwen aus demselben Palast, die sich heute unter anderem in London und in New York (Metropolitan Museum) befinden.[97] Für die im Hintergrund aufragenden Türme orientierte sich Knab an der von Layard publizierten idealen Nimrud-Imagination James Fergussons.[98]

Auch die Ansicht der »Schwebenden Gärten der Semiramis zu Babylon« aus der 1895 aufgelegten Liebig-Sammelbild-Serie *Die Sieben Weltwunder* behilft sich assyrischer Skulpturen, um der phantastischen Imagination einen authentischen Anstrich zu geben. Wie bei Knab, dessen Rekonstruktion vermutlich als Vorlage diente, bestimmt eine erhöht liegende Pergola das Bild des Gartens, der einmal mehr von Tempeltürmen hinterfangen wird. Eine Aussichtsplattform mit Sonnensegel wird von zwei Reliefs verblendet, für die sich der Entwerfer an den bärtigen menschenköpfigen Löwen aus dem Palast Assurnasirpal II. (Aššur-nâṣir-apli II.) in Nimrud orientiert hat, die sich heute im British Museum befinden.[99] Seine Kenntnis assyrischer Skulpturen macht sich auch der Entwerfer des Liebig-Sammelbilds »Semiramis« aus der Serie *Berühmte Fürstinnen* zunutze. Das Bild unterhalb der Semiramis-Darstellung zeigt die »Schwebenden Gärten von Babylon« nunmehr in der zu erwartenden Monumentalität. Unmittelbar am Flussufer erhebt sich eine Palastanlage auf mehreren Ebenen, die mit Bäumen bepflanzt sind.

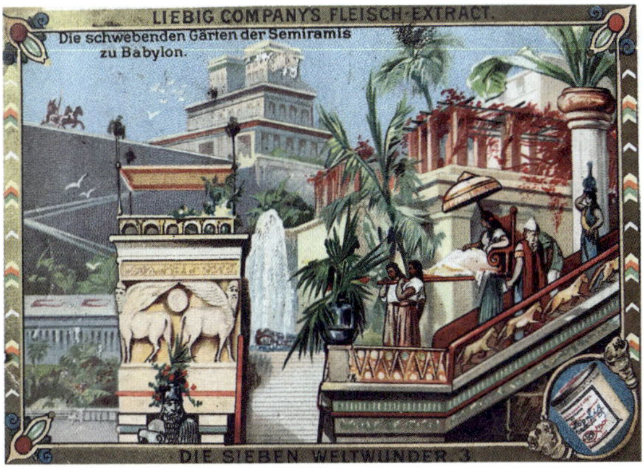

25
Die Schwebenden Gärten der Semiramis zu Babylon, Liebig-Sammelbild, 1895

Solche letztendlich auf Spekulationen beruhenden Imaginationen

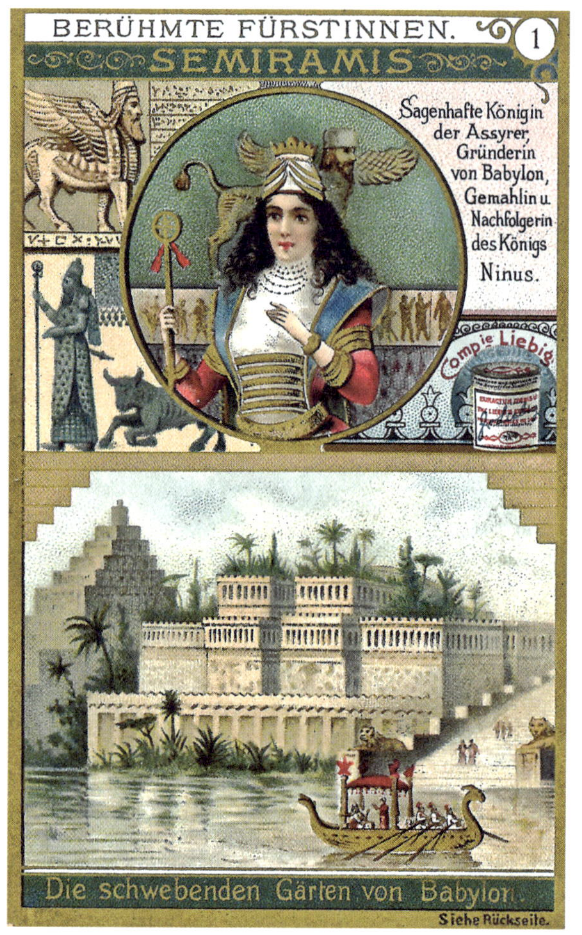

26
Semiramis und Die Schwebenden Gärten, Liebig-Sammelbild, 1895

werden wenige Jahre später zwar durch archäologisch beglaubigte Rekonstruktionen substituiert, doch war deren abstrakter technischer Charakter nicht geeignet, ein Massenpublikum zu faszinieren. Auch weiterhin und bis heute finden sich daher Darstellungen in der Populärkultur, die an die frühneuzeitliche Bildtradition anknüpfen, zumal sich der Bautypus eines Hängenden Gartens auch alltagssprachlich kaum selbst erklärt.

Obgleich dem Bild der Hängenden Gärten ein mehr oder weniger fixierter Text zugrunde lag, verändert sich dieses Bild zwischen dem späten 16. und dem mittleren 19. Jahrhundert tiefgreifend. Die Heterogenität der jeweiligen Bildrekonstruktionen belegt, dass Künstler und Gelehrte nur das darstellen konnten, was sie aus ihren je eigenen Seherfahrungen und aus den eigenen Ansprüchen an Funktionalität ableiten konnten. Die Rekonstruktionen erweisen sich somit als Projektionen.

Um das Panorama zu vervollständigen, sind den Bildimaginationen im folgenden Kapitel die gebauten Hängenden Gärten der Frühen Neuzeit gegenüberzustellen. Dabei lässt sich einerseits beobachten, wie sich die Idee der Hängenden Gärten in der Baupraxis niederschlug, und andererseits, wie eng sie letztlich mit den Bildspekulationen verwandt war. Das sechste, der archäologischen Wiederentdeckung Babylons gewidmete Kapitel wird schließlich zeigen, dass die spekulativen Bildimaginationen seit der Renaissance noch die Rekonstruktionspraxis der Archäologie um 1900 beeinflussen sollten.

4 *Architektur und Gartenkunst: Hängende Gärten zwischen Renaissance und Moderne*

Hängende Gärten in der Architektur des 15. und 16. Jahrhunderts

Es erstaunt kaum, dass das in antiken Texten bewahrte Wissen über Hängende Gärten gerade in der italienischen Frührenaissance zu einem Thema für Bauherren und Architekten und als gebaute Gartenarchitektur in praktische Realität übersetzt wurde.[1] Die Autorität antiker Texte und Modelle hatte seit dem frühen 15. Jahrhundert eine neue Qualität erreicht. Wer sich auf sie berufen konnte, dem versprach eine auf der Antike beruhende Gelehrsamkeit neben theoretischem und praktischem Wissen auch Erfolg, Ansehen und Legitimation. Selbst auf dem kleinen Wissensfeld der Hängenden Gärten ereignet sich eine *rinascità* – eine Wiedergeburt von Ideen und Formen. Zudem konnte man mit Hängenden Gärten auf einen Archetypus von Gärten zurückgreifen, der auch den neuesten architektonischen Ansprüchen an Stadtpaläste und Villen genügte: Es ging neben einer historischen und wissenschaftlichen Begründung innovativer Architekturformen immer auch um neue Formen der Wohnlichkeit, Bequemlichkeit und Wohnhygiene.

Ein Impuls für den Bautypus der Dach- und Terrassenbegrünungen ging vom Wissen über römische Antikengärten aus, deren Grundstrukturen partiell noch nachvollziehbar waren oder durch die ersten archäologischen und antiquarischen Bestandsaufnahmen – im 15. Jahrhundert durch Filippo Brunelleschi, Leon Battista Alberti oder Flavio Biondo und im 16. Jahrhundert unter anderem durch Pirro Ligorio – rekonstruiert werden konnten.

Zu den von Pirro Ligorio rekonstruierten Anlagen zählten zum Beispiel die Gärten des römischen Feldherrn und Senators Lucullus, die teilweise aus mit Bäumen bepflanzten Substruktionen bestanden – ganz so wie in den Schilderungen von den Hängenden Gärten in Babylon.[2] Terrassierte und von Substruktionen getragene Gärten oder Gartenbereiche waren in Rom weit verbreitet, da die Landschaft der sich über sieben Hügel erstreckenden Stadt gleichsam danach verlangte.[3] Die als *rus in urbe* (Land in der Stadt) bezeichneten Villen lagen in der Stadt, aber an ihrem Rand. Sieht man von den zentral gelegenen Hügeln Palatin und Kapitol ab, so umgaben Aventin, Caelius, Esquilin, Viminal und Quirinal das Zentrum. Angesichts der Gelehrtheit ihrer Besitzer mögen einige dieser an Hängen, auf Dächern und bedachten Substruktionen liegenden Gärten durchaus als Reminiszenz an das babylonische Vorbild gedacht gewesen sein.

Dabei stellte das Anlegen Hängender Gärten auch in der römischen Kaiserzeit eine große technische Herausforderung dar, die nur durch den Einsatz von Zement und Gewölbekonstruktionen zu bewältigen war. Ein gut untersuchtes Beispiel ist der Hängende Garten der Domus Tiberiana auf dem Palatin, dessen Substruktionen noch heute über dem Forum Romanum weithin sichtbar emporragen.

Über einem zweigeschossigen Unterbau dichtet hydraulischer Mörtel (aus *cocciopesto*, einem Mörtel mit zugesetzten Keramikscherben) sowie eine *suspensura*, wie sie auch für Hypokausten (Fußbodenheizungen) zum Einsatz kam, die Gewölbe gegen den aufgesetzten Garten ab.[4] Es ist nicht auszuschließen, dass die Erfindungen solcher Drainage- und Dichtungssysteme auch auf die Überlieferungen zu den Hängenden Gärten in Babylon zurückgehen.[5] Zugleich lässt sich darauf verweisen, dass die hohen Kosten und die gewissermaßen absurde Existenz eines Gartens auf Mauerwerk bereits von Zeitgenossen kritisch betrachtet wurden. Kein Geringerer als der römische Gelehrte Seneca hielt das Ansinnen, Hängende Gärten gleichsam in die Luft zu pflanzen, für naturwidrig – *contra naturam* – und stellte es auf eine Stufe mit der Praxis von Männern, Frauenkleider zu tragen:

Leben nicht diejenigen naturwidrig, die im Winter nach einer Rose verlangen und durch Gießen mit warmem Wasser und durch entsprechendes Umpflanzen in der kalten Jahreszeit eine Lilie zum Erblühen bringen? Leben nicht jene naturwidrig, die auf den Spitzen von Türmen Obstgärten anlegen? Bei denen sich Wälder auf Hausdächern und Firsten hin und her neigen, wo Wurzeln in einer Höhe sprießen, wohin man selbst Baumwipfel nur in vermessener Selbstüberschätzung hätten wachsen lassen?[6]

Diese kritische Ermahnung Senecas fiel zwar in der Frühen Neuzeit nicht auf fruchtbaren Boden, doch deckt sie den problematischen Status Hängender Gärten auf: Sie überlisten unter großem Ressourceneinsatz die Natur, um sie zu überbieten und zu beherrschen. Auf diese Weise wirken sie nicht selten märchenhaft und gelegentlich auch beängstigend.[7]

Wer sich in der Frühen Neuzeit einen Hängenden Garten anlegen ließ, das werden die folgenden Beispiele belegen, investierte erhebliche Mittel, um sein Wissen von antiken Texten architektonisch sichtbar zu machen und um zu demonstrieren, was sich praktisch daraus machen ließ. Enea Silvio Piccolomini, der als Papst Pius II. in Pienza einen der ersten Hängenden Gärten der Neuzeit errichtete, stellt der Beschreibung seines Palastes eine Bemerkung zu den immensen Kosten voran: »Schönheit und Würde ließen ihn [der Autor über sich selbst, Anm. d. Vf.] seinen Aufwand vergessen« – gut möglich, dass sich diese Worte auch auf die Anlage seines Hängenden Gartens in Pienza bezogen, zu diesem gleich ausführlich.[8]

Historisches Wissen ließ sich hier also praktisch in Wohnkomfort ummünzen. Der Terminus *hortus pensilis* für diesen Gartentypus wurde ohne jeden Zweifel aus den bekannten Weltwunderbeschreibungen übernommen, denn weder die Gartenbau- noch die Gartenkunstliteratur zwischen Antike und Renaissance verwendeten ihn.[9] Die wichtigste Quelle dürfte die erwähnte *Historische Bibliothek* Diodors gewesen sein. Gelegentlich verwies man sogar auf die Hängenden Gärten von Babylon, wenn man einen besonders prestigeträchtigen Vergleich ziehen wollte. Erinnert sei noch einmal an Gelehrte vom Rang eines Angelo Poliziano, die mit ihren Rekursen auf die antiken Weltwunder demonstrieren, dass das Wissen über die Weltwunder zur gehobenen Bildung gehörte.

Hier kommen einzig Dachgärten in Betracht, die tatsächlich und über eine längere Dauer eine regelrechte Dachbegrünung besaßen und entsprechend dokumentiert sind. Nur mit einer Erdbepflanzung auf Substruktionen entsprechen Dachterrassen dem Typus Hängender Gärten. Dass es Dachgärten einfacherer Natur, in der Regel mit Kübelpflanzen bestückt, in recht großer Zahl gab, hat die Forschung ausführlich dargestellt.[10] Die Übergänge zwischen den Dachgartenformen mögen manchmal fließend gewesen sein, doch die genannten Einschränkungen lassen es zu, die signifikanten Beispiele zu kontextualisieren, zu analysieren und einen Überblick über die Entwicklungsgeschichte zu geben.

Die kurze Blüte Hängender Gärten in der Architekturtheorie des 15. Jahrhunderts

Dass Hängende Gärten in der italienischen Renaissancearchitektur zu den wiederkehrenden Optionen für die Ausstattung von Palästen und Villen gerechnet wurden, verdankt sich grundsätzlich dem Versuch einer Verwissenschaftlichung von Architektur, für die wie kein Zweiter der umfassend humanistisch gebildete Architekt und Gelehrte Leon Battista Alberti steht.[11] Verwissenschaftlichung hieß für ihn, Architektur auf ein historisches, ästhetisches und logisches Fundament zu stellen. Albertis Konzept der gelehrten Architektur veränderte nicht nur die Architekturtheorie und die architektonische Praxis der Renaissance, sondern ermöglichte auch den Aufstieg der Baukunst von einer *ars mechanica* zu einer *ars liberalis* und ebnete langfristig der Akademisierung des Architektenberufs den Weg.

Dafür griff Alberti – wie nach ihm noch ganze Generationen von Architekten – auf die antike Architekturtheorie des Vitruv zurück, die in der Regierungszeit von Kaiser Augustus entstanden war. 1416 entdeckte der Humanist Poggio Bracciolini ein Manuskript dieser Schrift in der Klosterbibliothek von Sankt Gallen, ehe 1486 erstmals eine gedruckte Ausgabe publiziert werden konnte.[12] Sosehr Vitruv als Referenz von Albertis Architekturschrift anzusehen ist, gründete Alberti seine Argumentation doch weit über Vitruv hinaus auf unterschiedlichste Autoren der Antike, auch hinsichtlich der Hängenden Gärten.

Im dritten Buch seines um 1452 fertiggestellten, aber erst 1485 gedruckten Architekturtraktats *De re aedificatoria* handelt Alberti systematisch, aber allgemein, das heißt unabhängig von der jeweiligen Bauaufgabe, das Bauen ab.[13] Das vorletzte Kapitel ist den Dachformen gewidmet. Alberti unterscheidet hier die Bedeckung mit Ziegeln von jener mit Holz und empfiehlt Kalkmörtel zur Abdichtung. Unter Berufung auf Diodor diskutiert er am Ende des Kapitels die Begrünung des Daches:

> *Da kommt mir das unter, was ich beim Geschichtsschreiber Diodor über eine neue und gar nicht unzweckmäßige Erfindung gelesen habe, welche bei den berühmten hängenden Gärten in Syrien gemacht worden ist. Dort legte man in Asphalt getauchtes Schilfrohr auf die Balken und gab dann gebrannte Steine in doppelter Lage darauf, die mit Gips verbunden waren. An dritter Stelle kamen dann Bleiziegel, die so verschmolzen und vergossen wurden, daß gar keine Nässe zu den ersten Ziegeln dringen konnte.*[14]

Alberti nimmt in der Folge noch mehrfach Bezug auf die Babylon-Geschichte: auf die Mauern der Stadt, den Turm, die Stadtgestalt sowie auf Semiramis, Ninos und Nebukadnezar als Bauherren und bildet damit die widersprüchliche Überlieferung ab. Das kurze Zitat verdeutlicht Albertis Anspruch, Bauen bis ins kleinste Detail logisch verständlich zu machen und mit Wissen der Antike zu begründen. Gleichwohl ist die Passage bereits eine Interpretation von Diodors Text mit Blick auf die zeitgenössische Architekturpraxis, denn seine Angaben zur Abdichtung des Bodenbelags gehen über alle antiken Beschreibungen hinaus. Allerdings überlässt es Alberti dem Leser, sei er Architekt oder Bauherr, die Praktikabilität zu überprüfen, indem er die Angaben als Paraphrase des Werks von Diodor darstellt.

Alberti bietet hier ein bemerkenswertes Beispiel für die Übertragung von Ideen aus der antiken Literatur in die zeitgenössische Baupraxis. Für die Rezeptions- und Wirkungsgeschichte der Hängenden Gärten handelt es sich um einen neuralgischen Punkt: Zuvor ließ sich beobachten, wie das Wissen um die Hängenden Gärten von Babylon im Rahmen der Weltwunderdiskurse zwar tradiert wurde, aber doch ein unverstandenes, fremdes bis befremdliches Architekturelement blieb. Alberti treibt der Überlieferung den Mythos aus, indem er Diodors Beschreibung einen neuen Realitätsgehalt zubilligt und mit den architektonischen Notwendigkeiten und Möglichkeiten der eigenen Zeit abgleicht.

Nach Alberti hat sich auch Antonio Averlino, genannt Filarete, ein Zeitgenosse Albertis, mit Hängenden Gärten beschäftigt. Da sein 1464 fertiggestellter *Trattato di architettura* lange Zeit nicht als Druck erschien und wohl nur in wenigen Manuskripten zirkulierte, blieb sein Einfluss zwar gering, doch stellt er ein charakteristisches Beispiel für gelehrte Architekturdiskussionen in der Mitte des 15. Jahrhunderts dar. Darüber hinaus verhandelte Filarete zahlreiche durchaus bodenständige Probleme der Gegenwart – anders als Alberti, dessen Vorschläge sich sehr wohl im Sinne der Antike begründen ließen, dabei aber auf die zeitgenössische Baupraxis nur wenig Rücksicht nahmen.[15]

Filaretes Schrift ist als Dialog angelegt, den zwei Männer über Architektur und Städtebau führen. Anlass ist die Beschreibung der neuerbauten Idealstadt Sforzinda sowie das Wiederauffinden eines »Goldenen Buches« über die Architektur einer untergegangenen antiken Stadt namens Plusiapolis. Dieser fiktionale Plot bildet die Basis für eine Diskussion von Städten, Tempeln, Palästen, Häusern, Plätzen, Brücken et cetera.

Im 15. Buch wird ein fünfgeschossiger Palast inmitten eines Gartens vor den Toren der Stadt vorgestellt.[16] Dieser Garten bilde ein Labyrinth, der Palast in seinem Zentrum sei mit Hängenden Gärten auf seinen Terrassen ausgestattet. Über quadratischem Grundriss sei er »palazzo und giardino«[17] in einem, was jedoch nicht weiter ausgeführt wird. Die entsprechende Illustration führt vor, wie sich Filarete diese *Hortitecture* vorstellt: Sowohl die seitlichen, auf Substruktionen ruhenden Dachgärten als auch das oberste Dach des fünfgeschossigen Palastes sind mit Bäumen bepflanzt.[18] Diese Gärten sind zudem der Aufstellungsort kostbarer Bronzebildwerke.

Filaretes utopische Erzählung geht davon aus, dass der beschriebene Bau einmal existiert hat, auch wenn der Leser natürlich um die fiktionale Konstellation weiß. Daher bedarf es auch keines Verweises auf Babylons Hängende Gärten. Zudem dürfte der hervorragend informierte Autor bereits Hängende Gärten aus der zeitgenössischen Baupraxis gekannt haben (siehe nächster Abschnitt), die keiner historischen Legitimation mehr bedurften. Die Mythen um Babylon, Semiramis und die antiken Wunderwerke sind ihm jedoch geläufig. So beklagt er im ersten Buch den zwangsläufigen Niedergang jeder Architektur und stellt die rhetorische Frage, was denn von all den berühmten Bauwerken geblieben sei:

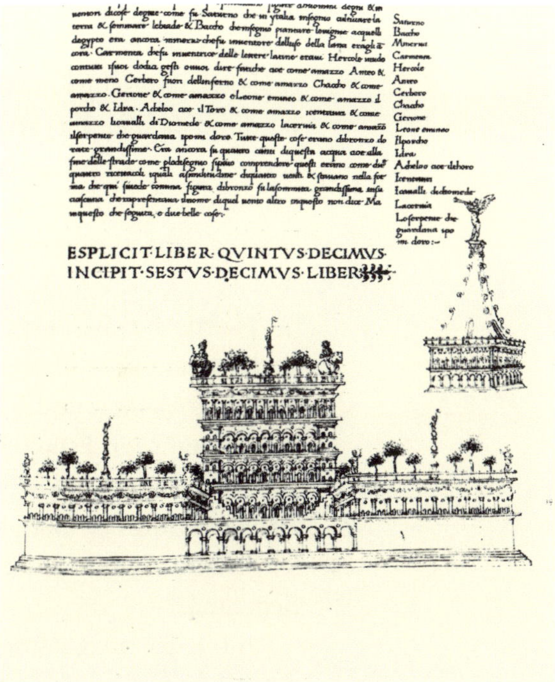

27
Antonio Averlino, genannt Filarete, Gartenpalast, 1464

> *Man könnte eine ganze Reihe von einstigen Wunderwerken nennen, nichts ist von ihnen zu sehen außer den Schriften. Wo ist das Mausoleum, das Artemisia errichten ließ? Wo sind die thebanischen Bauwerke in Thebes Stadt, die in Ägypten lag und von der er berichtet, sie besäße einhundert Häfen? Und all die anderen Merkwürdigkeiten? Wo sind diejenigen der Semiramis?*[19]

Filaretes Betonung der Schriftlichkeit für die Überlieferung der antiken Wunderwerke ist auch als Verweis auf seinen eigenen Traktat zu verstehen. Dieser wird als Dokumentation verlorener

Bauwerke und damit als Zeugnis der Bewahrung historischer Information inszeniert. Als Architekt sind seine Rekonstruktionen zugleich utopische Entwürfe einer neuen Architektur. Und in der Tat stand die Zeit real errichteter Hängender Gärten unmittelbar bevor.

Die Dachgärten von Florenz

In Albertis Architekturtraktat werden Gärten zu einem essentiellen Bestandteil der Villa gerechnet. Die stadtnahe Villa Suburbana mit ihren Hainen und Gärten ist damit als Ort der geistigen wie der körperlichen Erholung charakterisiert. Im Stadtpalast hingegen kann auf einen Garten verzichtet werden – ein Konzept der Ausgliederung des Gartens aus der Stadt, das sich in den nächsten Jahrhunderten allerdings nicht durchsetzen sollte, ganz im Gegenteil.

Unter den maßstabsetzenden Florentiner Stadtpalästen des 15. Jahrhunderts verfügte auch der Palazzo Medici in der Via Larga (heute Cavour) über einen Garten, ja sogar über einen der ersten neuzeitlichen Hängenden Gärten.[20] Der von Michelozzo di Bartolomeo Michelozzi zwischen 1443 und circa 1460 errichtete Palast ist das Ergebnis einer Umgestaltung des Vorgängerbaus, der bereits über einen weitläufigen, aber vom Palast durch eine hohe Mauer getrennten Garten verfügte.[21] Als Cosimo de' Medici Michelozzo mit einem Neubau beauftragte, ergab sich die Integration eines Gartens bereits aus der Anlage des Vorgängerbaus. Die später mehrfach veränderte Architektur des Palastes ist von Ordnung sowie Proportionalität bestimmt und wurde auch von den Zeitgenossen als vorbildlich wahrgenommen.[22] Giorgio Vasari lobt den Bau nicht nur wegen seiner Pracht, sondern auch wegen seines Wohnkomforts – eine Passage, die sich zu zitieren lohnt, da hier der zeitgenössische Anspruch an die Funktionalität eines Palastes betont wird, der auch für die folgenden Beispiele gilt:

> *Und Michelozzo verdient um so mehr Lob, als jener [Palast] der erste in dieser Stadt war, den man nach der modernen Ordnung*

errichtete, mit einer Raumaufteilung, die nützlich war und wunderschön. Die Kellerräume liegen zur Hälfte, sprich vier Ellen, unter der Erde und, den Lichtöffnungen zuliebe, drei Ellen darüber und sind mit Getreidespeichern und Vorratskammern ausgestattet. Im Erdgeschoß gibt es zwei Innenhöfe mit herrlichen Säulengängen, über welche die Salons, Gemächer, Vorzimmer, Schreibstuben, Aborte, Bäder, Küchen, Brunnen, privaten Treppen und äußerst bequemen, allgemein begehbaren Treppenhäuser zugänglich sind. Jedes Stockwerk bietet Wohnraum für die Unterbringung einer ganzen Familie und ist mit allem Komfort ausgestattet, der nicht nur den Ansprüchen eines Privatmanns genügt, wie es Cosimo seinerzeit war, sondern auch denen des glänzendsten und würdigsten aller Könige.[23]

Der Garten schließt sich unmittelbar an den Hof an und erstreckt sich über die gesamte Gebäudetiefe. Sein Zentrum markierte ein Brunnen, den ursprünglich Donatellos *Judith mit dem Haupt des Holofernes* zierte, die sich heute auf der Piazza della Signoria befindet. Die Wege bestanden aus feinen, zum Teil rekonstruierten Mosaiksteinen und waren von Buchs gesäumt. An einer Schmalseite entlang der Via de' Gori öffnete sich eine Loggia aus ionischen Säulen, die vom Palast aus betreten werden konnte.[24] Sie war ursprünglich bepflanzt, und wenn wir dem deutschen Gelehrten Johannes Reuchlin glauben dürfen, der 1482 von Lorenzo de' Medici persönlich durch den Palast geführt wurde, standen tatsächlich Bäume auf dem Dach der Loggia. In der Widmung

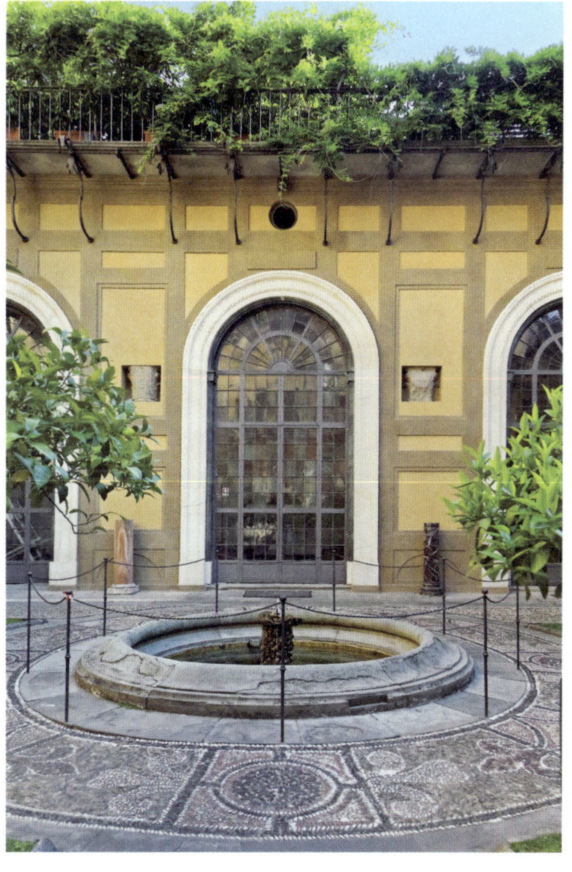

28
Florenz, Palazzo Medici Riccardi, Gartenloggia, einstmals Ort eines Hängenden Gartens

an Papst Leo X., einen Abkömmling des Hauses Medici, erinnert sich Reuchlin in seiner *De arte cabalistica libri tres* an seinen Besuch im Palast:

> *Und sobald Lorenzo durch irgendwen davon erfahren hatte, ergriff er mit größter Liebenswürdigkeit die Rechte des Fremden und führte uns alle in seinen Palast. Dabei zeigte er uns die einzelnen Sehenswürdigkeiten: zuerst die vorzügliche Arbeit der Marställe, dann das mit jedem denkbaren Kriegsgerät angefüllte Zeughaus und danach auch die einzelnen, von kostbaren Gobelins gezierten Säle und schönen Wandteppiche, und unter dem ragenden Dach des Giebels den baumbestandenen Hain der Hesperiden und der goldenen Äpfel.*[25]

Um seiner Bewunderung Ausdruck zu verleihen, verweist Reuchlin nicht auf die Hängenden Gärten Babylons oder auf Semiramis, sondern auf die Gärten der Hesperiden, einen konkurrierenden antiken Gartenmythos. Doch klingt in dem Bild der Baumpflanzung durchaus eine Erinnerung an die Überlieferungen des babylonischen Archetypen an, von dem Reuchlin sicher Kenntnis hatte. Der Garten war von einem der *scrittoios* aus zugänglich, die Cosimo als Studierstube und zum Zwecke der Sammlungspräsentation nutzte.[26]

Ausdrücklich auf die Hängenden Gärten der Semiramis verweist ein Gedicht, das die Villa Medici in Carreggi (heute in Florenz) verherrlicht. Ob damit eine bepflanzte Terrasse oder Loggia gemeint war, lässt sich nicht mehr klären, denn der Hängende Garten existierte nur bis zum frühen 16. Jahrhundert. Die Villa wurde wie der Stadtpalast im Auftrag Cosimo de' Medicis von Michelozzo in den 1420er Jahren umgebaut.[27] Das Gedicht stammt von dem Florentiner Poeten Alessandro Braccio, ist mit *Descriptio Horti Laurentii Medicis* überschrieben und erst nach Lorenzo de' Medicis faktischer Übernahme der Regentschaft entstanden.[28] Dem venezianischen Humanisten und Geistlichen Pietro Bembo gewidmet, der als junger Mann einige Jahre in Florenz lebte, ist das Poem um 1480 entstanden. Es ist fraglich, ob damit tatsächlich die Dachterrasse als Hängender Garten beschrieben wird, denn das Lob des Gartens und seiner Besitzer führt neben dem Hängenden Garten der Semiramis auch andere Gärten an, die Lorenzo il Magnifico mit seinem Garten in Carreggi übertrumpft habe: den Garten der Hesperiden, den bei Homer geschilderten Garten des Alkinoos und den Garten des Königs Kyros. Die hier zur Schau gestellte Gelehrsamkeit ruft in Erinnerung, welchem Zwecke der Garten diente: Bereits seit Cosimo wurde er, wie der Hain von Platons Akademie in Athen, für die gelehrten Gespräche der Mitglieder einer neoplatonischen Akademie genutzt.

Unabhängig von der Frage nach dem Aussehen dieses Gartens ist es bemerkenswert, dass Alessandro Braccio an den Garten der Semiramis erinnert. Einmal mehr belegt dieses Beispiel, dass die antike Überlieferung zum Stichwortgeber wurde, wenn es um die Etablierung, Begründung und Deutung neuer Modelle ging, in diesem Fall eines Hängenden Gartens als neuem Bautypus. Das antike Wissen beeinflusste über die Texte die Ideenwelt der Renaissance und von dort, soweit praxistauglich, das tatsächliche Bauen.

In Florenz sind weitere Hängende Gärten überliefert, etwa am Palazzo dei Pazzi[29] und einige Jahrzehnte später auf dem Palazzo Vecchio[30] und auf der Loggia dei Lanzi im Herzen der Stadt über der Piazza della Signoria. Es handelte sich bei diesen Gärten womöglich nicht um Erdpflanzungen, sodass sie eigentlich aus dem Untersuchungsraster herausfallen. Doch soll zumindest der Hängende Garten der Loggia dei Lanzi beleuchtet werden, da er gärtnerische Gestaltung über ein Mindestmaß hinaus besaß und in einer Beschreibung auch mit den Hängenden Gärten in Babylon verglichen wurde.

Der Dachgarten ist in den Fokus der Kunstgeschichte gerückt, weil er von einem namhaften Architekten angelegt wurde und mit einer bekannten Brunnenskulptur ausgestattet war.[31] Um 1580 legte der Florentiner Architekt Bernardo Buontalenti das alte Satteldach der Loggia dei Lanzi nieder, einem Arkadenbau des späten 14. Jahrhunderts. Im Auftrag Francesco de' Medicis ersetzte er das Dach durch eine zweischalige Konstruktion, die

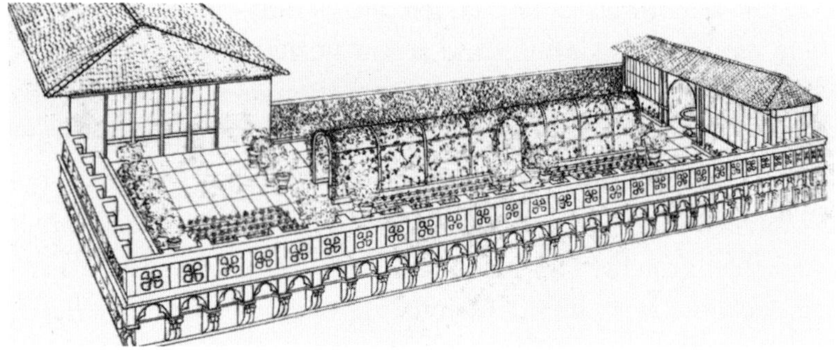

29
Florenz, Loggia dei Lanzi, Dachgarten, Rekonstruktion von Herbert Keutner

einen von einer Mauerbrüstung umgebenen Garten trug. Für die Abdichtung der Gartenterrasse war das Einfügen eines Dichtungsgeschosses notwendig.[32]

Das querrechteckige Gartenfeld begrenzte an der von den Uffizien abgewandten Schmalseite eine Loggia, während eine berankte, 16 Meter lange und auf der Mittelachse verlaufende Pergola aus Kastanienholz den Garten teilte. Entlang dieser Laube wurden »je zwei Beete von etwa sieben zu vier Metern« rekonstruiert.[33] Um welche Art von Beet es ging, ist unklar, es kann sich aber nicht um massive Erdschichten gehandelt haben.[34] Angesichts von circa 200 im Jahr 1586 archivalisch dokumentierten Tongefäßen könnten diese »Beete« auch Stellflächen für Kübelpflanzen gewesen sein. Die Archivalien belegen den Aufzug von Weinreben sowie von Apfelsinen-, Zitronen- und Pfirsichbäumen in Kübeln. Den Charakter eines Nutzgartens belegen zudem in Kästen angepflanzte Myrte, Minze, Estragon, Nelken, Lauch, Lattich, Zwiebeln und Knoblauch, die von dem eigens angestellten Gärtner Angiolo di Giuliano gepflegt wurden.

Zur Ausstattung des Dachgartens zählten kleine Springwasser *(scherzi d'acqua)* sowie ein Brunnen, der aus einem Wasserbehälter auf dem Dach gespeist wurde. Buontalenti hatte eine ovale Brunnenschale entworfen, in der eine Skulpturengruppe platziert wurde – der auf einer Meerschnecke reitende Hofzwerg Braccio di Bartolo, genannt Morgante.[35] Die Gruppe ist das Gemeinschaftswerk von Cencio della Nera, der die Meerschnecke schuf, und Giovanni da Bologna, der den sitzenden Morgante entwarf und gießen ließ.

Ungeachtet dessen, dass wir keine genauen Kenntnisse über den Ursprungszustand des Dachgartens auf der Loggia dei Lanzi haben, erlauben es der Anbau von üppigen Nutzpflanzen und die aufwendige Inszenierung von Wasserspielen und Springbrunnen, von einem Hängenden Garten zu sprechen. Schließlich existiert auch eine Textquelle, die den Garten exakt als solchen bezeichnete und mit dem Wunderwerk der Hängenden Gärten Babylons verglich. Der Garten erscheine, so die anonym publizierte *Storia di etichetta di Toscana* von 1661, wie eine »cosa più maravigliosa che gl'orti pensili di Babbilonia«, eine Sache, die wundervoller ist als die Hängenden Gärten zu Babylon.

Über dem Val d'Orcia – der Palazzo Piccolomini in Pienza

Jenseits von Küchen und Portiken war bis zu den Stadtmauern noch so viel Platz, wie der Palast selbst mit seiner Grundfläche bedeckt. Hier sollte ein Garten angelegt werden, aber das Gelände war abschüssig und der Höhenunterschied entschieden zu hoch. Deshalb führte man bis auf den tiefsten Grund der Felsen dicke Mauern hinab, darauf errichtete man Pfeiler aus Stein oder Ziegeln und darüber mauerte man Gewölbe. Hier ist Platz für die Ställe – für hundert Pferde und für die dazugehörigen Schmieden. Darüber ließ man einen Hohlraum von etwa fünf Fuß Höhe, wölbte ihn wiederum ein, und auf dieses Gewölbe schüttete man Erde, bis daß der Boden vollständig eben war. Hier sollte ein Hängender Garten (hortus pensilis) angelegt werden, der künstlich so aufbereitet war, daß Weinstöcke und sogar Bäume darin wachsen konnten. Zugleich traf man alle Vorkehrungen, daß das Regenwasser nicht bis in die unteren Gewölbe eindringen konnte, wo es die Stallungen durchfeuchtet hätte. Rings um den Garten ordnete man steinerne Sitzbänke an, und außerdem umgab man ihn mit einer brusthohen Umfassungsmauer, die mit bemalten Zinnen geschmückt wurde: Sie bieten schon aus der Ferne einen verlockenden Anblick. Wer den Palast durch das Hauptportal von der Nordseite betritt, hat das Ganze vor sich: Säulengang und Hof, dahinter die rückwärtige Portikus und den Garten mit seinen äußeren Grenzpfeilern.

Dies alles kann man zu ebener Erde gemächlich durchschreiten, ohne ein einziges Mal den Fuß anheben zu müssen.[36]

Enea Silvio Piccolomini, seit 1458 Papst Pius II., von dem diese Beschreibung seines Palastes stammt, hatte ganz sicher die Ausführungen Diodors zu den Hängenden Gärten Babylons gelesen.[37] Seinen Zeitgenossen galt der Gelehrte, Literat und Gesandte, unter anderem in kaiserlichen Diensten, als einer der herausragenden Intellektuellen Europas. Der umfassend gebildete Geistliche war aber nicht nur mit antiken Texten genau vertraut, sondern auch mit Architektur und den Tücken des Bauens.[38] In seiner Grundstruktur erinnert das aus seinen *Commentarii* stammende Zitat an die bekannten Beschreibungen des babylonischen Vorbildes: Zunächst wird der Aufwand skizziert, um danach die technischen Lösungen zu präsentieren. Schließlich folgt ein Hinweis auf die Funktionsfähigkeit: Es könnten neben Weinstöcken auch Bäume im Garten wachsen, wobei der Hinweis auf Bäume Topoi des babylonischen Vorbilds explizit aufgreift. Abschließend werden die mit dem Garten verbundenen Annehmlichkeiten gelobt.

Es besteht kein Zweifel daran, dass der Hängende Garten des Palazzo Piccolomini ganz wesentlich auf dem umfangreichen Antikenwissen seines Bauherrn beruht. Zugleich verdankt er

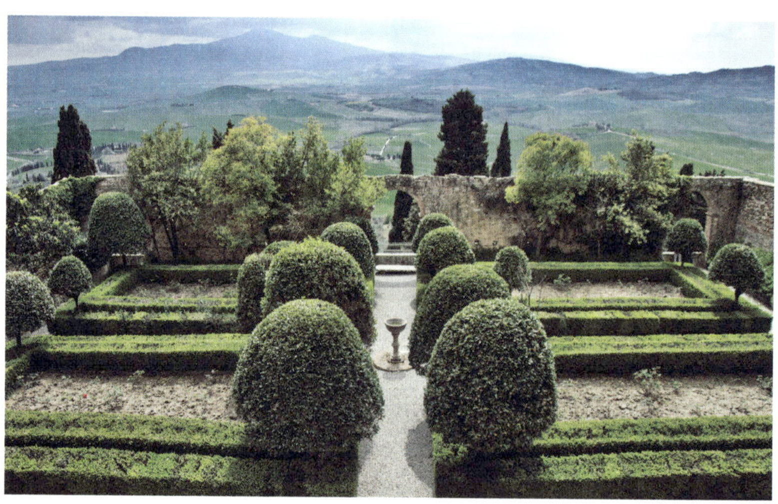

30
Pienza,
Hängender Garten des
Palazzo Piccolomini, 1462

sich vermutlich auch der Diskussion Enea Silvios mit Leon Battista Alberti, der, wie bereits vorgestellt, diese Art von Dachbegrünung historisch ableitete und als zeitgemäß ansah.[39]

Der Hängende Garten des Papstes ist Teil eines zwischen 1459 und 1462 errichteten Familienpalastes, der wiederum an einem völlig neu geschaffenen Platz erbaut wurde, der seither das Zentrum der Stadt Pienza bildet. Bis 1462 hieß Pienza noch Corsignano, der Geburtsort Enea Silvios, und beherbergte circa 1500 Bewohner. Als Stadt von Papst Pius II., der die Umgestaltung zu seiner Aufgabe gemacht hatte, wurde sie Bischofssitz. Die Familie Piccolomini wohnte hier schon einige Generationen, seit sie aus Siena vertrieben wurde, wo ihre Mitglieder als Bankiers und Adelige keinen Zugang zu der von Handwerkern regierten Stadt hatten.[40] Als Vertriebene waren sie weder vermögend noch besaßen sie Macht. Diese als Demütigung empfundene Situation war für Enea Silvio Piccolomini die Triebfeder seiner Bauherrschaft. Pienza sollte von seinem neuen Rang als Papst künden und der Familie dauerhaft zugutekommen – eine frühe Form des päpstlichen Nepotismus.[41] Diesem Gebaren entsprach die durchaus windige Finanzierung der Bauten in Pienza sowie der auf einzelne Kardinäle ausgeübte Druck, der sie zur Unterstützung beziehungsweise zum Bau eines Palastes in der neuen Stadt zwingen sollte.[42]

Pienza gilt als das erste und für das 15. Jahrhundert bedeutendste Idealstadtprojekt der europäischen Neuzeit. Doch waren der urbanistischen Neuerschließung Corsignanos räumliche Grenzen gesetzt. Zu den landschaftlichen Besonderheiten zählt die Lage auf einem schmalen Hügelrücken, der nach Süden steil zum Val d'Orcia abfällt. Ein Teil der Gebäude musste sehr nah an der Hügelkante errichtet werden, was die Architekten vor besondere Herausforderungen stellte.[43] Mit der Hügellage gingen jedoch zugleich außerordentliche Möglichkeiten der landschaftlichen Inszenierung einher, mit denen die Lage im umgebenden Naturraum thematisiert werden konnte.

Mit Bernardo Rossellino hatte Enea Silvio einen herausragenden Baumeister verpflichtet, der zuvor als päpstlicher Architekt und als Bauleiter Albertis bei der Errichtung des Palazzo Rucellai in Florenz wirkte, eher er später als Florentiner Dombaumeister tätig war. Auf ideale Weise versammelt das Pientiner Projekt die wichtigsten Bauten der Stadt um einen Platz, wie dies Vitruv als Idealform eines Forums vorgegeben hatte.[44] Die nach Süden gerichtete Kathedrale bestimmt das Bild der Piazza. Sie wird flankiert vom Palazzo Piccolomini sowie dem Bischofspalast, neben dem zum Tal hin vorgelagert das Kanonikerhaus errichtet wurde. Der Kirche gegenüber steht der neue Palazzo Municipale, dessen Vorgängerbau abgerissen worden war.

Ist die Urbanistik Pienzas bereits von der Ambition einer idealen Stadt bestimmt, so kann der Palazzo Piccolomini als idealer Stadtpalast gelten. Über quadratischem Grundriss und mit einem quadratischen Innenhof – wie der Florentiner Palazzo Medici – entspricht er der Idee moderner Planimetrie. Die edle Hausteinfassade ist von Symmetrie und Regelmäßigkeit geprägt. Das Erdgeschoss nahm einst Schlaf-, Gäste- und Speisezimmer auf, ebenso Vorratskammern. Über eine zweiläufige Treppe gelangt man vom Hof ins Hauptgeschoss. Hier erstrecken sich Empfangssaal, Wohn- und Schlafzimmer, Kapelle, eine Schatzkammer sowie ein großer, nach Süden gerichteter Saal auf der Gartenseite. In seiner Beschreibung des Palastes schildert Enea Silvio Piccolomini auch das zweite Obergeschoss, wobei sich seine Ausführungen auf die Aussicht zu allen vier Himmelsrichtungen beschränken, ohne weitere Angaben zur Funktion zu machen. Im Falle des Palazzo Piccolomini erkennt man mithin die Verschränkung von zwei unterschiedlichen Bautypen, von Stadtpalast und Villa. Daran hat auch der Garten seinen Anteil.

Der Hängende Garten ist dem Palast auf Erdgeschossniveau nach Süden vorgelagert: nahezu quadratisch und nahezu maßgleich mit dem Palast.[45] Will man den Garten vom Hof aus betreten, durchschreitet man zunächst die dreigeschossige, achtachsige Loggia. Ihre offene Säulenstruktur trägt maßgeblich zum Gesamteindruck bei und wird durch die Lage »zwischen« Palast und Garten als Schwellenraum charakterisiert.[46] Sie bot den Bewohnern und Besuchern einen weiten Blick ins Val d'Orcia und zugleich auf den Garten. Der Garten war von einer Mauer umgeben, deren noch heute bestehende Bogenöffnungen in den Gartenachsen zur Originalausstattung zählen.[47]

Die Ummauerung des Gartens sorgt für Abgeschiedenheit und Ruhe, die Öffnungen auf der Talseite ermöglichen einen gerichteten Blick, der mit den Wegeachsen identisch ist. Die räumliche Ordnung vermittelt einen komplexen ikonografischen Sinnzusammenhang:

> *Verschiedene Grunderfahrungen der Natur, in ihren konkreten Erscheinungsformen Natur- und Kulturlandschaft sowie die zur Kunst gewordene Idealnatur des Hängenden Gartens, sind hier zum architektonischen Thema geworden, indem sie gerahmt, in den Prospekt gerückt und zur menschlichen Wohnung in Beziehung gesetzt sind. Soweit also folgt der Garten in Pienza der klassischen Typologie. Dann aber geht er an entscheidender Stelle darüber hinaus, indem er neben Landschaft und Pflanzenteich auch das Reich der Tiere in sein Deutungs- und Darstellungsschema der Natur miteinbezieht.*[48]

Dies kennen wir bereits aus der Beschreibung des Gartens durch den Bauherrn, der den Pferdestall für 100 Pferde herausstellt. Die Zahl stellt eine gigantische Übertreibung dar,[49] unterstützt aber die symbolische Verortung des Gartens einmal mehr: Aus dem Garten schauend, erblickt man den unbewohnbaren bewaldeten Monte Amiata über dem Val d'Orcia. Sichtbar werden vom Garten aus die drei Stufen eines Natur-Kultur-Verhältnisses: von der wilden, gefährlichen Natur über die agrarisch und hortikulturell genutzte liebliche Landschaft des Tals bis schließlich zur Stadt beziehungsweise zum Palast, Inbegriffe zivilisatorischer Erscheinungen wie Bildung, Religion, Recht, Politik und Macht. Der Pferdestall besitzt in dieser Trias durchaus seinen Platz unterhalb des Gartens und verweist symbolisch auf den edelsten Domestizierungserfolg des Menschen im Tierreich: das Pferd.

Im Garten betrat man die Landschaft in ihrer zivilisierten Form. Position und Funktion als Observationspunkt des Hausherrn und seiner Gäste ließen den Hängenden Garten in Pienza aber auch zum Ort der Beobachtung und Überwachung werden, ein herrschaftlicher Blick in die Landschaft, an den in den folgenden Abschnitten zu erinnern sein wird.

Fünf Fenster zur Landschaft – der Palazzo Ducale in Urbino

Wie das Beispiel in Pienza, so kündet auch der Hängende Garten am Palazzo Ducale in Urbino vom außerordentlichen Selbstverständnis und von den Ambitionen seines Auftraggebers.[50] Sein Name ist nicht weniger schillernd als derjenige des Enea Silvio Piccolomini. Federico da Montefeltro, seit dem mysteriösen Mord an seinem älteren Bruder im Juli 1444 Herzog von Urbino, wurde durch seine einträgliche Position als Heeresführer ein vermögender Fürst, der sich dank humanistischer Bildung den Künsten und der Literatur zugeneigt fühlte. Die ersten Jahre seiner Regierung waren durch seine Söldnerlaufbahn, aber auch eigene Kriege bestimmt. Es vergingen zehn Jahre, ehe überhaupt an einen Neubau des Herzogspalastes zu denken war.[51] Als Architekt der ersten Bauphase (1454–1457) ist mittlerweile Michele di Giovanni da Fiesole identifiziert worden.[52] Teile der bildhauerischen Ausstattung stammen von Pasquino da Montepulciano.

Der Herzog ließ sich zwar offensichtlich von Leon Battista Alberti beraten beziehungsweise orientierte sich an dessen Architekturtheorie,[53] doch trug insbesondere auch der zwischen 1466 und 1472 in Urbino tätige dalmatinische Architekt Luciano Laurana maßgeblich zur Erweiterung und gestalterischen Vereinheitlichung der Palastanlage bei. Insbesondere die spektakuläre Doppelturmfassade nach Westen gilt als sein Werk, ebenso die feine Gliederung der Hofarkaden sowie der Fassadendekor zur Stadt. Sein Nachfolger wurde 1476 der Sieneser Festungsbaumeister und Architekt Francesco di Giorgio Martini. Obgleich der Palastkomplex bereits sehr weit gediehen war, gingen mit dem Wechsel des leitenden Architekten Veränderungen einher, die nicht zuletzt den Hängenden Garten betrafen. Die Forschung hält ihn mehrheitlich für ein Werk Francesco di Giorgios, da dieser über die ingenieurtechnischen Fähigkeiten verfügte, die für die Einrichtung eines hoch über dem Tal ragenden Hängenden Gartens nötig waren.[54]

Wie Pius II. in Pienza richtete auch Federico da Montefeltro größte Energie darauf, seiner Person, seiner Dynastie und der Art seiner Herrschaft in der Architektur seines Palastes Ausdruck zu verleihen und ein Denkmal zu setzen. Zeitgenossen wie Vespasiano da Bisticci hoben Federicos Architekturkenntnisse bewundernd hervor.[55] Für den Neubau seines Palastes konnte er in Urbino zwar nicht die ganze Stadt transformieren, doch ähnelt seine nachhaltige architektonische Einschreibung in die urbane Struktur derjenigen Pius' II. in Pienza. Zwei ältere Bauwerke, der alte Palast der Montefeltros und die Festung Castellare, wurden für den neuen Palazzo miteinander verbunden und so ein Palastkomplex geschaffen, der bald zu den größten seiner Zeit zählte. Neben den Aspekten der symbolischen Standesrepräsentation, die im Palast durch dutzendfach replizierte Wappen, Fürsteninitialen und Orden angezeigt wurde, haben Bernd Roeck und Andreas Tönnesmann besonders auf die praktische Seite dieser Architektur verwiesen:

> *Was sich generell am Beispiel des Palazzo Ducale geformt hat und in der Stadtmetapher Ausdruck fand, war die Vorstellung von Fürstenpalästen als gegliederten Räumen, die den Bedürfnissen einer vielgestaltigen, hierarchisch gestaffelten Bewohnerschaft genügen und die Rangfolge des Hofstaats förmlich abbilden konnten. [...] Ökonomie der Bewegungsabläufe, aber auch Durchschaubarkeit und proportionale Abstimmung von Raumsequenzen waren die Maximen, denen Lauranas Palastentwurf entschiedener folgte als alle vergleichbaren Bauwerke.*[56]

Von der räumlichen Diversifizierung und Ordnung abgesehen zählen auch innovative Raumtypen wie die Bäder und das berühmte Studiolo Herzog Federico da Montefeltros zur Ausstattung. Um die Würde der herrschaftlichen Sphäre nicht zu gefährden, wurden alle Versorgungsräume von den fürstlich beanspruchten

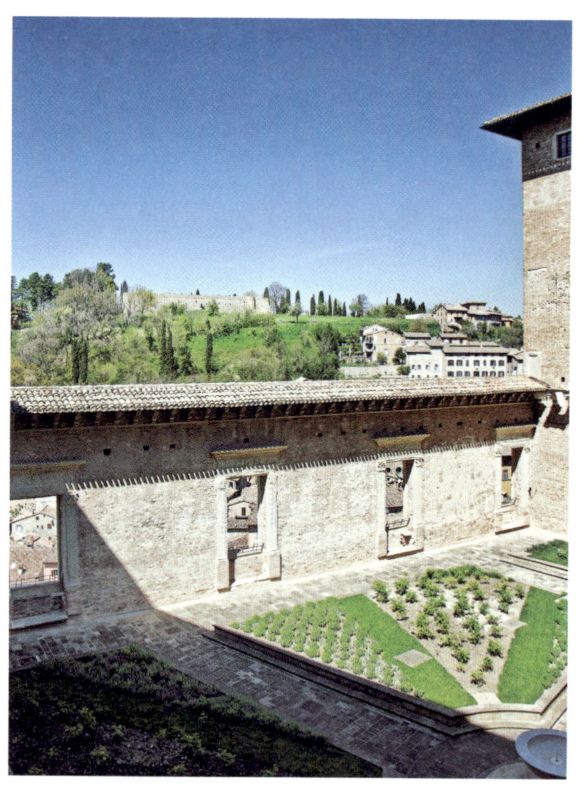

31 Urbino, Hängender Garten des Palazzo Ducale

Räumen, ob öffentlich oder privat, getrennt. Dies ermöglichte im Übrigen auch den Bau des Hängenden Gartens hoch über dem Tal. Um den Gebäudekomplex nach Westen erweitern zu können, musste der steile Abfall des Hangs an dieser Seite durch Substruktionen ausgeglichen werden. Die gewölbten Erdgeschossräume auf Höhe der Talsohle dienten als Lagerräume, im darüberliegenden Geschoss, das durch eine Rampe vor dem Palast zu erreichen war, lagen die Pferdeställe, und direkt über diesen erstreckt sich noch heute der Hängende Garten.[57] Er ist mithin das Ergebnis der planvollen Erweiterung und zählte wohl von Beginn an zur anvisierten Ausstattung. Dafür spricht auch, dass der der Fürstin vorbehaltene Wohntrakt durch ein Gewächshaus mit den Gemächern des Fürsten verbunden wurde – die einmalige, kaum je wiederholte bauliche Integration einer Orangerie in einen Palastkomplex. Diese diente der Überwinterung von Pflanzen, die im Sommer im Garten ausgepflanzt oder in Kübeln präsentiert wurden.[58]

Aus der Integration älterer Häuser ergab sich ein unregelmäßiger Gartengrundriss. Die heutige Parterreeinteilung nimmt ihren Ausgangspunkt an der Südfassade, wo eine zentrale Achse anschließt, die auch den Ort des zentralen Brunnens markiert.[59] Um diesen herum wurden vier unregelmäßige Parterreflächen arrangiert, deren Außenkanten parallel zu den Fassaden verlaufen.[60] In die Parterreflächen war eine Bodenöffnung integriert, die es erlaubte, den Schnee während der Winterzeit durch einen Schacht in einen das ganze Jahr über nutzbaren Eiskeller zu befördern. Um den Garten zu bewässern und einen Springstrahl im Brunnen zu erzeugen, hatte man über der Wendeltreppe an der Nordostecke des Hofes eine Zisterne angelegt, in der Regenwasser gesammelt werden konnte. Aus der Palastbeschreibung Bernardino Baldis, die zwar erst 1590 erschien, aber als zuverlässig gilt, geht hervor, dass das Wasser im Brunnen nur sprudelte, wenn der Fürst dies wollte.[61] Baldi ist es auch, der die Berankung der Fassaden mit Efeu und Jasmin überliefert, ebenso wie eine umlaufende Steinbank.

Der Charakter des Gartens als ein abgeschlossener *Giardino segreto*, der nach außen nicht in Erscheinung tritt, wird maßgeblich durch die durchfensterte Mauer an der Hangseite nach Westen erzeugt. Die fünf als Travéefenster ausgebildeten Öffnungen werden durch korinthische Pilaster gerahmt und tragen ein Gebälk *all'antica*.[62] Die Gartenmauer greift damit die Fenstergliederung der Palastfassaden auf, sowohl zum Garten als auch an der Außenseite, und charakterisiert den Garten als einen Raum des Palastes. Zwischen den Gemächern von Fürstin und Fürst gelegen, diente der Hängende Garten aber nicht nur symbolisch der Kommunikation zwischen den Gebäudetrakten. Vielmehr verlief auf der Gartenmauer ein Gang mit Balustrade, der Fürstin und Fürst die Möglichkeit bot, diskret in das jeweils andere Appartement zu gelangen.[63]

Die bemerkenswerte Durchfensterung des Hängenden Gartens nimmt eine Blickleitung vor, die mit der Malereitheorie Albertis ebenso wie mit den zeitgenössischen Vorstellungen des Landschaftsblicks in enger Verbindung steht und letztlich auf die antike römische Villenliteratur zurückgeht.[64] Den antiken Topoi vom Hügeltheater liegt ein szenografisches Verständnis zugrunde, das seit dem 15. Jahrhundert die Malerei maßgeblich bestimmte und entscheidend an den Konzepten der Zentralperspektive beteiligt war. Auf diese Weise wurde die Malerei zu einem wichtigen Glied der Vorstellung von Landschaft, und in einer außerordentlichen Vielzahl entstanden gemalte Ausblicke aus den Palästen und insbesondere aus den Villen der italienischen Renaissance.[65] Auch darauf reagiert der durchfensterte Hängende Garten des Palazzo Ducale in Urbino.

Dass dem Blick in die Landschaft aus einem Fürstenpalast immer eine politische Dimension innewohnte, eine Kontroll- und Herrschaftsgeste, lässt sich anhand von wissenschaftlichen Untersuchungen zur mitteleuropäischen Herrschaftsarchitektur des Spätmittelalters deutlich nachvollziehen.[66] Das Überblicken der Landschaft aus dem Fürstenpalast in Urbino besaß aber noch eine zweite Bedeutungsdimension: Die Inszenierung des Palastes mit der an den Garten angrenzenden sogenannten Torricini-Fassade, einer von zwei Türmen eingefassten dreigeschossigen Triumpharchitektur, war auf Fernsicht berechnet. Der Herrschaftsort des Fürstenpalastes schrieb sich aus dieser Perspektive nachhaltig in die Landschaft ein, wobei die prachtvolle Rahmung der Obergeschossloggia mit dem Balkon des Fürsten den Herrschaftsort des Regenten landschaftlich konkretisiert, ihn räumlich über eine große Entfernung sichtbar macht.

Mit Bezug auf den Hängenden Garten des Palastes muss also betont werden, dass das Überblicken der Landschaft, zunächst der gegenüberliegenden Colle delle Vigne und darüber hinaus der Täler und Hügel der Marken, keine exklusive Angelegenheit der Gartenbesucher war. Viel wichtiger erscheint die Geste, mit dem nur unter großem Aufwand einzurichtenden Garten die technischen Fertigkeiten des Fürstenhofes zu demonstrieren. Die praktische Seite dieses Repräsentationsanspruchs besteht im Übrigen in einer neuen Technik der Wasserableitung.[67] Wurde in Pienza noch ein flaches Lüftungsgeschoss eingerichtet, das einer Durchfeuchtung der Pferdestallgewölbe vorbeugte, so erfand Francesco di Giorgio in Urbino einen neuen, sich als zukunftsweisend herausstellenden Aufbau: Dabei ruht der Garten auf Steinplatten, diese wiederum auf rasterförmig verteilten Stützen. Die Stützen stehen auf einer konventionellen Verdachung mit Schindeln, über die sich das durchsickernde Wasser ableiten lässt. Allerdings musste diese Konstruktion begehbar sein, um das Zwischendach von Schlamm reinigen zu können.

Wie im Zuge des Palastbaus die Idealvorstellungen architektonischer und urbanistischer Planungen reflektiert wurden, zeigen die drei berühmten für den Palazzo Ducale gemalten Idealstadtveduten aus der Zeit um 1480, die sich heute in Urbino, Berlin und Baltimore befinden.[68] Sie stammen von einem Maler aus dem Umfeld des Herzogs, wobei Piero della Francesca am häufigsten genannt wird. Unstrittig ist, dass hier die urbanistischen Ideen aus Albertis Architekturtraktat zum Bildthema gemacht werden. Zwei der drei Darstellungen einer idealen Stadt zeigen Hängende Gärten. Auf der Tafel in Urbino befindet sich ein solcher Garten an einem Palast in der linken Bildhälfte. Der Garten liegt im Piano Nobile und öffnet den Palast zur Piazza beziehungsweise zur Straße hin. Geradezu als Abbreviatur fällt der Verweis auf der Berliner Tafel aus. Durch die seitliche Öffnung der den Vordergrund markierenden Loggia wird der Blick auf einen Baum geleitet, der wohl Teil eines Hängenden Gartens in der Stadt ist. Mit dem in der Höhe gepflanzten Baum wird einer der Topoi aus den Weltwunderbeschreibungen aufgegriffen und herausgestellt. Auf diese Weise zählt also auch Babylon zu den historischen Referenzen für die Idealstadt der Frühen Neuzeit.

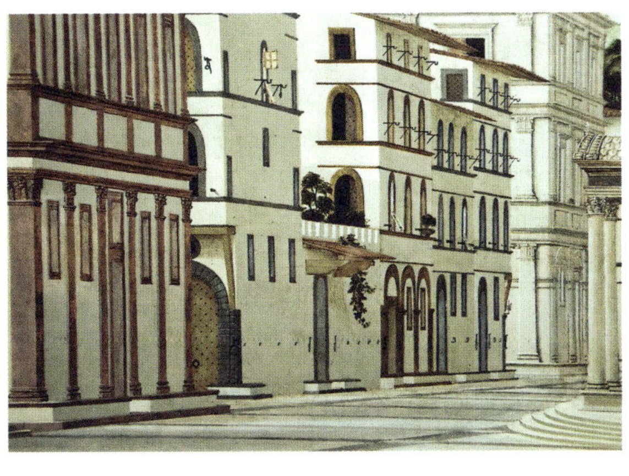

32
Unbekannter Maler, Ideale Stadtlandschaft, um 1480, Detail mit Hängendem Garten

Eine hierarchische Stadtlandschaft – der Palazzo Ducale in Gubbio

Das pittoresk an einem Bergrücken emporsteigende umbrische Städtchen Gubbio erreichte den Höhepunkt seiner politischen Bedeutung als freie Stadtkommune im 14. Jahrhundert, als es mit Perugia um die Vorherrschaft in Umbrien rang. Noch heute vermitteln die seinerzeit entstandenen Kommunalbauten – der Palazzo dei Consoli, der Palazzo Pretorio sowie die sich zwischen ihnen erstreckende Piazza della Signoria – ein eindrucksvolles Bild des politischen Selbstverständnisses. Das Ensemble ruht auf hohen Substruktionen über der Stadt und stellt eine architektonische Inszenierung kommunaler Herrschaft dar.[69]

Die Architektur ist nicht nur an die Bürger der Stadt adressiert, sondern auch an die Bewohner des Umlands, die das Stadtbild von Weitem erblickten.

Der hoch aufragende Palazzo dei Consoli wurde nach vierjähriger Bauzeit 1336/37 fertiggestellt. Der Kommunalpalast sowie die vor ihm liegende Piazza konnten anschließend vollendet werden, wobei es nicht mehr zum Ausbau der Räume in den Substruktionen unter dem Platz kommen sollte. Fragment blieb auch der zweite Bau am Platz, der 1349 begonnene Palazzo Pretorio. Der Grund dafür ist im Verlust der Macht zu sehen, denn die Kommune unterwarf sich 1348 der Schutzherrschaft des Grafen von Urbino, Antonio da Montefeltro. Damit wurde Gubbio Teil der Grafschaft Montefeltro, deren Herrscher 1443 zu Herzögen erhoben wurden.[70]

Wie das Beispiel der eindrucksvoll unter Federico da Montefeltro ausgebauten Residenz des Herzogtums in Urbino zeigt, hatte dieser eine klare Vorstellung von herrschaftlicher Architektur, deren Funktionalität und deren Wirkung ebenso. Auch der ab 1476 in Gubbio errichtete Palazzo Ducale, der Federico als Nebenresidenz dienen sollte, verdeutlicht das Bewusstsein für architektonische Repräsentation, zumal dieser Neubau auf die bereits bestehenden mittelalterlichen städtischen Herrschafts- und Verwaltungsbauten reagieren musste.

Der ab 1477 von Francesco di Giorgio errichtete Palast adaptiert das Vorbild in Urbino.[71] Am Hang oberhalb der Piazza della Signoria gelegen, ersetzt er eine ältere kommunale Residenz sowie einen Wehrturm und grenzt unmittelbar an den Dom.[72] Um einen Hof legen sich zwei schmale sowie ein breiter Flügel; die vierte Seite besteht aus einer hangseitigen Futtermauer mit aufgesetztem Konsolgeschoss, sodass der Hof an allen vier Seiten durchfenstert wird. Die Travéefenster mit Wandvorlagen und Gebälk, die Pilaster der Fassadengliederung sowie die Rundbogenarkatur des Hofes folgen dem Vorbild in Urbino. Selbst ein exquisites Studiolo ließ sich Federico da Montefeltro in seiner Nebenresidenz in Gubbio einrichten.

So nimmt es nicht wunder, dass er Francesco di Giorgio auch

hier mit der Anlage eines vorgelagerten Hängenden Gartens beauftragte, der jedoch weit weniger raffiniert angelegt wurde. Auf hohen Substruktionen ruhend erreicht man den Garten über einen ebenerdigen Durchgang, der wohl auch militärisch und halböffentlich genutzt wurde. Damit büßte er seine Exklusivität ein. Die Fassade zum Palast öffnet sich in Blendbögen, die zwei Zugänge zum Garten boten. Es fehlen Informationen zu Bepflanzung und ursprünglicher Parterrestruktur.[73] Ob und wie er einmal ummauert war, ist ebenfalls unklar. Anzunehmen ist jedoch, dass der großartige Blick in die Landschaft nicht verstellt wurde. Dieser Blick ging zunächst über die Stadt hinweg, das heißt über die Kommunalbauten des 14. Jahrhunderts. Diese Konstellation macht deutlich, worauf es bei der Wahl des Bauplatzes für den Palazzo Ducale angekommen war: eine sichere Position, in der die Herrschaftsverhältnisse klar zum Ausdruck kamen. Die erhöht liegende Fürstenresidenz erklärte die Kommunalbauten für buchstäblich untergeordnet. Die räumlichen Verhältnisse ließen dafür in Gubbio den Hängenden Garten geradezu notwendig werden, denn nur von hier aus bietet sich unbeschränkt dieser Herrschaftsblick.

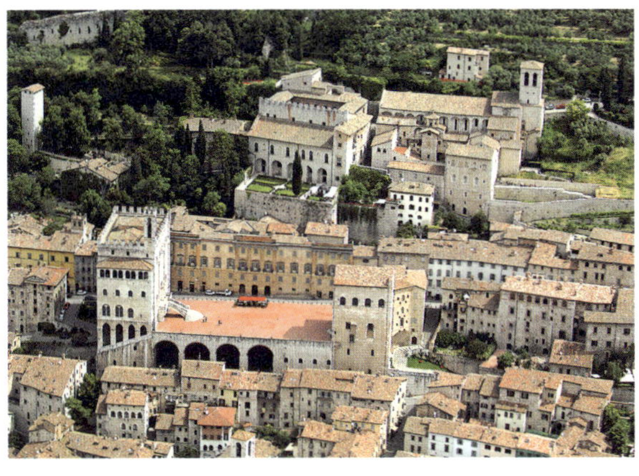

33
Gubbio, Palazzo Ducale, der Hängende Garten des Fürsten über der Stadt

Der Hängende Garten der Villa Imperiale bei Pesaro

Die Bauherren Hängender Gärten des 15. Jahrhunderts eint ihr historisches Bewusstsein und das gezielte Einsetzen von Architektur und Kunst als Macht- und Legitimationsinstrument. Wie mit Gärten im Allgemeinen, so ließ sich mit Hängenden Gärten im Besonderen die Fähigkeit demonstrieren, komplexe technische Herausforderungen zu meistern, was die Beherrschung der Natur durch menschlichen Erfindergeist einschloss. Dies versprach Repräsentationsprofit, der den Fürsten auch politisch nutzbar erschien, da die Zurschaustellung von Bildung ihre Fähigkeit verbürgte, rationale Entscheidungen zu treffen.

Letztlich sind die tatsächlich entstandenen Hängenden Gärten jedoch architekturhistorische Episoden, aus der zwischenzeitlichen Mode ging keine dauerhafte oder allgemeingültige Norm hervor. Nur wenige Architekten wagten sich an die Aufgabe, die ihre Ingenieurskompetenz und ihre Fähigkeiten auf dem Gebiet des Gartenentwurfs erheblich herausforderte. Gleichwohl verweisen die im Folgenden zu beleuchtenden Beispiele auf ein dauerhaftes latentes Interesse, gewissermaßen auf kleiner Flamme, ein Interesse, das durch die anhaltende Tradierung und Interpretation der Weltwunderkataloge immer wieder neu angefacht wurde. Zwei Hintergrundphänomene erlangen damit in der gegenseitigen Beeinflussung zuweilen vordergründigen Charakter, machen latentes Wissen für die Errichtung manifester Bauwerke nutzbar.

Die Villa Imperiale bei Pesaro darf mit Recht zu den bedeutendsten europäischen Villen des 16. Jahrhunderts gezählt werden.[74] Ihren Ursprung hat sie in einer Villa, die Alessandro Sforza, Herr von Pesaro und Condottiere im Dienst verschiedener Fürsten, auf den Hügeln unterhalb des Monte di San Bartolo westlich der Hafenstadt Pesaro zwischen 1468 und 1472 errichten ließ. Ihr Name »Imperiale« erinnert an die Grundsteinlegung im Beisein Kaiser Friedrichs III. 1469.[75] Von Anfang an war die Villa eng mit den politischen Ambitionen ihrer Bauherren verknüpft. Wie die ersten kastellartigen Villen der Medici, die im 15. Jahrhundert in der Umgebung von Florenz entstanden, war auch die Villa Imperiale ein bewehrtes Landhaus.

Zwei Generationen später brachte Eleonora Gonzaga die Villa in die Ehe mit Francesco Maria della Rovere ein, einem erfolgreichen Condottiere des Papstes, der als Herzog von Urbino seit 1513 auch über Pesaro herrschte. In einer Auseinandersetzung mit Papst Leo X., der ihn exkommunizierte, verlor Francesco Maria 1516 zwischenzeitlich den Anspruch auf sein Territorium, konnte es jedoch nach dem Tod des Papstes 1521 mitsamt der Villa wieder in Besitz nehmen. Unmittelbar danach begann das Fürstenpaar damit, die Um- und Neubauplanungen voranzutreiben. Von Beginn an ist der außerordentliche Anspruch spürbar, mit dieser Villa mehr als bloß ein Landhaus, sondern vor allem ein Herrschaftsdenkmal zu erschaffen. 1522 wendet sich Francesco Maria della Rovere an Baldassare Castiglione, um ihn um die Kopie eines Briefes von Raffael zu bitten, in dem dieser die von ihm entworfene und allseits bewunderte Villa Madama in Rom beschreibt.[76] Mit Girolamo Genga beauftragte Francesco Maria gezielt einen Architekten, der als »creato di Raffaello«[77] bezeichnet wurde, als jemand, dessen Fähigkeiten sich unmittelbar der Ausbildung bei Raffael verdankten.

Der Um- und Ausbau der Villa Imperiale kam 1529 in Gang. Die Arbeiten hatten zwei Schwerpunkte: Zum einen erhielt die alte Villa eine Neuausstattung in Form exquisiter Fresken von Dosso und Battista Dossi, Raffaellino del Colle, Francesco Menzocchi und Agnolo Bronzino. Zum anderen bot die Errichtung eines monumentalen Anbaus Platz für neue Räume und eine Kapelle. Die Fassade der neuen Villa wurde jedoch so nah am Altbau platziert, dass dieser den Blick auf Gengas Baus einschränkte. Nicht einmal die von Pietro Bembo entworfene Inschrift im Architrav über dem Obergeschoss lässt sich ohne Weiteres lesen.[78] Diese bemerkenswerte und völlig unübliche Position muss als Teil einer Choreografie betrachtet werden, die alle Aufmerksamkeit auf den neuen Hof lenkte. Der Wandaufriss zum Hang bildet mit seinem fein abgestuften Ziegelmauerwerk eine neoantike Architektur von seltener Güte. Genga hatte die römischen Altertümer studiert und demonstrierte seinen Sinn für das Altertum in fein gegliederten Wandflächen, in der er sogar antike Amphoren in flachen Nischen postierte.

Von seiner Kenntnis antiker Bauwerke kündet auch das im Erdgeschoss in den Neubau vertiefte Atrium mit Vestibül, dessen Gewölbestruktur auf die römische Maxentiusbasilika verweist. Im Ziegelpaviment des Hofes liegen vier große und vier kleine Blumenparterres; die Hangseite öffnet sich zu einer Grotte, die einst ein Wasserspiel belebte. Darüber liegt auf Höhe des Obergeschosses ein Hängender Garten; zurückversetzt folgt eine weitere

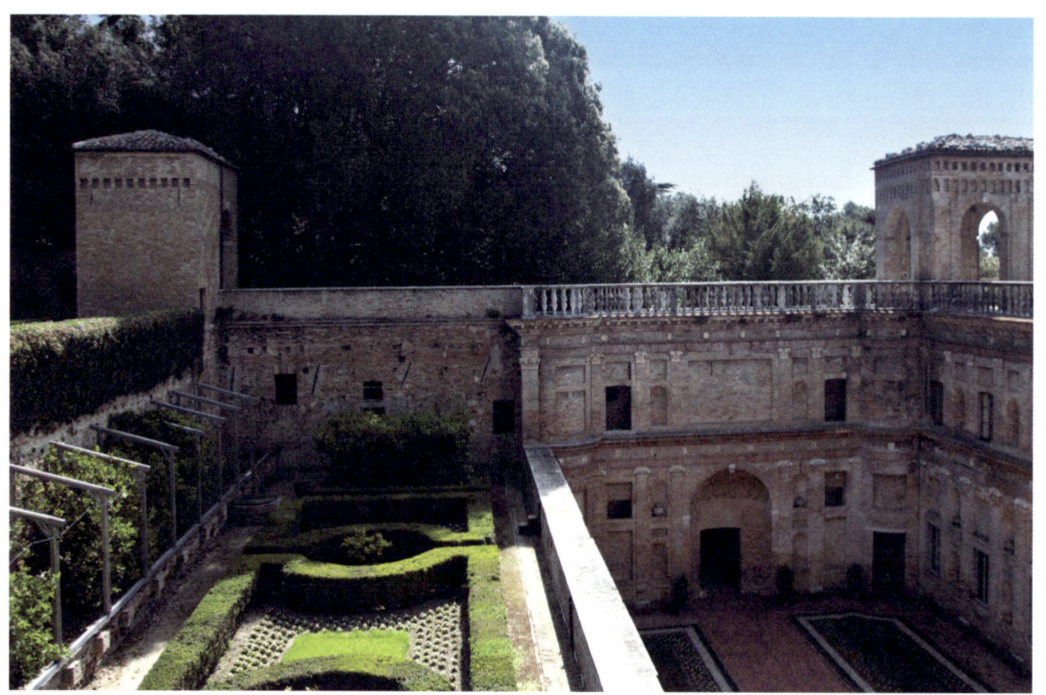

34
Pesaro,
Villa Imperiale,
Hängender Garten
zwischen Hof und
Gartenterrasse

Niveaustufe höher ein in den bewaldeten Hügel hineinragender großer Terrassengarten. Auf dessen Höhe – gleichsam und buchstäblich als spektakuläre Bekrönung – befinden sich umlaufende Dachterrassen. Sie bieten eine spektakuläre Aussicht in die hügelige Landschaft der Marken, wobei der einst vorhandene Ausblick auf das Meer, wie er durch eine Zeichnung Francisco de Hollandas bezeugt wird,[79] heute zugewachsen ist. Zugleich wird die Sichtbarkeit der Villa in der Landschaft mit aufgesetzten Pavillons akzentuiert.

Wie in Pienza und in Urbino wird der Hängende Garten regelrecht ausgestellt, wobei er nur eines von mehreren spektakulären Elementen bildet, die sich zu einem Gesamtbild fügen. Anregungen hatte Genga in Bramantes Belvedere-Hof im Vatikan gefunden, wo eine monumentale Terrassierung die Landschaft in einen Architekturgarten transformierte. Im Falle der Villa Imperiale ruht der Garten auf einer Substruktion in der Art einer antikischen Kryptoportikus, die neben der Grotte und einem Gang vor allem ein riesiges Wasserreservoir aufnahm. Diese

Zisterne mitsamt Filterkammern bildete den Sammelpunkt für das über die Dachterrassen eingeleitete Regenwasser – eine ingenieurtechnische Meisterleistung.[80] Um die Architektur mit dem aufgesetzten Garten, aber auch die Dachterrassen vor Durchfeuchtung zu schützen, liegt unter den Terrassen ein begehbares Zwischengeschoss, das eine eigene, innenliegende Bedachung besitzt. Für diese doppelschalige Konstruktion konnte sich Genga auf den Hängenden Garten im nahegelegenen Urbino berufen.[81] Mit dem in den Quellen als »giardinetto« oder »giardino segreto« bezeichneten Hängenden Garten adaptierte Genga das von Raffael für die Villa Madama in Rom entworfene Modell eines über einem Bassin – im Falle der Villa Madama eines Fischbeckens – liegenden Gartens. Im Unterschied zum römischen Vorbild liegt der Hängende Garten der Villa Imperiale in seiner gesamten Tiefe auf einem eigenständigen Bau.

Wie wichtig Bauherrin und Bauherr der Garten war, belegen ihre Bemühungen, einen möglichst hochqualifizierten Gärtner aus Neapel zu verpflichten. Schließlich wurden drei Gärtner angestellt, die zudem mit erheblichen Privilegien ausgestattet waren.[82] Im unteren, dem Hängenden Garten verlief ein Lorbeerspalier an der Rückseite, in den Beeten waren Zedern, Zitronen, Apfelsinen und Myrte gepflanzt, daneben wurden hier auch Kübelpflanzen postiert.[83] Der obere Terrassengarten war in regelmäßige Kompartimente unterteilt, die aus umlaufendem Buchs und Lorbeer bestanden. Gefüllt waren sie mit Blumen sowie Erdbeeren. An der umlaufenden Mauer verlief ein Orangenspalier.

Die Villa Imperiale wurde wegen des Todes von Francesco Maria della Rovere 1538 nicht gänzlich vollendet und blieb angesichts des betriebenen Aufwands ohne Nachfolger. Und mit Andrea Palladio ging die Villenarchitektur bald darauf neue Wege. Girolamo Genga hatte eine Verknüpfung von Landschaft und Architektur, von Garten und Villa geschaffen, die einzigartig bleiben sollte. Leandro Alberti erkennt in seiner Italienbeschreibung die Innovation der Villa an, lobt die Vielfalt der Pflanzen im Garten und schließt mit dem höchsten Lob: »Wirklich, dieser Ort erscheint wie ein köstliches Paradies.«[84]

Hängende Gärten an Stadtpalästen – Rom, Mantua, Genua

Rom, Palazzo Venezia

Auch in Rom setzte im 15. Jahrhundert die Tradition wieder ein, den Stadtpalast mit einem Garten auszustatten. Meist handelte es sich um kleine ummauerte Areale, gelegentlich auch um begrünte Höfe, die jeweils dem Muster des mittelalterlichen *hortus conclusus* folgten.[85] Einen anderen Weg schlug Kardinal Pietro Barbo ein, der den Architekten Francesco del Borgo 1455 mit dem Bau eines Palastes unterhalb des Kapitols beauftragte. Nach seiner Wahl zum Papst 1461 ließ er als Paul II. den Palast zwischen 1466 und 1468 um einen an der Nordostecke anschließenden Palazzetto erweitern, der von außen ein merkwürdiges Bild abgab.[86] Der dreigeschossige, zinnenbekrönte Bau ruhte auf einem Erdgeschoss, das außer Eingängen keine Durchfensterung oder Architekturgliederung besaß. Erstes und zweites Obergeschoss waren zwar regelmäßig durchfenstert, doch erinnerte die abweisende Fassade eher an eine Trutzburg. Der Bau bestand im Kern aus einem von doppelgeschossigen Loggien ummantelten Hof, der nichts anderes als einen nach außen abgeschlossenen, auf den Pferdeställen ruhenden Hängenden Garten bildete. Die Lage, abgetrennt vom eigentlichen Palast, verschaffte dem Nutzer inmitten der Stadt Ruhe und den Besuchern eine gehörige Überraschung. Typologisch ist der von vier Flügeln und doppelgeschossigen Loggien begrenzte Gartenhof mit Klostergärten verwandt.

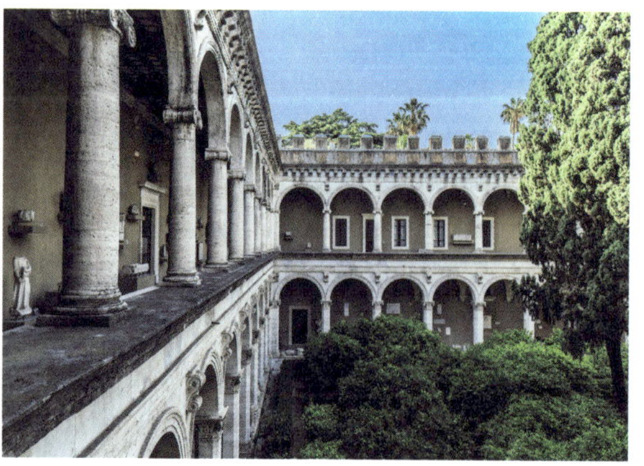

35
Rom, Palazzo Venezia, Hängender Garten als geschlossener Hof

Der Hängende Garten des Palazzo Venezia war bereits durch die Ummantelung als Privatgarten ausgewiesen und darüber hinaus nur durch ein Portal zu betreten, das aus den Privatgemächern des Papstes in den Hof führte. Beschreibungen des 16. Jahrhunderts schildern den Garten in den höchsten Tönen. Ein zentraler Zisternenbrunnen wurde von grasbewachsenen Parterres umgeben, in denen Lorbeer, Orangen, Zypressen und Weinstöcke wuchsen. Der Garten des Palazzetto di Venezia diente den Päpsten noch im 16. Jahrhundert als beliebter Sommersitz, ehe sie ihre Villa samt Garten auf dem Quirinal errichteten. Der Palast indessen wurde 1911 abgerissen und als Kopie an der Südwestecke des Palazzo Venezia wiedererrichtet, um eine optische Verbindung zwischen Via del Corso und dem neu errichteten Nationaldenkmal für Vittorio Emanuele II. herzustellen.

Die Erweiterung des Palastes um einen Garten gestaltete sich im Zuge der flächendeckenden frühneuzeitlichen Re-Urbanisierung Roms zusehends schwieriger und blieb immer auch ein Eigentums- und Finanzproblem. Ließen sich im 15. und 16. Jahrhundert noch Hybride zwischen Palast und Villa errichten, die über zum Teil weitläufige Gärten verfügten, so fehlte dafür zunehmend der Platz. In der Forschung werden Hängende Gärten im römischen Palastbau der Hochrenaissance darum eher für eine Notlösung gehalten.[87] Nach wie vor wird aber der in Pienza, Urbino oder im Palazzetto Venezia etablierte Funktionszusammenhang gewahrt, denn Hängende Gärten liegen, wie etwa am Palazzo della Valle, 1517 von Lorenzo Lotti für Kardinal Andrea della Valle erbaut, auch weiterhin über den Pferdeställen. Hängende Gärten entwickelten sich damit von einem Ausstattungselement, das die technischen Fähigkeiten von Architekt und Bauherr demonstrierte, zu einer raumökonomischen Alternative, was in dieser Verkürzung der Zusammenhänge sicher nur eine Tendenz erahnen lässt. Nach wie vor bleibt der Hängende Garten eine technische Herausforderung und erschöpft sich nicht in sparsamen Baukonzepten.

Mantua, Palazzo Ducale

Der Residenzkomplex des auf das 14. Jahrhundert zurückgehenden Palazzo Ducale in Mantua besitzt mehrere Gärten. Im Zuge

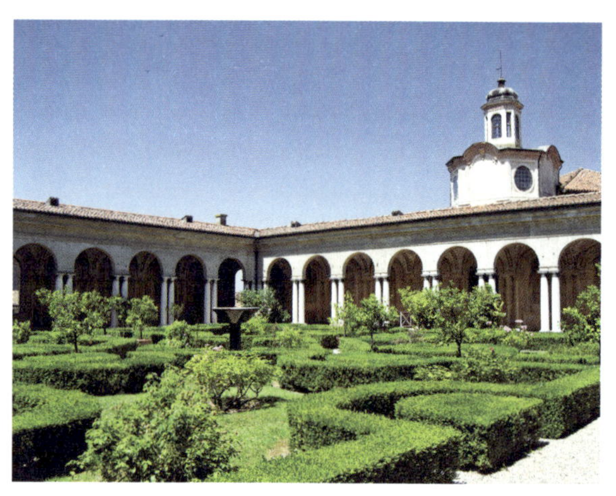

36
Mantua, Palazzo Ducale, Hängender Garten, 1581

zahlreicher Veränderungen und Modernisierungen entstand unter Herzog Guglielmo Gonzaga zwischen 1579 und 1581 ein Hängender Garten. Er liegt inmitten älterer Gebäudeteile unmittelbar an der Piazza Sordello. Nach längst verlorengegangenen Vorläufern im Palazzo San Sebastiano und im Corte Nuova des Palazzo Ducale handelte es sich bereits um den dritten Hängenden Garten in Mantua.[88] Mit seiner Lage in einem zu vier Seiten abgeschlossenen Innenhof scheint der vom Architekten Pompeo Pedemonte angelegte Hängende Garten einen neuen Typus anzukündigen, fand aber, wie zu sehen sein wird, nur wenige Nachfolger.

In immerhin zwölf Metern Höhe ruht der Garten auf einer Konstruktion aus schmalen begehbaren Gewölben. Er wird an drei Seiten von einem regelmäßig gegliederten Loggiengang umgeben, der sich in neun Bögen öffnet, die jeweils auf einem Paar dorischer Doppelsäulen ruhen. Die Gewölbe wurden mit Rankenwerk bemalt und erweitern das Gartengrün in die Architekturmalerei. Die Seite zur Sala dei Fiumi (so seit dem 18. Jahrhundert wegen der Flussmalereien genannt) hat Blendbögen mit Tür- und Fensteröffnungen. Die heutige Bepflanzung besteht aus vier mit Buchs eingefassten Rasenkompartimenten, die von einem Brunnen zentriert werden.

Die Archivquellen belegen, dass die Errichtung eines solchen Gartens über Substruktionen mit technischen Schwierigkeiten verbunden war, über deren Bewältigung es unterschiedliche Ansichten gab. Obwohl der vom schleppenden Baufortschritt ohnehin schlecht gestimmte Herzog breitgelagerte Gewölbekonstruktionen verlangte, zog Pedemonte schmale Gewölbeabschnitte vor. Dem Fürsten ging es offensichtlich um die Repräsentativität des Erdgeschosses unmittelbar an der Piazza, wohingegen der Architekt sich um die Statik sorgte. Auch über die Anlage eines Brunnens kam es zu Konflikten, und am Ende musste der mittlerweile am Bau beteiligte Architekt Bernardino Facciotto wortreich begründen, warum der Brunnen nicht funktionieren wollte. Einige Jahrzehnte später waren die Konflikte und Probleme vergessen. Der Geistliche Ludovico Arrivabene lobte in einer 1588 veröffentlichten Vita des Guglielmo Gonzaga: »den Garten in der Luft, wirklich wunderbar, gefüllt mit Kräutern und Pflanzen, die aus fernen Ländern stammen, von wunderbarer Tugend und Schönheit.«[89] In der Tat wird die Bepflanzung mit Jasmin überliefert.

Über solche und andere lobende Beschreibungen wurde man auch andernorts auf den Hängenden Garten im Palazzo Ducale von Mantua aufmerksam. Aus einem Brief des Mantuaner Gesandten am Prager Kaiserhof, Aderbale Manerbio, vom 14. April 1603 geht hervor, dass Kaiser Rudolph II. von Habsburg den Herzog von Mantua, Vincenzo I. Gonzaga, um eine Zeichnung des Gartens bat.[90] Da man am Hof zu Mantua nicht sofort reagierte, musste der Gesandte in Prag mehrfach Mahnungen senden, aus denen hervorgeht, dass Rudolph II. mit dem Projekt eines Hängenden Gartens auf der Prager Burg beginnen wollte. In einem Brief wurde das Mantuaner Vorbild als »posto sopra le volte« – »über den Gewölben platziert« – bezeichnet. Obzwar das Prager Projekt nicht verwirklicht wurde, wirft die Bitte um eine Zeichnung ein Licht auf den transalpinen Kulturtransfer und auf den Reiz, den die Anlage eines Hängenden Gartens auch nach 1600 noch hatte.

Genua, Palazzo Reale

Zu den italienischen Städten mit einer besonders innovativen Palastbaukunst muss zwischen dem 16. und dem 18. Jahrhundert neben Rom und Venedig vor allem Genua gerechnet werden. Der auf Seehandel, unter anderem mit Seide, beruhende wirtschaftliche Reichtum der Stadt sowie die republikanische Verfassung ermöglichten eine Palastbaukultur, die bis heute zum Eindrucksvollsten zählt, was Europa seit der zweiten Hälfte des 16. Jahrhunderts auf diesem Gebiet vorweisen kann. Die Patrizierpaläste waren so außerordentlich reich ausgestattet, dass manche von ihnen für Staatsempfänge fremder Herrscher genutzt wurden, sich die Republik also die Privatrefugien ihrer Bürger zu Repräsentationszwecken ausborgte. Nach einem ausgeklügelten System wurden solche Paläste für Übernachtungen von hochrangigen Besuchern – Päpste, Kaiser, Könige, Fürsten et cetera – gelistet. Diese als »Rolli« bezeichneten Listen führten zum Titel der *Palazzi dei Rolli* in Genua.[91] Damit wurde ein kollektives Anspruchsniveau formuliert und vorgegeben, das – bei aller stilistischen, sozialen und funktionalen Heterogenität – ein Grund ist für das heute so homogen wirkende Erscheinungsbild der Via Balbi und der Via Garibaldi, der ehemaligen Strada Nuova.

Die topografische Situation der Hafenstadt mit ihrer Lage an steil aufragenden Apennin-Hügeln verlangte in einigen der seit dem 16. Jahrhundert urbanisierten Vierteln nach einer Terrassierung des Geländes. Daraus ergab sich die Option zur Anlage von Dachterrassen und Hängenden Gärten auf den Palästen, die zudem die sichtbare Begrünung der engen Straße ermöglichte und über ihre Lage Ausblicke erlaubte. Diesen Vorteilen stand der Nachteil des architektonischen und damit finanziellen Aufwands gegenüber. In den allermeisten Fällen verzichtete man daher auf Hängende Gärten über nutzbaren Substruktionen und bevorzugte Dachterrassen.[92] Gleichwohl zählten Gärten seit dem 16. Jahrhundert zur Grundausstattung des Genueser Palastbaus. Die Gärten konnten sich hinter dem Palast zu ebener Erde oder am Hang erstrecken, zum Teil lagen sie aber auch in Innen- oder Seitenhöfen, oft flankiert oder umgeben von Loggien mit Aussichtsterrassen. Den Rekonstruktionen zufolge handelte es sich um Parterregärten mit Blumen- und Gehölzbepflanzung; die Wände dürften mit Efeu, Jasmin und anderen Kletter- und Rankpflanzen begrünt worden sein.

Gelegentlich wurden Terrassengärten notwendig, um abfallendes Gelände auszugleichen, wie am 1536 bis circa 1546 errichteten Palazzo Gerolamo e Batista Grimaldi olim Oliva.[93] In anderen Palästen gehen Palast- und Futtermauern nahtlos ineinander über, sodass der Eindruck eines Hängenden Gartens entsteht, wie am Palazzo Niccolò Grimaldi (heute Palazzo Doria-Tursi), der zwischen 1564 und 1595 erbaut wurde.[94] Diese erhöhte Lage der Gärten geht mit zwei Effekten einher: Zum einen lockert sich der Blockrand der Straße auf, indem über der Erdgeschossebene die Bepflanzung des Gartens sichtbar wird, ohne dass dieser von der Straße tatsächlich einzusehen wäre. Zum anderen erlaubt sie den Gartennutzenden einen ungestörten Aufenthalt, ohne dass der Garten dafür mit einer Mauer umgeben werden musste. Zugleich bietet er einen Blick auf die Straße aus erhöhter Position. Diese Konstellation kann in besonderer Weise beim Palazzo Durazzo-Pallavicini beobachtet werden, der 1618 zunächst von Gio Agostino Balbi in Auftrag gegeben wurde und 1709 an die Durazzo-Pallavicini fiel.[95]

Mit Blick auf die Tradition der Hängenden Gärten ist der ab 1643 errichtete heutige Palazzo Reale als Ausnahme anzuführen.[96] Von den Architekten Pier Francesco Cantone, Michele Moncino und Giovanni Angelo Falcone für Stefano Balbi erbaut, ging der Palast 1678 in den Besitz von Eugenio Durazzo über. Bereits dieser Bau verfügte über einen Garten, der im Kaufvertrag vom 22. Oktober 1707 ausgewiesen wird.[97] In der Folge ließ die Familie Durazzo den Palast erweitern und beauftragte dafür unter anderem den Tessiner Architekten Carlo Fontana. Im Zuge dieser Baumaßnahmen wurde der sich an die Hofloggia anschließende Garten auf eine Substruktion gesetzt und entspricht damit dem Typus des Hängenden Gartens. Er besteht noch heute aus vier Rasenkompartimenten, die ein Wasserbecken umgeben. Das kunstvolle Pflaster stammt aus dem abgerissenen Cölestinerinnen-Kloster (Monastero delle turchine). Der Unterbau gleicht nicht nur den Höhenunterschied zum Hafen aus, sondern eröffnete auch einen Blick auf

37
Genua, Palazzo Reale, Hängender Garten mit Blick zum Meer

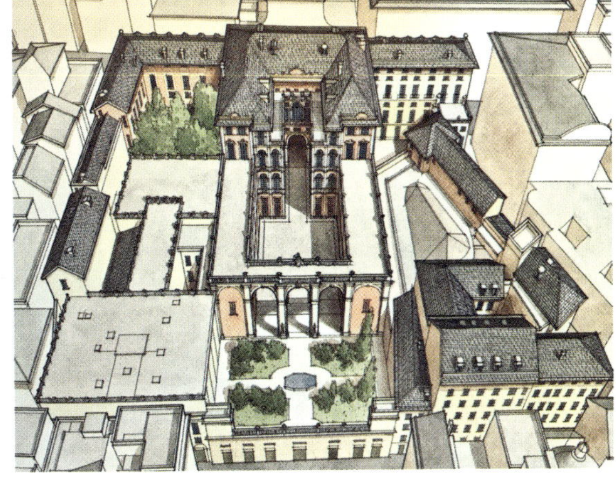

das Meer. Heute ist dieser leider durch Hochstraßen, Hafenbauten und nicht selten Kreuzfahrtschiffe beeinträchtigt.

Die Isola Bella im Lago Maggiore

Am Ende seines zweiten Buches würdigt Fischer von Erlach in der *Historischen Architectur* die »Borromeische Insel«, so seine Bezeichnung des heute als Isola Bella bekannten Eilands im Lago Maggiore.[98] Wie erwähnt, hegte Fischer großes Interesse an terrassierten und Hängenden Gärten – und er war bei Weitem nicht der einzige Bewunderer der außerordentlich gestalteten Insel. Seine Zeichnung lässt die Merkmale einer vollständig terrassierten Insel mit Palast und Gärten hervortreten, wobei die nur spärlich eingezeichnete Bepflanzung die Architektur besonders scharf ins Licht rückt.

Die heute recht homogen wirkende Anlage aus Palast, Randbebauung und Terrassengärten ist das Ergebnis eines Bauprozesses, der in den 1630er Jahren begonnen wurde und bis in die 1690er Jahre andauerte.[99] Carlo III. Borromeo ließ 1630 eine Villa auf der Insel erneuern und den Ort im Zuge dessen auch nach seiner Gattin Isabella umbenennen. Für die Bauarbeiten zeich-

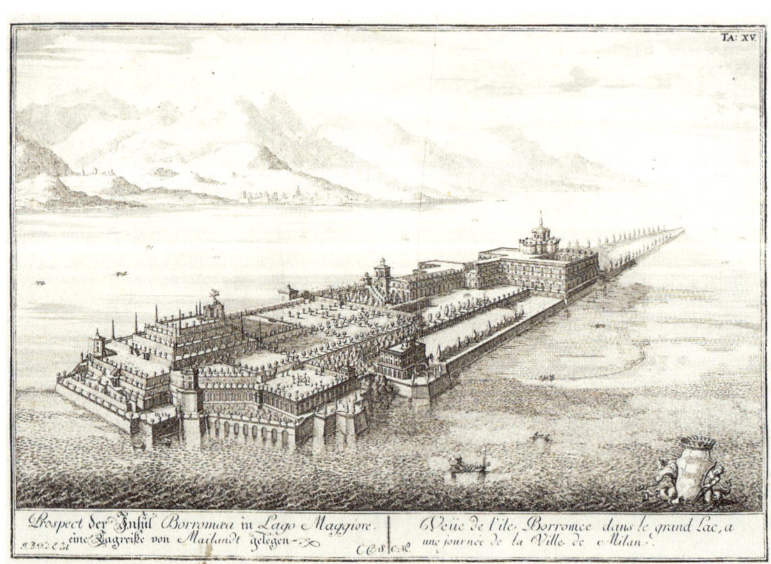

38
Isola Bella im Lago Maggiore, Gartenterrassen in der Art Hängender Gärten

nete in den ersten Jahren der Architekt Giovanni Angelo Crivelli verantwortlich. Neben dem Umbau des Casinos wurde auch die Südspitze der Insel geordnet und terrassiert. Lange stockten die Arbeiten wegen einer Pestepidemie, richtig in Gang kamen sie erst wieder nach dem Tod Carlos III. 1652.

Mit dem Entschluss seines Nachfolgers, Vitaliano VI. Borromeo, im Norden der Insel einen Palastneubau zu errichten, vergrößerte sich der für die Gärten zur Verfügung stehende Platz. Zunächst war es notwendig, weiteres Gelände zu erwerben, ehe ab 1657 Baufortschritte zu verzeichnen waren. Diese betrafen die südlichen Terrassen, die seitlichen Belvedere-Pavillons, einen Orangenhain an der Ostseite, ein Herkulestheater sowie den das gesamte Areal überragenden pyramidalen Terrassengarten mit seinen markanten Obelisken an den Baukanten. Es ist diese wie ein künstlicher Berg aufragende Terrassenstruktur, die zahlreiche Besucher und Beobachter an einen Hängenden Garten denken ließ, der er in Wirklichkeit nicht oder nur zu Teilen ist. Zwar existieren unterkellerte Terrassen auf der Insel, unter anderem am Nymphäum des sogenannten Rochus-Gartens im Osten, die den Kriterien eines Hängenden Gartens entsprechen, doch das Terrassenprofil der Insel ist insgesamt das Ergebnis von Erdaufschüttungen. Die Inselfelsen mussten überbaut werden, um plane Ebenen für Erdaufschüttungen zu schaffen, allerdings entfiel das Problem der Feuchtigkeitsisolierung oder stellte sich weit weniger problematisch dar. Auf beeindruckende Weise gelöst wurde jedoch das Problem der Bewässerung und der Springbrunnen durch den Betrieb einer Wassermühle.

In den Anweisungen an die Architekten beziehungsweise Maurermeister finden sich zahlreiche Hinweise darauf, mit welchem Anspruch die Vertreter der namhaften Adelsfamilie Borromeo die Umgestaltung der Insel betrachteten. Die Vasen auf den Terrassen sollten »alla mode di Frascati«[100] ausfallen, das Herkulestheater habe sich insgesamt am »teatro grande delle fontane di Belvedere di Frascati« zu orientieren.[101] Für das große Wassertheater wird ein felsenartiger Abschluss erwogen mit »ornamenti di quella della piazza Navona a Roma«,[102] mit Ornamenten wie jenen der Piazza Navona in Rom, während für die grottierten Sommerappartements auf das Vorbild der Villa Favorita des Herzogs von Mantua verwiesen wird.[103] Die Insel bietet vom Ufer oder vom Boot aus das Bild einer artifiziellen Natur, es ist ein Menschenwerk mit den Mitteln der Natur. Darin gleicht sie Hängenden Gärten ebenso wie in der Nutzbarkeit. Terrassiert und mit zahlreichen Springbrunnen versehen, erscheint die Natur neu geordnet, einem menschlichen Maßstab unterworfen. Die ersten Reiseberichte waren voll der Euphorie, was sich später ändern sollte. Der englische Theologe Gilbert Burnet beschreibt die Insel 1687 geradezu schwärmerisch und vergleicht sie mit dem Paradies:

> *»Die Stuffen auff welchen man zu diesen Lust-Hügeln hinan steiget / sind über die massen schön gearbeitet; und die Mauren / worein sie eingefasset / sind mit lauter Pomerantzen und Zitronen Bäumen dick überdecket und umgeben / woraus die Liebligkeit dieser Gärten am besten zu ermessen.«*[104]

Er hielt die Insel »durch Kunst und Natur angelegt« für »dermassen annehmlich«, »daß man nicht leicht einen Ort in der Welt finden wird / der ihm an Schönheit und Anmuth zu vergleichen seyn solte.«[105]

Ein Hängender Garten für die »Semiramis des Nordens« in Sankt Petersburg

Müssen die Hängenden Gärten der Renaissance als architekturgeschichtliche Episoden betrachtet werden, so gilt dies erst recht für jene des 17. und 18. Jahrhunderts. Von den wenigen Versuchen, Architektur und Garten in einem Hängenden Garten zu verschmelzen, blieben viele in der Planungsphase stecken, andere hingegen haben sich nicht erhalten. Eines der seltenen noch existierenden Beispiele stammt aus dem späten 18. Jahrhundert: der Hängende Garten in der sogenannten Kleinen Eremitage von Sankt Petersburg. Bei diesem Gebäude handelte es sich um eine erste Erweiterung des Winterpalastes an der Newa, den Jean-Baptiste-Michel Vallin de La Mothe entwarf und gemeinsam mit Juri Velten zwischen 1764 und 1775 erbaute.[106] Der französische Architekt Vallin de La Mothe hatte kurz vorher den Bau der Petersburger Kunstakademie vollendet, der wegen seiner klassizistischen Formensprache die Anerkennung der Zarin gefunden hatte. Sie plante mit der Kleinen Eremitage einen Bau für Vergnügungen im kleinen Kreis, der zunächst auch nur aus zwei doppelgeschossigen Pavillons bestand. Den südlichen, zum Platz hin, errichtete Velten, der für alle bautechnischen Fragen zuständig war, für den Grafen Grigori Orlow, einen Favoriten der Zarin.[107] Den nördlichen Pavillon plante Vallin de La Mothe, wobei er Höhe und Fassadensystem des Winterpalais aufgriff und in klassizistische Formen übersetzte. Über einem rustizierten Erdgeschoss gliedert eine fünfachsige Kolonnade das Ober- und Mezzaningeschoss. Im Obergeschoss richtete er eine Orangerie ein und legte über den Ställen des Erdgeschosses einen Hängenden Garten an, der über eine Brücke mit dem Winterpalais verbunden wurde. Das Erdgeschoss des Bauwerks unter dem Garten wurde durch einen breiten Durchgang in zwei Teile geschieden. Über den Koben und Gängen liegt ein begehbares Halbgeschoss, das zum Teil kleine Bedachungen besitzt, die das Problem der Wasserableitung aus dem Garten lösen. Man folgte hier also den bereits zwei Jahrhunderte alten bautechnischen Errungenschaften italienischer Architekten.

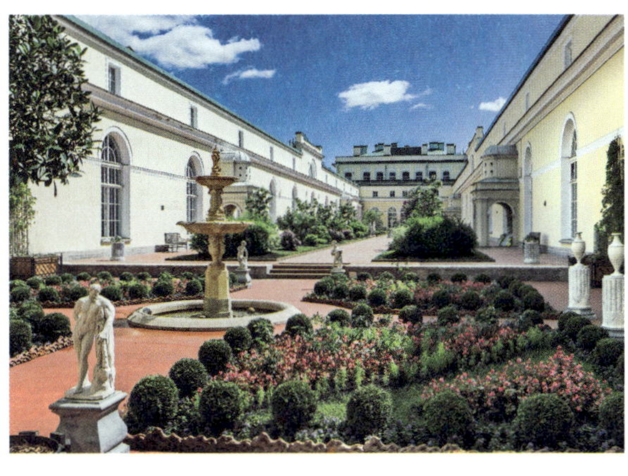

39
Sankt Petersburg, Der Hängende Garten der Eremitage

An den Längsseiten begrenzten zunächst Mauern oder Balustraden den Garten. 1769 fertiggestellt, ließ Katharina bereits ab 1770 an den Längsseiten Galerieflügel für die Unterbringung ihrer Kunstsammlung errichten. Die Arbeiten waren 1775 beendet, der Garten wurde nun an vier Seiten eingeschlossen. Auf diese Weise ergab sich der extrem schmalrechteckige Grundriss von circa 100 auf knapp 20 Meter.

Ein im Hofkalender des Jahres 1774 abgedruckter Stich vermittelt einen Eindruck von der Bepflanzung: Entlang der Galerieflügel verlief je eine Baumreihe, während die Hauptachse aus einem breiten Rasenband bestand, in dem sich Springbrunnen und Skulpturen befanden. Heute liegt hier ein Plattenbelag, der seitlich von Blumenbeeten und Bäumen flankiert wird. Auf dem Stich wird das Gebäude als »Hortus Pensilis« bezeichnet. Die Bedeutung des Gartens wird angesichts seiner zurückhaltenden Inszenierung leicht unterschätzt. Für Katharina II. bildet das Gartenprojekt jedoch einen Ausgangspunkt für die zeitweise Transformation der unter ihr errichteten Neubauten in eine »Eremitage«, einen höfischen Rückzugsort, wie sie ihn sich bereits in Schloss Peterhof hatte anlegen lassen.[108] Die heutige Bezeichnung »Eremitage« für den musealen Gesamtkomplex besitzt jedenfalls in dem Hängenden Garten ihren Ausgangspunkt.

Es stellt vermutlich keinen Zufall dar, dass sich ausgerechnet die russische Zarin Katharina II. einen Hängenden Garten anlegen ließ. Die gebildete deutsche Adelige kannte die Überlieferung zu den Weltwundern aus dem Studium antiker und moderner Schriften gewiss. Noch greifbarer aber werden ihre Intentionen, wenn man bedenkt, dass ihr Voltaire den ehrenden Beinamen »Semiramis des Nordens« verliehen hatte.[109] Voltaire, das wird noch zu behandeln sein, kannte den Semiramis-Stoff sehr gut, denn er hatte 1746 eine gleichnamige Tragödie verfasst, die 1748 erstmals aufgeführt wurde.[110] Seit 1763 standen beide in einem Briefwechsel. Die Anerkennung Voltaires für den aufgeklärten wie machtbewussten Geist fielen bei der Zarin offenbar auf fruchtbaren Boden, denn im Hängenden Garten der Kleinen Eremitage inszeniert sie sich architektonisch-gartenkünstlerisch als jene Semiramis, als die sie von Voltaire bezeichnet wurde. Dass ihr Beiname auch an die vermeintliche Sexbesessenheit des orientalischen Vorbilds erinnerte, die im Zeichen der Misogynie auch Katharina II. nachgesagt wurde, war höchstwahrscheinlich eine von Voltaire unbeabsichtigte Parallele.

Betrachtet man die Palast- und Schlossarchitektur der Zeit, so konnte man mit einem solchen Hängenden Garten bei Besuchern sicher Eindruck machen. Woher Jean-Baptiste-Michel Vallin de La Mothe Hängende Gärten kannte, ist unklar. Als Stipendiat der Académie de France à Rome kannte er wohl den Palazzetto des Palazzo Venezia und vielleicht auch noch andere Beispiele jenseits von Rom.

Der Umstand, dass der Museumskomplex über einen Garten verfügte, erwies sich für die Mitarbeiter und Mitarbeiterinnen des Museums während der langen und grausamen Belagerung Leningrads durch die deutsche Wehrmacht zwischen September 1941 und Januar 1944 als Glücksfall, denn sie konnten ihn als Gemüsegarten nutzen.[111] Zwar wurde auch in den Palasthöfen Gemüse angebaut, doch bot der Hängende Garten bessere Voraussetzungen. In den alten Zierbeeten der Romanows wurden anstelle der herausgerissenen Geißblatt- und Fliedersträucher nun Rote Beete, Kohl, Karotten, Spinat und Dill gepflanzt.

Schinkels Pläne für einen Hängenden Garten für Schloss Orianda

Bereits im Kapitel zur Bildgeschichte der Hängenden Gärten wurde kurz auf Karl Friedrich Schinkels letztes Bauprojekt verwiesen, das kaiserliche Schloss Orianda auf der Krim. Es steht in keiner zeitlichen, aber sehr wohl in einer thematischen Verbindung zu den Hängenden Gärten Babylons, denn Schinkel entwarf für Schloss Orianda eine auch für jene Zeit bemerkenswerte Symbiose aus Architektur und Garten. Das monumentale Projekt steht zudem im Zusammenhang mit Schinkels bildlicher Rekonstruktion der Villen nach den Beschreibungen Plinius des Jüngeren und mit seinen Planungen für einen Palast auf der Athener Akropolis. Diese Projekte eint ihr in jeder Hinsicht antikischer Geist, der sich in der weitgehenden Adaption antiker Baukunst ausdrückt. In Bezug auf das Orianda-Projekt spricht Schinkel von »rein griechische[r] Kunst«, die es jedoch funktional zu erneuern gelte: »Dieser ganz ideale Stil ist aber mit vielen neuen Lebensverhältnissen ganz direkt im Widerspruch, er musste also freilich vermittelnd modifiziert werden, und wie mir diese Aufgabe in dem vorliegenden Werke gelungen, muss ich dem gnädigsten Ermessen Ew. Kaiserlichen Majestät lediglich anheimgeben.«[112]

1837 berichtet Zarin Alexandra Feodorowna (Prinzessin Charlotte von Preußen), Tochter König Friedrich Wilhelms III. von Preußen, ihrem Bruder, Kronprinz Friedrich Wilhelm, von ihren Plänen, auf der Krim ein Sommerschloss in der Art von Schloss Charlottenhof errichten zu lassen. Damit tritt Karl Friedrich Schinkel, Architekt von Charlottenhof, auf den Plan und wird im Mai 1838 mit Entwürfen betraut.[113] Die postum in der Reihe *Werke der Höheren Baukunst zur Ausführung empfohlen* (1845–48) gedruckten Entwürfe sehen eine zweigeteilte Anlage vor: eine zum Hang stehende dreiteilige Baugruppe für die Hofverwaltung sowie einen monumentalen Palastkomplex, der sich um drei Seiten eines Säulenhofs gruppiert, in dessen Mitte ein monumentaler Baukörper emporragt. Der untere Teil bildet den Sockel eines aufgesetzten Tempelpavillons und sollte einem »Museum der Krimm und der Kaukasischen Provinzen« Platz bieten, während Schinkel für den verglasten aufgesetzten Pavillon keinen Zweck mitteilt.

Für den Säulenhof sieht Schinkel eine üppige Bepflanzung vor, die vom vorgelagerten Atrium sowie vom Peristyl aus zu geradezu unwirklichen, bühnenbildhaften Eindrücken führt. Legt man die publizierten Lithografien zugrunde, dann sollte der Hof mit hohen Bäumen bepflanzt werden, hinzu kamen Bassins und zahlreiche Fontänen. Der fensterlose Sockelbau wäre nahezu vollständig mit Bepflanzung verblendet worden, zumal auch die seitlichen Treppenrampen auf jedem Podest von insgesamt zehn Zypressen begleitet werden sollten.

Auf die Spitze getrieben wird die Durchdringung von Bepflanzung und Architektur auf dem obersten Plateau. Zu allen vier Seiten umgeben dicht gepflanzte Sträucher und Bäume einen Tempelpavillon mit verglaster Cella. Es handelt sich angesichts des Museumsunterbaus um einen regelrechten Hängenden Garten.[114] Auch wenn Schinkel es im Brief an die Zarin nicht anspricht, musste das Plateaudach so konstruiert werden, dass es rings um den Tempel Erdgräben aufnehmen konnte, die Schinkel

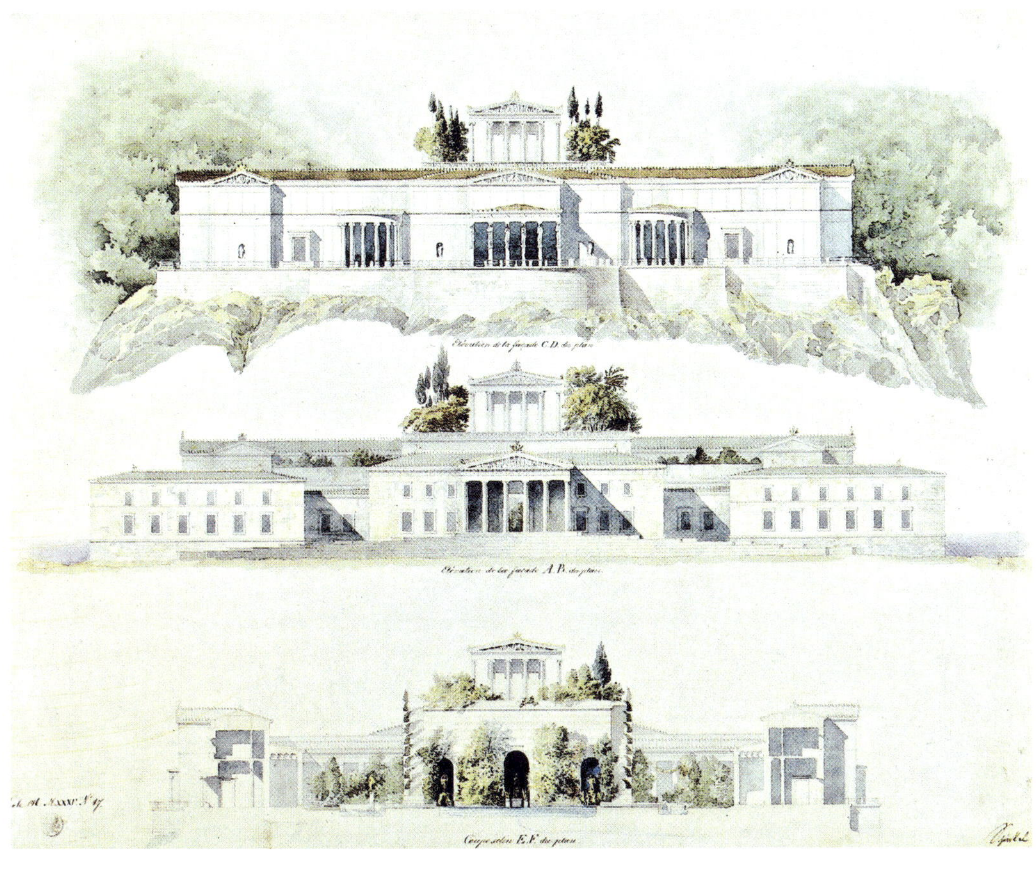

40
Karl Friedrich Schinkel, Entwurf für das Schloss Orianda auf der Krim

in einer Darstellung eigens thematisiert.[115] Aus ihr geht nicht hervor, wie das Problem der Abdichtung gelöst werden sollte.

Obgleich Schinkel seine Idealarchitektur aus der antiken Baukunst Griechenlands ableitet, standen ihm hinsichtlich der Begrünung wohl eher orientalische Modelle vor Augen. Die enge Verbindung von Architektur und Bepflanzung ist, gemessen an der Architektur der Zeit, außerordentlich und hätte sicher für den Fall einer Realisierung der Pläne, zu der es durch den Ausbruch des Krimkriegs nicht kam, eine erhebliche technische Herausforderung bedeutet.

5 *Semiramis und die Hängenden Gärten: Bewunderung und Misogynie*

Die antike Überlieferung und ihre Variationen im Mittelalter

Die sagenhafte Gestalt der Königin Semiramis, die wohl auf die assyrisch-babylonische Herrscherin Sammuramat (9. Jahrhundert v. Chr.) zurückgeht, wird als literarische Figur bereits in den antiken Texten ausgesprochen widersprüchlich angelegt. Die Charakterisierungen changieren zwischen durchsetzungsstarker, kluger, schöner Königin und grausamer, berechnender und wollüstiger Frau. Im Kern geht die Überlieferung auf die *Persika* des Ktesias von Knidos zurück, die Diodor später zur Grundlage seiner Semiramis-Passagen in der *Historischen Bibliothek* machte.[1] Daneben gibt es einen Überlieferungspfad, der auf Aussagen des römischen Geschichtsschreibers Marcus Iunianus Iustinus, kurz Justin, beruht. Zum Teil steht die Überlieferung zu Semiramis als Erbauerin der Hängenden Gärten isoliert von den Legenden zum Leben der Königin Semiramis. Wie wir bereits sehen konnten, erfolgte die auch bildmächtige Verbindung beider Teile in mittelalterlichen Buchilluminationen, wo zeitgenössische Autoren und Buchmaler unterschiedliche Diskursstränge miteinander verknüpften.

Im Mittelalter werden die widersprüchlichen Vorstellungen von der babylonischen Königin Semiramis von zahlreichen Autorinnen und Autoren tradiert, wobei sich diese Überlieferungen auf das heterogene Semiramis-Bild der antiken Texte berufen. Zur Auswahl standen das von Diodor geprägte Narrativ der begabten wie durchsetzungsfähigen, wenn auch lüsternen

Herrscherin und Bauherrin auf der einen sowie das von Justin bestimmte Bild der verschlagenen, wollüstig-inzestuösen und daher verdammungswürdigen Königin auf der anderen Seite. Die (männliche!) mittelalterliche Überlieferung berauschte sich zunächst am letzteren, misogynen Bild, etwa in Gestalt des spätantiken Theologen Paulus Orosius im späten 3. und frühen 4. Jahrhundert: »Diese Frau, brennend vor Begierde, durstig nach Blut, hurte und mordete unablässig. Sie tötete alle, die sie in ihrer Eigenschaft als Königin herbeigerufen, auf Dirnenart ausgehalten und mit Beischlaf erfreut hatte.«[2] Diese extrem negative Darstellung ergibt sich auch aus dem Charakter der Abhandlung, in der Orosius über Semiramis berichtet: eine christliche Geschichte der heidnischen Götter und ihrer Laster.

Noch im 13. und 14. Jahrhundert erscheint Semiramis in der auch in Italien weit verbreiteten *Histoire ancienne jusqu'à César* als die »boshafteste Königin, die es je gab«.[3] Dante Alighieri platziert Semiramis in der *Göttlichen Komödie* in der Hölle. Er ordnet sie im Fünften Gesang den Lastern des Unmaßes und der Fleischeslust zu: »Machtvolle Kaiserin in alten Tagen: / Ihr Herz war so von geiler Gier durchdrungen, / Dass sie, zu decken ihres Lasters Schande, / In ihren Dienst sogar das Recht gedungen – / Semiramis«.[4] Francesco Petrarca rechnet Semiramis zwar zu den mutigen Regentinnen, betrachtet sie jedoch als »Gefangene der Liebe«.[5] Giovanni Boccaccio schließlich lobt zwar ihre weise Regentschaft, die damit begonnen habe, dass sie sich nach dem Tod ihres Mannes als ihr eigener Sohn ausgab, den sie noch für zu jung zum Regieren hielt. Babylon habe sie aufgebaut und ein tugendsames Leben geführt, ehe sie jedoch mit ihrem Sohn in ein inzestuöses Verhältnis trat – »Denn wie alle Frauen brannte sie ständig in Gier und Geilheit, teilte mit mehr als einem Mann das Bett«.[6]

Heldin und weibliches Role Model

Als Heldin rangiert Semiramis seit dem 14. Jahrhundert unter den sogenannten *Neuf Preuses*, einer Heldinnengalerie, die in Anlehnung an einen Kanon neun männlicher Helden entstand.

Letzteren hatte der französische Autor Jacques de Longuyon um 1310 in seinem Roman *Les vœux du paon* (Die Schwüre des Pfaus) erstmals zusammengestellt.[7] Die illustre Versammlung von Männern, die in der Weltgeschichte dank ihrer militärischen Stärke, Tapferkeit und Tugend eine herausragende Rolle gespielt hätten, etablierte ein anschauliches Geschichtsbild, das vom Alten Testament bis ins Mittelalter reichte. Das Prinzip personalisiert die Dreiteilung der Geschichte in eine biblische Überlieferung (David, Josua, Judas Makkabäus), eine heidnisch-antike Geschichte (Alexander der Große, Hektor, Caesar) und die jüngere christliche Vergangenheit (Gottfried von Bouillon, König Arthur, Karl der Große).

Davon setzen sich die *Neuf Preuses*, die Neun Heldinnen, insofern ab, als es zwar bei der Anzahl bleibt, die Vertreterinnen aber keine Universalgeschichte mehr repräsentieren. Vielmehr handelt es sich um legendäre Figuren, die alle auf antike Traditionen zurückgehen. Dazu gehören Deipyle, Sinope (eine Amazonenkönigin), Hippolyte und Menalyppe (Heerführerinnen der Amazonen), Lampeto (Königin der Amazonen), Tomyris (Königin der Skythen), Teuta (Königin Illyriens), Penthesilea, eine weitere Amazonenkönigin, sowie Semiramis.

Semiramis war unter den Neun Heldinnen diejenige, zu der das meiste historische Material vorlag, sodass mittelalterliche Autoren entscheiden konnten, welcher Überlieferung sie den Vorzug gaben und wie sie die Figur charakterisierten. In Jean Le Fèfres *Livre de Leësce* (Buch der Lëesce/Freude), entstanden zwischen 1373 und 1387, tritt Semiramis beispielsweise als mutige Herrscherin auf, von der die Geschichte erzählt wird, sie habe mit unfertiger Frisur das Schwert ergriffen, um die Feinde Babylons zu besiegen.[8] Diese Legende der mit nur zur Hälfte geflochtenen Haaren wagemutig in den Kampf ziehenden Semiramis wird, wie zu sehen sein wird, von nun an bis ins 19. Jahrhundert zum Standardnarrativ und charakteristischen Bild einer entschlussstarken und wenig zimperlichen Königin. Die Begebenheit geht auf eine Erzählung des Valerius Maximus zurück[9] und taucht auch in der ausführlichen Darstellung der Semiramis in

Christine de Pizans *Livre de la Cité des Dames (Buch der Stadt der Frauen)* auf.

Christine de Pizan leitet mit ihrem um 1400 entstandenen Frauenbuch entschlossen einen Paradigmenwechsel in der literarischen Würdigung von Frauen ein. Die Reihe der von ihr hervorgehobenen Frauen beginnt mit Semiramis, der sie sich wohl besonders verpflichtet fühlte. Bereits mit den ersten Worten wird das bis dahin herrschende Semiramis-Bild vollständig negiert: »Semiramis war eine herausragende Frau, was die Tapferkeit und Stärke ihres Herzens bei ihren Taten angeht, zudem erfahren im Waffenhandwerk.«[10] Christine de Pizan würdigt Semiramis auch als Bauherrin: »Diese Königin gründete und erbaute erneut mehrere Städte und Befestigungen, vollbrachte eine Reihe anderer großer Taten und so vieles, daß von keinem Mann jemals größere Kühnheit oder erstaunlichere, der Erinnerung würdigere Leistungen überliefert worden wären.«[11] Obzwar von den unter Semiramis errichteten Wunderwerken, etwa den Hängenden Gärten, im Text nicht explizit die Rede ist, lässt sich diese Passage in diesem Kontext lesen.

Hier kommt es gleichsam zu einer Neukodierung der Erinnerung an Semiramis. Pizans mit wenigen Abstrichen positives Bild bildet die Basis dafür, dass Semiramis Aufnahme fand in die spätmittelalterliche Heilsspiegelliteratur und, wie wir bereits sehen konnten, im Bildtypus der in einem Hängenden Garten sinnierenden Königin inszeniert wurde.

41
Castello La Manta, Semiramis unter den Neun Heldinnen

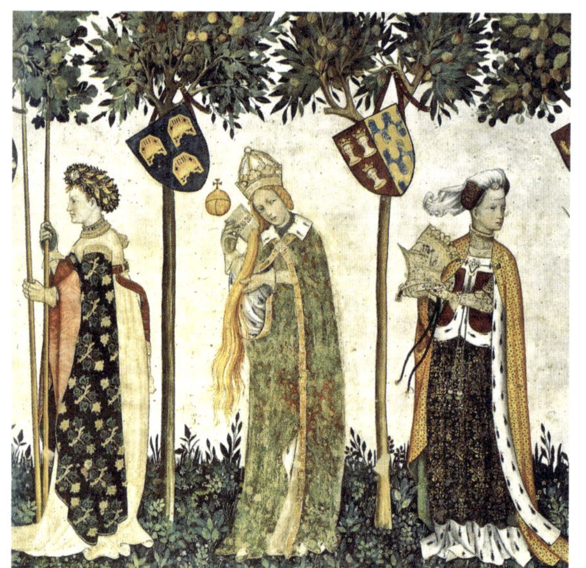

Die einzige erhaltene monumentale mittelalterliche Darstellung der Semiramis unter den Neun Heldinnen befindet sich im ligurischen Castello La Manta.[12] In der Sala baronale hat sich ein eindrucksvoller Zyklus mit einer Helden- und Heldinnenfolge aus der Zeit um 1420 erhalten. Er geht auf die Romanze *Le Chevalier Errant* (Der wandernde Ritter) von Tommaso III. di Saluzzo zurück, dessen Sohn die Malerei in Auftrag gab.[13] Im oberen Teil der Wand wurden je Neun Helden und Neun Heldinnen arrangiert, deren serielle Darstellungen nur wenig Raum für die Betonung individueller Eigenarten bot. Mit Semiramis jedoch wird ein Motiv verbildlicht, das neben Jean Le Fèfre auch Christine de Pizan aufgegriffen hatte – und das zum Standardbild der Semiramis gerinnen sollte. Ihr Haupt mit einer Krone standesgemäß geschmückt, ist nur zu einer Hälfte frisiert: Auf der linken Seite ist das Haar zum kurzen Zopf geflochten; mit einem Kamm in der rechten Hand kämmt sie das lang herabhängende Haar auf der anderen. Die Szene wirkt wie ein Zitat, denn die Statuarik der Figur konterkariert geradezu die Dynamik der Erzählung von der Königin, die sich hastig ins Kampfgetümmel stürzt.

Die frühneuzeitliche und moderne Bildtradition

Neben der im Heilsspiegel vorgenommenen Verortung der Königin Semiramis in einem Hängenden Garten und unter den Neun Heldinnen beschränkt sich die Ikonografie der Semiramis in der Malerei der Frühen Neuzeit auf wenige Motive.[14] Die Hängenden Gärten oder andere Bauwerke Babylons spielen dabei zunächst keine Rolle. Dies ist insofern interessant, als spätestens seit Maarten van Heemskercks Bildrekonstruktion die Hängenden Gärten stets mit dem Namen der Semiramis verbunden waren. Die Bilder schildern Semiramis weniger als Bauherrin denn als Vorbild an Tugendhaftigkeit. Auch dies ist angesichts der Überlieferungsgeschichte überraschend. Noch mehr gibt das eben angesprochene, am häufigsten gemalte Motiv zu denken, das Semiramis beim Empfang der Nachricht von einem Aufstand in Babylon zeigt. Die spontan und entschlossen reagierende Semiramis mag für Auftraggeberinnen und Auftraggeber in der Frühen Neuzeit ein Vorbild für den Mut und die Leidenschaft einer Herrscherin gewesen sein. Aber die Darstellung der Königin mit halbfertiger Frisur wirft auch ein Licht auf die Repräsentationsansprüche, denen Regentinnen zu genügen hatten. So verstärkt das noch ungeflochtene Haar, manchmal ist es auch der nicht aufgesetzte Helm, den Eindruck einer rationalen wie irrationalen Affekthandlung. Einerseits wird der Verteidigungswille als derart ausgeprägt beschrieben, dass selbst königliche Kleidungs- und Frisiernormen hintanstehen mussten. Andererseits schwingt damit aber auch eine negative Konnotation des Affektes mit, die Unüberlegtheit, die buchstäbliche Sprunghaftigkeit.

Neben zahlreichen Einzeldarstellungen steht das Bild der babylonischen Königin auch weiterhin im Rahmen von Heldinnenzyklen. Ein prominentes Beispiel ist das großformatige Gemälde von Matteo Rosselli, das gemeinsam mit einer Darstellung der Artemisia, der Sophonisbe und der Lukrezia in der Medici-Villa Poggio Imperiale hing.[15] Das 1624 für Erzherzogin Maria Magdalena angefertigte Gemälde war Teil eines Bildprogramms im großen Saal der Villa.[16] Das Bild zeigt die vom Toilettentisch aufspringende, bereits zum Schwert greifende Semiramis. Der unfertige Teil der Frisur unterstreicht als wehendes Haar die affektgeladene Dynamik. Die entschlossene und zum Kampf bereite Semiramis verweist im Reigen der anderen Heldinnen – antiken wie modernen, heidnischen wie christlichen – auf einen Aspekt aus dem Katalog weiblicher Herrschaftstugenden und schließt damit unmittelbar an die Ikonografie der *Neuf Preuses* an.

42
Christian Bernhard Rode, *Semiramis Armata*, 1774

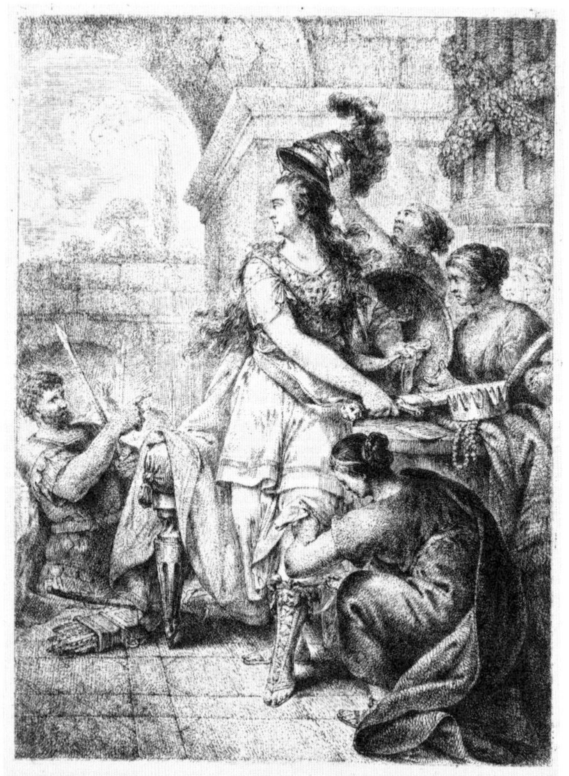

In den zwanziger Jahren des 17. Jahrhunderts finden sich zahlreiche ähnliche Darstellungen. Zu nennen sind Gemälde von Pietro da Cortona (*Der Schwur der Semiramis*, 1623/24, Oxford, Ashmolean Museum),[17] Guercino (*Semiramis erhält die Nachricht vom Aufstand*, 1623, Boston, Museum of Fine Arts)[18] oder Pietro della Vecchia (*Semiramis wird zu den Waffen gerufen*, 1626/30, Museumslandschaft Hessen Kassel, Gemäldegalerie).[19]

Als thematische Ausnahme ist ein Gemälde Guido Renis zu bewerten, das den Titel *Ninus übergibt der Semiramis seine Krone* trägt und etwa 1625/26 entstand.[20] Als ikonografische Grundlage kommen Diodor und Strabon in Frage, die Ninus als babylonischen Herrscher schildern, der den Mut und die Schönheit der Semiramis bewunderte, sie zu seiner Frau und damit zur Königin von Babylon machte. Ausgeblendet wird, dass der König seine Frau einem Offizier ausspannte, der daraufhin Selbstmord beging. Das Bild variierte die bekannte Charakterisierung: Wagemut und Schönheit bieten demnach Frauen beste Heiratsvoraussetzungen, wobei der Gestus des Königs, der der Frau seine Krone überlässt, auch eine Umkehrung der Rangfolge andeutet. Das Gemälde ging im Zweiten Weltkrieg verloren, doch haben sich zahlreiche Nachstiche erhalten.

In der Mitte des 18. Jahrhundert folgt Anton Raphael Mengs mit seinem Gemälde *Semiramis erhält die Nachricht vom babylonischen Aufstand* (1755, Bayreuth, Neues Schloss) der tradierten Ikonografie.[21] Neuartig ist, dass Mengs den Blick des Betrachters in die rechte obere Bildecke auf eine mit Bäumen bepflanzte Substruktion abseits des Geschehens lenkt, in der wir wohl die Hängenden Gärten Babylons vermuten können. Im Zeichen des aufziehenden Klassizismus werden solche pseudoarchäologischen Relikte wieder wichtige Referenzen. Auch Christian Bernhard Rode, der um 1774 eine Radierung mit der Titelinschrift *Semiramis Armata* anfertigte,[22] thematisiert die durch einen Torborgen sichtbaren Hängenden Gärten. Damit schließt sich ein ikonografischer Kreis, in dem einmal mehr Elemente aus unterschiedlichen Überlieferungen miteinander verbunden werden.

Christian Köhler, ein Repräsentant der Düsseldorfer Malerschule, verbildlicht ebenfalls die heroische Geschichte der spontan zur Waffe greifenden Königin in seinem 1852 entstandenen Berliner Semiramis-Gemälde.[23] Der Blick wird durch ein Fenster auf Kriegsgetümmel geleitet, wobei im Hintergrund zur Charakterisierung Babylons unterhalb des hochaufragenden Turms die auf Säulensubstruktionen ruhenden Hängenden Gärten dargestellt wurden. In der Häufung von Semiramis-Darstellungen in Verbindung mit Hängenden Gärten äußert sich vermutlich eine neue Erwartungshaltung zeitgenössischer Betrachtender, die den biblischen Turmbau und die Hängenden Gärten aus der mittlerweile recht populären Weltwunderliste zu den Grundelementen des Babylon-Bildes zählten.

Nicht weniger heroisierend, aber thematisch verändert legte Edgar Degas sein um 1860 angefertigtes Gemälde *Semiramis erbaut Babylon* an. Semiramis wird hier wieder als Bauherrin präsentiert und demgemäß bildsprachlich mit der Stadt und ihren Monumenten in Beziehung gesetzt.[24] Degas belässt es jedoch bei schemenhaften Andeutungen, unter die auch die Existenz der Hängenden Gärten gerechnet werden muss. Semiramis blickt, begleitet von Gefolge und Gespann, von einer hochgelegenen Terrasse aus über den Euphrat auf Babylon. In der Baumgruppe hinter ihrer Entourage deuten sich die hochgelegenen Gärten an. Die würdevolle Haltung der Königin scheint Degas' Faszination an weiblicher Herrschaft zum Ausdruck zu bringen, die über den durch Babylon repräsentierten Orient in eine Art Traumbild findet. Das Gespann sowie der Kopfschmuck der Königin verdanken sich der Kenntnis der ersten aus Assyrien stammenden Artefakte im Pariser Louvre.[25]

Semiramis als Sujet im Theater, in der Oper, in der Literatur und im Film

Der Semiramis-Stoff avancierte besonders in der Oper des 18. und 19. Jahrhunderts zu einem beliebten Thema. Verschiedene literarische Darstellungen boten sich für die Übertragung in Libretti an. 1593 hatte Muzio Manfredi mit der Tragödie *La Semiramis* den Stoff der babylonischen Königin erstmals bearbeitet, der wenig später von der Komponistin Ippolita Della Penna vertont wurde. Auch in Frankreich und Spanien wurde der Stoff mehrfach adaptiert, am wirkungsvollsten 1653 mit Pedro Calderón de la Barcas *La hija del aire* (Die Tochter der Luft). Calderóns Schauspiel wurde noch im 19. Jahrhundert als aktuell und relevant genug betrachtet, um es ins Deutsche zu übersetzen, unter anderem 1839 durch Karl Leberecht Immermann in Düsseldorf. 1992 bearbeitete Hans Magnus Enzensberger das Calderón-Thema unter dem Titel *Die Tochter der Luft*.[26]

Bei der Vertonung des Stoffes folgt Francesco Paolo Sacratis mit der 1648 verfassten Oper *Semiramide in India*, ehe Pietro Metastasio (eigentlich: Pietro Antonio Domenico Bonaventura Trapassi) 1729 das von zahlreichen Komponisten noch bis ins 19. Jahrhundert vertonte Libretto *Semiramide riconosciuta* schrieb. Die Liste der den Stoff für das Musiktheater bearbeitenden Komponisten reicht von Leonardo Vinci (1729) über Johann Adolph Hasse (1744), Christoph Willibald Gluck (1748), Giuseppe Sarti (1762), Josef Mysliveček (1766) und Antonio Salieri (1782) bis zu Giacomo Meyerbeer (1819).[27] Dass der Stoff mit Blick auf weibliche Herrschaftsansprüche immer noch brisant war, belegen die Adaptionen unter Kaiserin Maria Theresia. Zunächst wurde das Metastasio-Libretto im Rahmen der Krönungszeremonie 1743 aufgeführt, ehe die Kaiserin Christoph Willibald Gluck den Auftrag zu einer Neuvertonung erteilte, mit der sie das Ende des Österreichischen Erbfolgekriegs – in dem es eben auch um die Legitimität weiblicher Thronansprüche ging – im Frieden von Aachen feierte.[28]

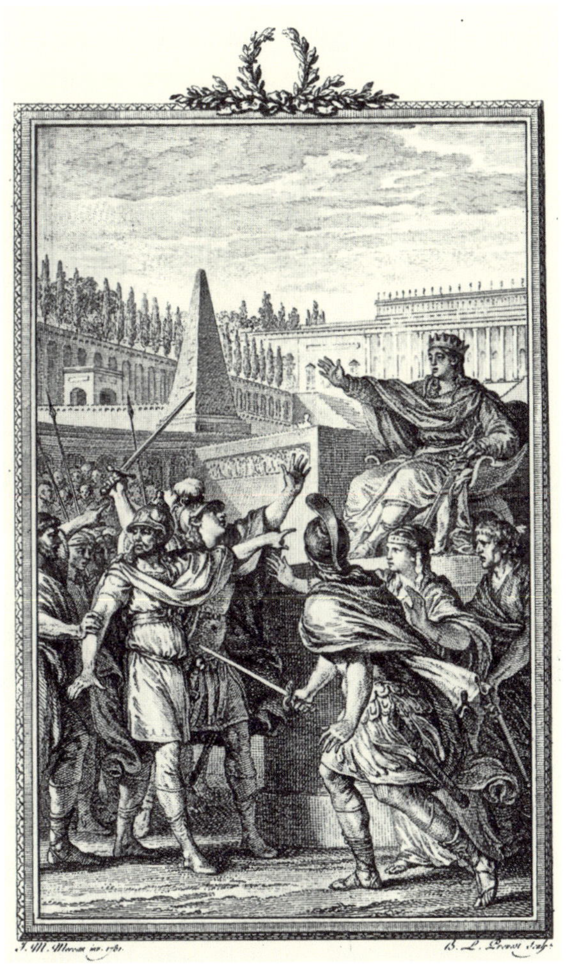

43
Frontispiz des Librettos von Metastasios *Semiramide riconosciuta* (Bildtitel: Der Betrug wird entdeckt; das Reich wird von einer Frau regiert), 1780

Metastasios Handlung setzt nach dem Mord des Königs Ninos durch seine Gattin Semiramis und ihren Liebhaber Assur ein. Statt Assur will Semiramis in der Folge Arsaces ehelichen, ohne davon zu wissen, dass es sich dabei eigentlich um ihren ebenfalls Ninos genannten Sohn handelt – den legitimen Herrscher. Dieser rächt schließlich den Mord an seinem Vater und tötet dabei versehentlich auch seine Mutter. Handlungsort der Oper sind neben den Palästen Babylons auch die Gärten, die in den Regieanweisungen der Libretti explizit als Schauplatz aufgeführt werden, wie etwa im ersten Auftritt des Dritten Aufzugs: »Ein Feld an dem Ufer des Euphrats mit Schiffen, welche angezündet sind. Mauren [sic] der königlichen Gärten zu einer Seite mit eröffneten Gegittern [sic].«[29]

Die Gärten werden nicht als »Hängende Gärten« bezeichnet, was sich jedoch analog zur Darstellungsgeschichte der Semiramis in der Malerei im Zeichen von Aufklärung und Klassizismus bald ändern sollte. Die berühmteste Adaption des Stoffes stammt von keinem Geringeren als Gioacchino Rossini. Seiner Oper *Semiramide* (1823) liegt ein Libretto von Gaetano Rossi zugrunde, das wiederum auf der 1748 verfassten gleichnamigen Tragödie Voltaires beruht. Wie seine Vorgänger setzt auch Voltaire auf die Imagination Babylons als prachtvoller Stadt, zudem verweist er in der Rede des Arsaces konkret auf die Hängenden Gärten, wenn er folgende Beschreibung an den Anfang stellt:

> *Wie glänzend kann der Ort durch seine Fürstin seyn! / Wie prächtig drückt sie ihm des Geistes Grösse ein! / Durch welche Künste sieht man diese Mauren [sic] schließen! / Wo Wasser zum Tribut vom Euphrat sich ergiessen. / Den Tempel hier, und dort die Gärten in der Luft! / Dies Grabmal seltner Art! des grossen Ninus Gruft! / Denkmäler, die an Pracht doch nie der Fürstin gleichen! / Hier werd ich ehrfurchtsvoll bald ihren Thron erreichen.*[30]

Diesen expliziten und erklärenden Hinweis auf die Hängenden Gärten Babylons als Denkmal der Semiramis übernahm Rossi nicht in sein Libretto, doch spielen die Gärten auch bei ihm ihre Rolle. In der neunten Szene des ersten Aktes bilden sie den Schauplatz des Geschehens. Die Regieanweisung im Text verortet Semiramis in einem blühenden Berceau (frz. für »berankte Laube«), das sich in den Hängenden Gärten *(giardini pensili)* befindet.

So marginal diese Erwähnung anmutet, der Umstand, dass das internationale Opernpublikum seit der Uraufführung von Rossinis *Semiramide* am 3. Februar 1823 im Teatro La Fenice in Venedig mit dem Schauplatz der Hängenden Gärten in Babylon vertraut gemacht wurde, ließ das Wissen über die Hängenden Gärten zu einem weit verbreiteten Bildungs- und Unterhaltungsgut werden. Dass sich dadurch auch falsche Vorstellungen davon popularisierten, was Hängende Gärten ausmacht, lässt sich noch in jüngster Zeit beobachten: Im Rossini-Jahr 2018 agierte Semiramis in der Aufführung des Teatro La Fenice in Venedig vor üppig bepflanzten hängenden Blumentöpfen.[31]

Auf der Basis von Voltaires Drama und einem Libretto von Giampietro Tagliazucchi komponierte auch der preußische Kapellmeister Carl Heinrich Graun im Auftrag des preußischen Königs Friedrich II. eine Semiramis-Oper, die am 27. März 1754 in der Berliner Hofoper uraufgeführt wurde, was die Beliebtheit und Verbreitung des Stoffes andeutet.[32]

Die Hängenden Gärten Babylons gehören zudem zur Szenografie in einer weiteren, hochberühmten Oper – in Giuseppe Verdis *Nabucodonosor (Nabucco)*, die am 9. März 1842 in der Mailänder Scala ihre Uraufführung erlebte.[33] Der Stoff verhandelt die in der Bibel geschilderte Gefangenschaft der Hebräer in Babylon, wird jedoch dargeboten als Beziehungsdrama zwischen Nabucodonosor, seinen Töchter Abigaille und Fenena, dem Hohepriester Zaccaria und Ismaele, dem Neffen des Königs von Jerusalem. Auch in dieser Oper spielen die in Babylon verorteten Szenen unter anderem in den Hängenden Gärten, die sich auf diese Weise erneut als Element der Babylon-Ikonografie etablierten und zur Wiedererkennbarkeit der Stadt am Euphrat beitrugen.

Einerseits waren die Imaginationen der Hängenden Gärten im späten 19. Jahrhundert von den ersten in Europa präsentierten archäologischen Funden bestimmt, andererseits führte das Faszinosum der Hängenden Gärten und dessen, was man darunter verstand, auch weiterhin ein phantastisch-imaginatives Eigenleben.

Für Stefan George, der einen 1893/94 entstandenen Gedicht-Zyklus unter den Titel *Das Buch der hängenden Gärten* stellte (dessen Gedichte 1908/09 von Arnold Schönberg als op. 15 vertont wurden), ist Babylon der Ort einer heimlichen Liebe, die das Weltwunder nur vage in Erinnerung ruft.[34] Obgleich George in einer Vorbemerkung jedes historiografische Interesse negiert und die Gedichte lediglich als »spiegelungen einer seele die vorübergehend in andere zeiten und örtlichkeiten geflohen ist« verstanden wissen will, nimmt er an einer Stelle Bezug auf das babylonische Gartenbauwerk. So setzt das elfte Gedicht mit folgenden Worten ein: »Unterm schutz von dichten blättergründen / Wo von sternen feine flocken schneien / Sachte stimmen ihre leiden künden / Fabeltiere aus den braunen schlünden / Strahlen in die marmorbecken speien / [...] Hain in diesen paradiesen / Wechselt ab mit blütenwiesen / Hallen – buntbemalten fliesen«.[35]

Dank eines virulenten Orientalismus um 1900 blieb das Semiramis-Thema auch in der Moderne beliebt und wurde von hochkarätigen Musikern und Literaten aufgegriffen: Ottorino Respighi widmete ihm die Oper *Semirâma* (1908/10), Paul Heyse verfasste die Tragödie *Die Tochter der Semiramis,* Hugo von Hofmannsthal mühte sich 15 Jahre lang (vergeblich) mit der Niederschrift eines Dramas ab, das Richard Strauss gerne vertont hätte. Paul Valéry und Arthur Honegger wiederum schufen 1934 mit *Sémiramis* ein pantomimisches Ballett für die schillernde Ida Rubinstein – und einmal mehr wurde die Figur der babylonischen Königin mit dem selbstbewussten Anspruch auf weibliche Autonomie verknüpft.[36]

Erst Hans Magnus Enzensbergers Drama *Tochter der Luft* (1992) befreite das Thema der Semiramis aus seinem historischen Bezugsrahmen. In den Anweisungen heißt es: »Zeit: weder Altertum noch Neuzeit [...] Ort: Ninive und Babylon sind vollkommen imaginäre Schauplätze ohne historische Konnotation.

Bühne: Minimale Mittel, keine festen Bauten, Zeltarchitektur aus unruhig wehenden Tüchern.«[37]

Wohl nicht ganz unabhängig vom Babylon-Boom nach 1900 – und verstärkt noch einmal um 1930 nach der Präsentation des Ischtar-Tors und der Prozessionsstraße im Pergamonmuseum in Berlin – gehört die mythische babylonische Königin Semiramis auch im 20. Jahrhundert zu den vielfach bearbeiteten literarischen Stoffen. Nach Oper und Theater entdeckte nun die Prosaliteratur das Thema, wobei die letzte Konjunktur, die auch Kinoadaptionen nach sich zog, in den 1950er Jahren zu verzeichnen war. Zumeist wird der Stoff von den Autoren und sehr selten auch Autorinnen psychologisierend zwischen den Motiven weibliche Macht, Verführung und Wollust angesiedelt. Um die Frage der Zuschreibung von Bauwerken wie den Hängenden Gärten geht es zwar nicht, doch spielen die Szenen analog zur Oper beständig in Gartenarchitekturen, wie sie die antike Überlieferung als Hängende Gärten schildert. Drei Beispiele:

Der zu Lebzeiten berühmte Berliner Schriftsteller Peter Hille nimmt in seinem 1902 veröffentlichten und im Übrigen anspruchsvoll illustrierten Semiramis-Buch mehrfach Bezug auf die babylonischen Paläste und ihre Gärten: »Oben auf dem letzten, von Kletterrosen überrankten Absatz ihrer steigenden Gärten ladet ein Lusthaus ein. [...] Und diese duftend strotzenden Gärten sollten emporführen bis zu jenem Lusthaus, da sie selbst blühen wollte, mit immer erneutem Blütenwuchs emporflammen«.[38] Einerseits sollen solche Beschreibungen die Stadt in ein orientalisches Licht tauchen, andererseits bildet die beschriebene Pracht den Gegensatz zur sozialen Degenerierung, in diesem Falle des Sohnes Ninyas.

Die Österreicherin Alice Gurschner, die unter dem Pseudonym Paul Althof publizierte, veröffentliche 1914 *Semiramis. Ein Märchen für Könige* – eine anekdotische Sammlung von Erzählungen rund um die Figur der Semiramis. Gurschner imaginiert die Stadt am Fluss auf der Basis der antiken und neuzeitlichen Überlieferungen in einem märchenhaft-romantischen Ton: »Auf den Dächern des Palastes, den Euphrat überschauend, lagen in

Sommerblüte die Gärten der Königin. Edle Bäume und Sträucher aus Wald- und Bergländern waren dahin verpflanzt worden. Durch Laubgänge von blauen Blütendolden ließ sie sich zu einer Ruhebank tragen, wo zwei steinerne Löwen unter einem Geriesel windbewegter Rosenranken schliefen.«[39]

Eine moralisierende Konstellation bestimmt zuletzt Victor Waldaus Roman *Semiramis* aus dem Jahr 1957, dessen Untertitel – *Herrscherin im sündhaften Babylon* – die Perspektive unmissverständlich vorgibt. Überhaupt vermag Waldau die historischen Umstände mit Sinn für konkrete Informationen zu imaginieren, wenn er seinen Text wie folgt beginnen lässt: »Der Sommer des Jahres 821 vor Christi Geburt war heiß und trocken.«[40] Die üppige Pracht der Gärten beschreibt eine ihren »natürlichen« Trieben nachgehende Gesellschaft: »Die Leibwache lag in den Palastgärten, trank den vom König spendierten Wein und trieb ihren Spaß mit den leichtbekleideten Mädchen, die man sonst nur in den berüchtigten Schifferherbergen am Euphrat fand.«[41] Die Agonie wird ausgerechnet durch die machtbewusste Semiramis beendet, die Babylon eine sieben Jahre währende glänzende Zeit beschert. Am Ende wird zwar auch die Königin Opfer ihrer Triebe, doch die Entführung des Thronfolgers lässt sie zur Besinnung kommen und schließlich ein glückliches Leben vollenden. Die Hängenden Gärten gibt sie in Auftrag, und der Erzähler lässt es sich nicht nehmen, deren weltgeschichtliche Bedeutung herauszustellen: »Ihre Hände zeichneten die Umrisse der Paläste nach. Es waren mächtige Säulen, die riesige Dächer trugen. Auf diesen Dächern lagen Gärten, in denen die seltensten Bäume und Pflanzen der Erde zu finden waren. [...] Semiramis wusste noch nicht, dass die Menschheit ihr Bauvorhaben später einmal zu den sieben Weltwundern zählen würde. Sie wusste in diesem Augenblick nicht, dass man noch nach Jahrhunderten von den ›Hängenden Gärten der Semiramis‹ sprechen würde.«[42]

So umfassend und langanhaltend die literarische Beschäftigung mit dem Semiramis-Stoff war, lassen sich nur zwei nennenswerte filmische Adaptionen verzeichnen, die zudem eigene erzählerische Schwerpunkte setzten. Den Anfang machte *La Corti-*

giana Di Babilonia (Die Kurtisane von Babylon) in der Regie von Carlo Ludovico Bragaglia aus dem Jahr 1954. Bereits der Titel wirft ein gewisses Licht auf die Art und Weise, wie (a-)historisch der Stoff umgesetzt wurde. Dies gilt auch für den zweiten, 1964 aufgeführten Film *Sklaven der Semiramis* in der Regie von Primo Zeglio, wobei der italienische Originaltitel *Io, Semiramide* (Ich, Semiramis) weniger reißerisch klingt. Die Plots dieser Sandalenfilme gleichen sich: Semiramis, eine ehemalige Sklavin, erwirbt die Gunst eines Königs und steigt zur Königin auf. Sie gerät auch wegen ihrer Verbindung zu einem fremden Fürsten ins Ränkespiel der politischen Machenschaften, weiß sich zu behaupten und entscheidet sich für den aufständischen Fürsten der Chaldäer, den sie beziehungsweise der sie befreit. Zumindest bei Zeglio wird sie auch als Bauherrin von Babylon in Szene gesetzt, doch ist die Story derart abstrus, dass ein historisches Interesse ohnehin nicht befriedigt wird.

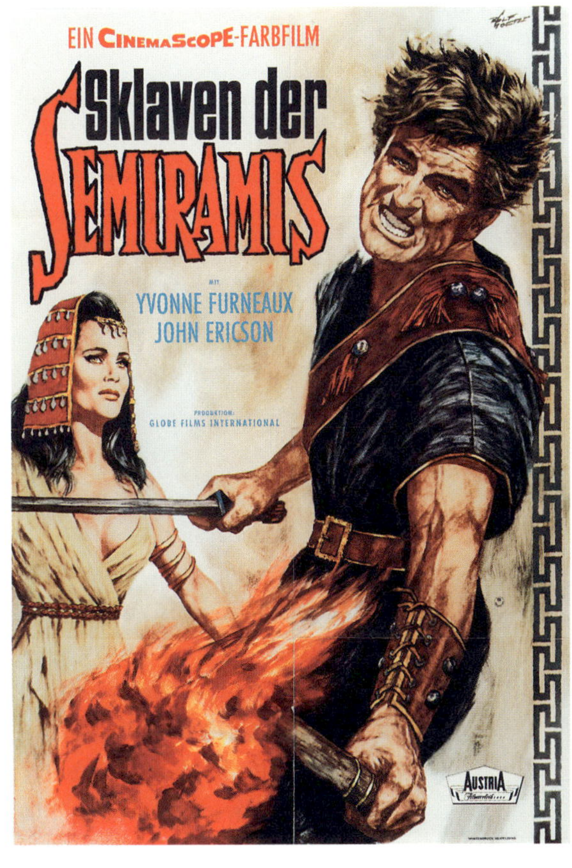

44
Kinoplakat *Sklaven der Semiramis*, 1964

6 *Babylon 1900 – die archäologische Rekonstruktion der Hängenden Gärten*

Die Wiederaneignung Babylons

Als Austen Henry Layard, der archäologische Entdecker der assyrischen Hauptstadt Ninive, im Oktober 1850 nach Babylon reiste, zeichnete er ein geradezu symbolisches Bild vom ruinösen Zustand der einstigen Weltstadt:

> *Nachdem wir einige Stunden geritten waren, erblickten wir gegen Süden einen ungestalteten Hügel. Als wir näher kamen, erkannten wir an seinem flachen tafelförmigen Gipfel und den senkrecht abfallenden Seiten, die sich plötzlich aus der alluvialen Ebene erheben, dass er seine Entstehung menschlichen Händen verdanke, und nicht eine natürliche Erhöhung sei. Zuletzt konnten wir ringsherum grosse Eindämmungen unterscheiden, die Ueberreste von Mauern und Kanälen. Nach und nach, als die Karawane weiter vorrückte, nahm die Ruine eine bestimmtere Gestalt an. Es war der Hügel Babel [...]*[1]

Layard, ein erfahrener Archäologe, leitete aus der Hügelgestalt eine Bauform ab, die er angesichts der Ziegelüberreste als Terrassen »mit breiten Treppen oder lehnangehenden Wegen« erkannte, wofür er auf die Beschreibungen Diodors verweisen konnte. »Die Aufgänge zu den verschiedenen Terrassen der schwebenden Gärten, sagt er [Diodor], glichen den Stufen eines Theaters.«[2]

Die beiden kurzen Zitate verdeutlichen, wie auch Archäologen des 19. Jahrhunderts ihre Beobachtungen an historischen Texten ausrichteten, die ja wie im Falle Diodors selbst auch nur

Textwissen tradierten. Das allen Expeditionen und späteren Grabungen zugrundeliegende Muster bestand im Besonderen darin, das aufzufinden, was in den antiken Texten niedergelegt war. Niemand reiste nach Babylon, ohne nicht Diodor, Strabon, Herodot oder andere Autoren gelesen zu haben. Erst durch diese war das längst im Wüstenstaub versunkene Babylon zu einem relevanten Reise- und Grabungsziel geworden.

Bereits der italienische Gelehrte Pietro della Valle hatte auf seiner Orientreise zwischen 1614 und 1626 Babylon besucht und in seiner auch ins Deutsche übertragenen Reisebeschreibung dokumentiert. Ihm boten ebenfalls die Texte Herodots und nicht zuletzt die Bibel-Überlieferung maßgebliche Orientierung, was dazu führte, dass er von der Dürftigkeit der von ihm besichtigten Reste erschüttert war. Della Valle kann zwar die Ruine des babylonischen Turm erklimmen, muss aber konstatieren: »Hierbey ist anzumercken / daß von dem Fuß dieses Bergs an / und weiters / ausser diesen Stein-Hauffen / nicht daß geringste Wahrzeichen irgendswo zu finden / daran man erkennen könte / daß eine so grosse Stadt daselbst gestanden«.[3] Mit großem Interesse untersucht er die Steine, die er für getrockneten und gebrannten Ton hält, und kann den Verbund mit Leim, Harz und Stroh erkennen. Für den Einsatz von Harz und Stroh kann er sich auf Justin berufen, der dies als typische Bauweise unter Semiramis schilderte, ebenso bezeugt die Bibel das hohe Alter dieser Technik. Obgleich er Semiramis erwähnt, vermeidet es Pietro della Valle, nach Überresten der Hängenden Gärten zu suchen.[4]

Eine mehr oder weniger systematische Erforschung Babylons setzte erst 1811 mit Claudius James Rich ein, der die Beschreibung seiner Expedition 1839 publizierte. Auch sein Bild von Babylon war von der antiken Textüberlieferung bestimmt. Ausführlich schildert er die Gestalt der Hängenden Gärten, kann ihnen aber keinen spezifischen Ort zuweisen.[5] Allerdings gelingt es ihm zum einen erstmals, die ruinösen Reste der Stadt systematisch zu erfassen, zum anderen weckte er durch seine Beschreibung das Interesse der gelehrten Welt. Allerdings stand Babylon angesichts seiner Zerstörung lange im Schatten der assyrischen

Grabungsstätten, um deren Wiederentdeckung sich der bereits erwähnte Austen Henry Layard verdient gemacht hatte.

Dieser hatte die Ruinen der Stadt zwar einer Überprüfung unterzogen, die über Richs Reisebericht hinausging, aber auch die Schwierigkeiten einer Rekonstruktion verdeutlichten. Geradezu verzweifelt berichtet Layard, dass sich von den vielfach bezeugten Babylonischen Mauern nichts erhalten habe.[6] Seine Aufmerksamkeit konzentriert sich daher auf einen als Ruine erhaltenen Turm in Birs Nimrud (Borsippa), wo er eine Terrassenarchitektur erkannte, die es, so sein Schluss, auch in Babylon gegeben haben müsse – Hängende Gärten inklusive.[7]

Anders als bei den Funden in der assyrischen Hauptstadt Nimrud, von denen seit Mitte des 19. Jahrhunderts bereits monumentale Reste nach London und Paris verbracht und ausgestellt wurden, kannte man aus Babylon zu diesem Zeitpunkt ganz überwiegend nur Tontafeln mit Keilschrifttexten, kleinere Fragmente und farbig glasierte Ziegeln. Damit ließ sich in Europa noch keine Begeisterung entfachen.

Robert Koldewey und die Hängenden Gärten in Babylon

Nachdem den zwischenzeitlichen französischen Versuchen der Babylon-Erkundung wenig Glück beschieden war,[8] erfolgte der Durchbruch bei der Ausgrabung und Erforschung der Stadt ab 1899 durch die Archäologen der im Jahr zuvor gegründeten Deutschen Orient-Gesellschaft.[9] Die nahezu ohne Unterbrechung noch bis 1917 laufende archäologische Grabungskampagne in Babylon war die größte ihrer Zeit und erstaunt noch heute. Das Deutsche Reich setzte alles daran, zu den großen Kolonialnationen, insbesondere Großbritannien und Frankreich, aufzuschließen, und dies umfasste auch die archäologische Kolonisierung der Welt. Kaiser Wilhelm II. besaß größtes Interesse an den Ausgrabungen und ließ sich regelmäßig über ihren Stand in Kenntnis setzen.

Unabhängig von den politischen Ambitionen und den institutionellen Voraussetzungen bedurfte es aber auch leidenschaftlicher Forscher, die unter schwierigen Bedingungen über Jahre hinweg außerordentliche Entbehrungen auf sich nahmen, um zum Ziel zu gelangen. Dies trifft auf den Grabungsleiter Robert Koldewey, einen ausgebildeten Architekten und Bauforscher, ebenso zu wie auf Walter Andrae, einen Bauforscher und Archäologen. Zudem ist auf den Assyrologen Friedrich Delitzsch zu verweisen, dem sich die meisten Keilschriftübersetzungen der deutschen Ausgrabungen in Babylon verdanken.

Bereits 1887 war Koldewey bei seinem ersten Babylonaufenthalt auf emaillierte Ziegelreliefs gestoßen, mit denen er in Berlin die Aufmerksamkeit der Königlichen Museen und der Orient-Interessierten erregte.[10] Im Zuge der Grabungen konnte er große Teile der Stadt am Euphrat freilegen und die neubabylonische Metropole in ihren Grundzügen rekonstruieren. Zu den wichtigsten Einzelbauwerken zählten im Wesentlichen: Babil, die Sommerresidenz vor den Toren der Stadt, zwei Mauerringe, das Ischtar-Tor als eines von neun Stadttoren, die Prozessionsstraße, der Ninmach-Tempel am Ischtar-Tor, der Esaĝila-Tempel zu Ehren von Marduk, Etemenanki, die ebenfalls dem babylonischen Reichsgott Marduk geweihte Zikkurat, ein Turmbau, der mit der heidnischen wie biblischen Überlieferung identisch ist, sowie eine Steinbrücke über den Euphrat. Einen der bedeutendsten Grabungsfunde Koldeweys bildet der im Hügel Kasr sukzessive zutage tretende Königspalast mit Nord- und Südburg sowie den vorgelagerten Wehranlagen. Im Thronsaal des Südpalastes, der an einen der fünf Höfe grenzte, sicherte er die berühmte Thronsaalfassade König Nebukadnezars, die heute neben dem Ischtar-Tor in Berlin präsentiert wird.

In der nordöstlichen Ecke der monumentalen Südburg, wo die Palastanlage an das Ischtar-Tor und die Prozessionsstraße grenzt, stieß Koldewey auf einen Bau, dessen Struktur der erfahrene Archäologe gemessen an den babylonischen Verhältnissen als Ausnahme betrachtete. In seinem Bericht geht Koldewey ausführlich auf die Besonderheiten des Komplexes ein. Nach seinem wichtigsten Spezifikum, den unterhalb der einstigen Erdgeschosshöhe liegenden Gewölbesubstruktionen, bezeichnete er ihn als »Gewölbebau«.

In seinem erstmals 1913 für ein breites Publikum veröffentlichten Grabungsbericht *Das wieder erstehende Babylon* inszeniert Koldewey diese Entdeckung. Zunächst wird die Ausnahmestellung des Bauwerks behauptet, nicht nur für Babylon, sondern für das gesamte Land. Sodann erfolgt eine Beschreibung des Kammersystems und eines Brunnens, »der in hervorragender Weise von allem, was wir sonst an Brunnen in Babylon oder anderwärts in der antiken Welt haben, abweicht«.[11] Die drei Schächte des Brunnens deutet Koldewey als mechanisches Schöpfwerk (mit Zuggöpel), das mit seinen kontinuierlich bewegten Schöpfeimern noch immer in der Gegend verbreitet sei.

Nach wie vor verrät er seine Deutung des Bauwerks nicht, zwingt den Leser zur Geduld und äußert sich zunächst zur Bauart der Gewölbe. Er beobachtet, dass die Kammergewölbe in der Mitte des Baus auf dickeren Mauern ruhten und das Mauersystem im Inneren durch eine Dilationsfuge vom umstehenden Palastmauerwerk getrennt war: »Die Gesamtheit der 14 Tonnengewölbe konnte sich auf diese Weise innerhalb des umgebenden Vierecks von oben nach unten frei bewegen wie der Auszug eines Fernrohrs. In dieser Beziehung ist der ›Gewölbebau‹ ein bisher ohne Analogie dastehendes Gebäude. Seine Eigenart wird noch dadurch hervorgehoben, daß an ihm Haustein verwendet wurde«.[12] Aus Haustein, der aus größeren Entfernungen nach Babylon importiert werden musste, bestehen sonst nur noch Teile der Nordmauer des Kasr. Dies führt Koldewey unter Rückgriff auf die Literatur zu folgendem Schluss: »In der gesamten Literatur über Babylon einschließlich der Keilinschriften ist ebenfalls nur an zwei Stellen von Haustein die Rede, das ist bei der Nordmauer des Kasr und – bei den ›hängenden Gärten‹!«[13] Noch ein die Auflösung verzögernder Bindestrich und am Ende das Ausrufezeichen – Koldewey war sich des

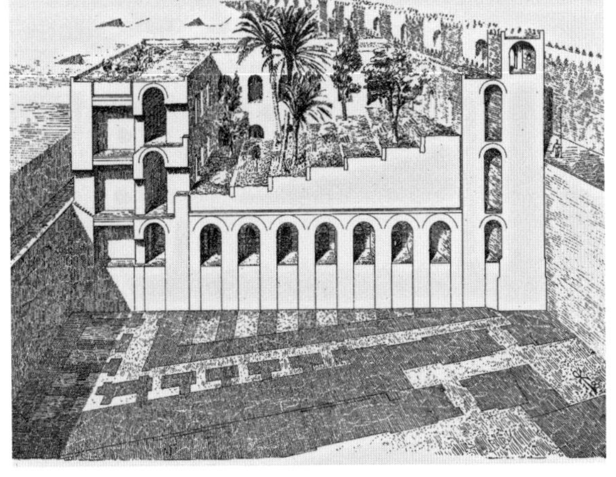

45
Robert Koldewey, Rekonstruktion der Hängenden Gärten, 1931

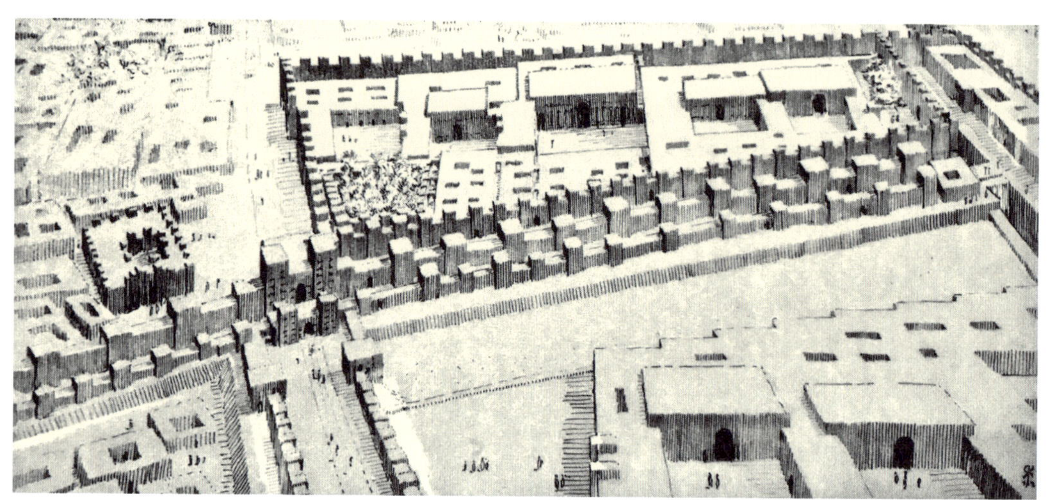

46
Robert Koldewey, Babylon in der Vogelschau von Norden mit Prozessionsstraße, Ischtartor, Südburg und Hängenden Gärten, 1923

spektakulären Charakters seiner Entdeckung beziehungsweise Zuschreibung gewiss, wiewohl er auch die Unsicherheiten sowie die Spekulationen nicht verschweigt. Einen Großteil seiner Überzeugung gewinnt er aus dem Abgleich des archäologischen Befundes mit den Quellentexten, die er noch einmal im vollständigen griechischen beziehungsweise lateinischen Wortlaut zitiert: Berossus nach Josephus, Ktesias nach Diodor, Strabon und Curtius Rufus. Die größten Differenzen zwischen Befund und Text bestehen bei den Größenangaben, doch das war keine neue Beobachtung; diese Unterschiede zwischen den einzelnen Beschreibungen hatten bereits frühneuzeitliche Autoren beklagt. Zumindest die Gewölbespannweiten stimmten mit den Angaben bei Diodor und Curtius überein; ebenso die Technik der Isolierung des Daches mit Schilf und Asphalt, einem Quaderbelag sowie Ziegelschichten und Mörtel.[14]

Unsicher bleibt für Koldewey auch die Gartenstruktur: Möglich sei einerseits eine Terrassierung des Hofes gewesen, andererseits kann es sich aber auch um eine plane Bepflanzung auf Substruktionen gehandelt haben. Der Effekt, die Kühlung der angrenzenden Räume durch den bepflanzten und dauerhaft bewässerten Hof, könnte für die vermuteten Administrationsstuben wie für die Getreidelager nützlich gewesen sein, auf die sich zahlreiche hier gefundenen Tontafelinschriften beziehen.

Am Ende sieht sich Koldewey noch einmal in der Pflicht, auf den Kontext seiner Entdeckung zu verweisen, schließlich haben die Hängenden Gärten »seit Jahrhunderten, oder vielmehr seit Jahrtausenden die höchste Bewunderung der Welt erregt«.[15] Ihr Ruhm verdankte sich zu einem Teil der vermeintlichen Bauherrin Semiramis, zum anderen trug aber auch der imaginative Begriff »hängend« dazu bei, Faszination zu stiften: »Was die hängenden Gärten in die sieben Weltwunder einreihte, war eben die Anlage eines Gartens auf der Decke eines benutzbaren Gebäudes.«[16]

Die Hängenden Gärten von Babylon im kulturellen Bewusstsein

Heute wird Koldeweys Befund von Altorientalisten, Althistorikern und Archäologen nicht mehr ohne Weiteres geteilt. Doch konnte man trotz intensiver Forschung keine belastbare und überzeugende Alternative anführen. Mit einigem Abstand betrachtet, besitzt kein anderer Standort, sofern man die antiken Texte zugrunde legt, eine höhere Plausibilität.

Gleichwohl erregte Stephanie Dalley 2013 erhebliches Aufsehen mit ihrem Versuch, die gesamte Überlieferungsgeschichte der Hängenden Gärten von Babylon zu delegitimieren. Ausgehend von dem durch zahlreiche Quellen hinreichend belegten hohen Stand der Gartenkultur in Assyrien hielt sie die Verortung der Hängenden Gärten in Babylon für einen (demnach über

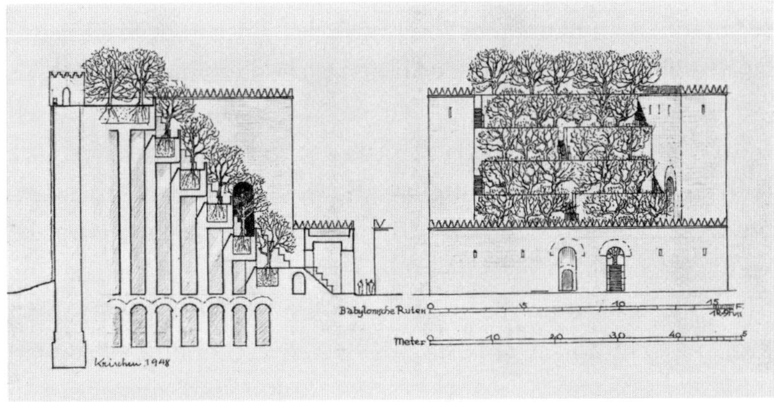

47
Fritz Krischen, Rekonstruktion der Hängenden Gärten von Babylon auf der Basis von Koldeweys Befund, 1956

Jahrhunderte unbemerkt gebliebenen!) Überlieferungsfehler, die Hängenden Gärten seien eigentlich in Ninive zu lokalisieren. Der Versuch der renommierten Assyrologin war wenig überzeugend, denn er erklärte ausnahmslos alle Quellen für obsolet, erfunden oder irrtümlich tradiert. Da diese Quellen aber partiell von Autoren stammen, die Babylon besucht hatten beziehungsweise die Texte zu einem Zeitpunkt entstanden waren, als die Stadt noch in Blüte stand, mangelt es dieser Generalrevision an Plausibilität.

Viel wichtiger als das müßige Ob und Wo erscheint die Frage, unter welchen Umständen die jeweiligen Rekonstruktionen entstanden. Dies gilt auch für Robert Koldeweys Befunde und deren Interpretationen. Mit der Statusveränderung von einer auf Textquellen basierenden Imagination hin zu einem archäologischen und baulichen Artefakt hatte er für einen Teil der Überlieferung ein beglaubigendes Zeugnis entdeckt, der andere Teil hingegen konnte ins Reich der Mythen und Legenden verwiesen werden. Diesem Wunsch nach einer eindeutigen Referenz fielen andere Überlieferungstraditionen zum Opfer, doch zum wissenschaftlichen Gebot der Stunde, der »Entzauberung der Welt«,[17] wie es Max Weber 1919 konstatierte, existierte für Robert Koldewey und seine Kollegen keine Alternative. Von einem Archäologen wurde die Klarheit der Überlieferung in Form wahrhaftiger Funde erwartet. Sie wog natürlich schwerer als die zahlreichen Widersprüche in mehreren Dutzenden antiken Textquellen zusammen. Mit der Datierung auf die Regierungszeit Nebukadnezars II. räumte die Babylonarchäologie zwar endgültig mit der Legende von der vermeintlichen Bauherrin Semiramis auf, doch konnte sie selbst das Problem der Hängenden Gärten nicht dauerhaft lösen.[18]

Die archäologischen Erfolge der Deutschen Orient-Gesellschaft wurden in Berlin mit größtem Interesse verfolgt und hatten erheblichen kulturellen Einfluss. Die babylonischen Entdeckungen wurden flankiert von einer die gesamte Populärkultur erfassenden Neugier auf die sumerische, assyrische und babylonische Kultur, die auch durch die Entdeckung des Gilgamesch-Epos Impulse erhielt.[19] Als Begleiterscheinung der Aneignung der alt- und neubabylonischen Kultur und ausgelöst von drei Vorträgen des Assyrologen Friedrich Delitzsch brach ein theologischer Konflikt aus, der breite Kreise in den Bann zog.[20] Delitzsch konnte nachweisen, dass die christliche Überlieferung nicht voraussetzungslos und daher der Beitrag Babyloniens zur christlichen Tradition zu berücksichtigen sei. Ohne Babel keine Bibel, so sein Credo. Damit plädierte er zugleich für eine Neubewertung des Alten Testaments und erschütterte das bislang homogene historische Selbstbild der christlichen Theologie.

Die Auseinandersetzung mit Babylon erwies sich mithin als Impuls für kulturelle und religiöse Neuorientierung, wobei viele der Diskurse mit dem Ausbruch des Ersten Weltkriegs abebbten und nach 1918 unter neuen Vorzeichen verändert weiterentwickelt wurden.

Wie weit Babylon zum Gegenstand der Populärkultur wurde, belegt Karl May, der zwischen 1904 und 1906 ein Drama unter dem Titel *Babel und Bibel* veröffentlichte, das einen Nachhall auf Delitzschs Vorträge bildete und mit dem er auf ganzer Linie scheiterte.[21] Bereits 1889 hatte er in seiner Reiseerzählung *Im Reiche des silbernen Löwen* seine Leser ungleich erfolgreicher über Babylon unterrichtet. Nur wenige Jahre vor der Rekonstruktion durch Koldewey, doch in Kenntnis der jüngsten archäologischen Grabungen, imaginiert er die Bauwerke der Stadt im Stil der klassischen Überlieferung. Erstaunlich ist die Nähe seiner Imagination der Hängenden Gärten zu den Befunden der Babylonarchäologie. May berichtet von den gewölbten Bögen des Baus sowie einem Brunnen auf der obersten Terrasse. »Unter jeder Terrasse waren Hallen angebracht mit prächtigen, des Nachts leuchtenden Gartensälen, in denen man sowohl den Duft der köstlichsten Blumen wie auch die herrliche Aussicht auf alle Teile der Stadt und ihrer Umgegend genießen konnte.«[22]

Zu den Architekten, die sich zeitlebens einem durch die Babylonarchäologie ausgelösten moderaten Orientalismus verschrieben, zählte Hans Poelzig. Von ihm stammt ein Entwurf für das in Konstantinopel/Istanbul geplante Haus der Freundschaft, das er als Paraphrase zu Koldeweys Rekonstruktion der Hängenden Gärten von Babylon konzipierte.[23] Mit dem Entwurf beteiligte

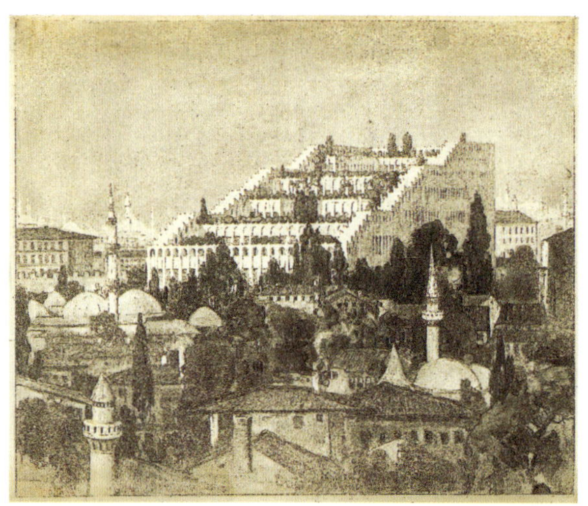

48
Hans Poelzig, Entwurf für das Haus der Freundschaft in Konstantinopel, 1916

sich Poelzig an einem Architekturwettbewerb, den der Deutsche Werkbund gemeinsam mit der Deutsch-Türkischen Vereinigung im Sommer 1916 veranstaltet hatte. Beim geplanten Haus der Freundschaft handelte es sich um ein vom Deutschen Kaiserreich finanziertes Kulturhaus im Zentrum der Stadt. Zu den beteiligten Architekten zählten auch Paul Bonatz, Peter Behrens, Bruno Taut, Walter Gropius und Richard Riemerschmid, dessen Entwurf den Wettbewerb gewann. Das Osmanische Reich stellte das 6000 Quadratmeter messende Baugrundstück zur Verfügung. Geplant war ein Palast, der Veranstaltungssäle, Bibliotheken und Ausstellungsräume umfassen sollte.

Poelzig entwarf einen terrassierten Bau auf Bogenkonstruktionen. Bögen bilden auch das die Fassaden umlaufende dekorative Hauptmotiv. Der Baukörper gliederte sich in vier üppig bepflanzte Terrassenstufen, die seitlich von abgetreppten Einfassungen begleitet wurden, sodass sich eine Kombination aus Terrasse und Hof ergab. Poelzig adaptierte mit seinem spektakulären Entwurf eine von einem deutschen Archäologen rekonstruierte Gartenarchitektur und exportierte sie an den Bosporus. Hier diente die orientalisch konnotierte Formensprache als Angebot zur Veranschaulichung der gemeinsamen babylonischen Wurzeln von Morgen- und Abendland.

Die Tradition eines ostentativen Rückbezugs auf das babylonische Weltwunder war damit in die Moderne verlängert worden. Einmal mehr bilden die Hängenden Gärten Babylons den Ausgangspunkt einer imaginären Rekonstruktion, nun auch archäologisch beglaubigt. Von wenigen Ausnahmen abgesehen, dies wird im nächsten Kapitel dargelegt, verlor der Archetypus des babylonischen Weltwunders jedoch in der Moderne zunächst an Wert.

7 Frank Maier-Solgk
Von den Hängenden Gärten zur zeitgenössischen Hortitecture

Les techniques sont l'assiette même du lyrisme
Le Corbusier

1 Grüne Moderne?

Im Unterschied zum Mythos des Turmbaus zu Babel hat jener der Hängenden Gärten der Semiramis mit der Architektur der Moderne auf den ersten Blick wenig gemein. Kann der Siegeszug des Hochhauses im 20. und 21. Jahrhundert – Signum von Macht und Prosperität – geradezu als säkularer Triumph über antike Hybris-Befürchtungen gelten, so blieb das Bild eines von Pflanzen überwucherten Terrassenbaus (noch dazu errichtet von einer orientalischen *femme fatale*) in der Architektur des 20. Jahrhunderts eine Randerscheinung.

Sofern sie den Funktionalismus als eines ihrer wesentlichen Prinzipien anerkannte, galt der Moderne die unmittelbare Verbindung von Architektur und Flora kaum als bedeutsames Anliegen. Der Grund für die Skepsis, die auch heute noch verbreitet scheint, ist offenkundig: Gebäudegrün widerspricht dem Selbstverständnis einer Profession, die sich von den Avantgarden des frühen 20. Jahrhunderts bis zum breiten Strom der Internationalen Moderne in der Nachkriegsepoche eben doch in einem Diktum wie dem von Walter Gropius am ehesten wiedererkannte: »Wir wollen den klaren organischen Bauleib schaffen, [...] ohne Lügen und Verspieltheiten, [...] der seinen Sinn und Zweck aus sich selbst heraus durch die Spannung seiner Baumassen zueinander funktionell verdeutlicht und alles Entbehrliche abstößt, das die absolute Gestalt des Baues verschleiert.«[1]

Nicht nur führt eine Natur, die wächst und wuchert, zu unliebsamen Erscheinungen wie Verkrautungen oder Betonrissen, sie steht aus dem Blickwinkel der Moderne auch ganz grundsätzlich unter Verschleierungs- beziehungsweise Dekorumverdacht. Auch in den folgenden Jahrzehnten, als Rationalismus, Postmoderne, Dekonstruktivismus und High-Tech-Architektur den Ton angaben, galt der Idee einer Annäherung von Architektur und Natur selten die Aufmerksamkeit. Gelegentliche Ausbrüche aus dem technologischen Mainstream wie die poetisch inspirierten Baumhäuser des Wieners Friedensreich Hundertwasser oder die Design-Experimente eines Andrea Branzi in Italien wurden nicht ernst genommen, während die erste Welle von Hinterhofbegrünungen und extensiv begrünten Dächern in Berlin und anderen Großstädten – Ergebnis der Ökobewegung der achtziger Jahre – das Mauerblümchendasein kaum einmal hinter sich ließen.[2]

49
Vertikale Wälder: Bosco Verticale in Mailand, 2014

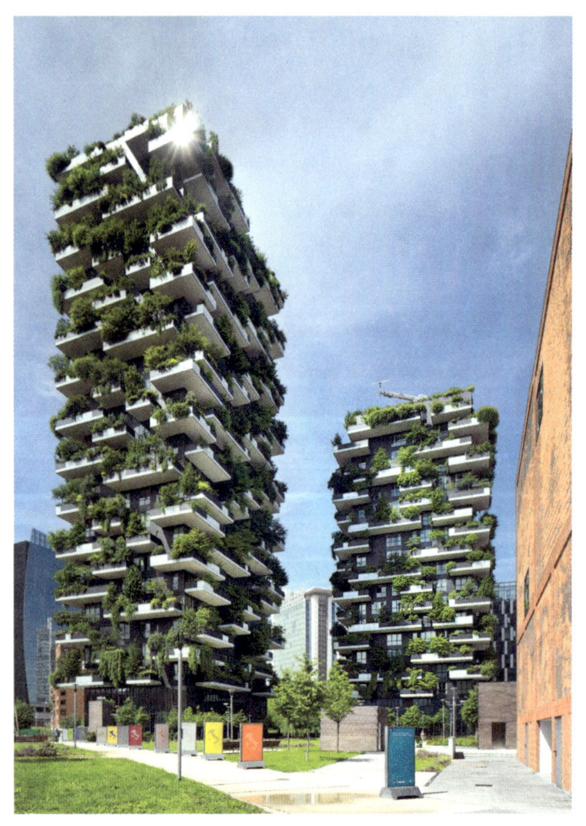

Das Blatt hat sich gewendet. Gebäudebegrünung ist seit der Jahrtausendwende zu einem unübersehbaren Trend geworden. Hochhäuser mit begrünten Fassaden, deren Auftakt man in Europa mit dem Bau des Flower Tower von Édouard François in Paris (2004) ansetzen könnte und deren Erfolg nicht zuletzt in den bildstarken Doppeltürmen von Stefano Boeris Bosco Verticale in Mailand (2014) begründet liegt, ist heute ein weltweit verbreitetes Phänomen. Dass es darüber hinaus ein Metropolenphänomen ist, dem man in Singapur und Shenzen begegnet, in Mumbay, Sydney und Shanghai, Mailand oder Paris, ist kein Zufall. Hier potenzieren sich die globalen Entwicklungen, die die Gegenwart kennzeichnen: Verstädterung, Verdichtung und entsprechende Platznot, Hitze-Inseln und andere klimatische Stressphänomene – und nicht zuletzt hohe, statusgetriebene Designansprüche. Könnte es sein, dass ökologische Notwendigkeit und/oder höchste Form des Luxus einem antiken Mythos eine erneute Renaissance ermöglichen?

Zweifellos sind es heute ökologische Gründe, die die Entwicklung einer Green Architecture forcieren. Voraussetzung für den gegenwärtigen Boom an »Hortitecture«[3] ist die ökologische Wende, die in den neunziger Jahren in der Nachfolge der Konferenz der Vereinten Nationen über Umwelt und Entwicklung in Rio de Janeiro (1992) dazu führte, dass Umweltaspekte zu gesellschaftlichen Leitbildern erhoben wurden. In Deutschland konkretisierte sich diese Wende politisch wenig später in einer Reihe von Enquete-Kommissionen, in denen der »Schutz des Menschen und der Umwelt« auch und gerade im Baubereich »Handlungspotentiale« für eine »nachhaltige Gestaltung unseres derzeit verschwenderischen Umgangs mit Ressourcen«[4] entdeckte. Dies führte 2002 zur Einführung von noch heute gültigen Gesetzen wie der zuletzt 2014 verschärften Energieeinsparverordnung (EnEV). International sind, ebenfalls seit Beginn der 1990er Jahre, Zertifizierungssysteme für nachhaltiges Bauen entwickelt worden,[5] die bei der Beurteilung der Nachhaltigkeit von Gebäuden – von Fragen des Standorts und der Wassereffizienz über den Energieverbrauch, die Materialverwendung samt Abfallmanagement bis zur Innenraumqualität – einen breiten und detaillierten Kriterienkatalog berücksichtigen.

Die Analysen dominierte jedoch lange ein technisches Instrumentarium, welches das Thema Nachhaltigkeit meist auf den Faktor Energieeinsparung konzentrierte. Avancierte Fassadentechnik, Dämmpraktiken, die Gewinnung natürlicher Energiequellen, Kraftwärmekopplung und anderes waren und sind die gängigen Werkzeuge.

Weniger wurde über die möglichen Effekte der Gebäudebegrünung nachgedacht.[6] Neben den Schwierigkeiten, exakte Daten zu erheben, lag vermutlich ein Grund hierfür in der Beschränkung der Nachhaltigkeitsanalysen auf das einzelne Gebäude. Die Perspektive einer darüber hinausreichenden Quartiers- beziehungsweise Stadtbetrachtung blieb lange unbeachtet.[7] Erst die verschärfte Klimadebatte der letzten Jahre hat zu einer umfassenderen, urbanen Betrachtung geführt und die Entwicklung zur grünen Stadt befördert, die über Fragen der Wärmedämmung und Energiegewinnung des Einzelgebäudes hinaus den ökologischen Potentialen einer urbanen Begrünung innerhalb der Stadtentwicklung neue Bedeutung zumisst.[8]

So sieht nun zum Beispiel das 2017 veröffentlichte *Weißbuch Stadtgrün*[9] Fördermaßnahmen von Kommunen und Ländern für den Ausbau von Grünflächen insgesamt vor, zu denen nun explizit auch die Gebäudebegrünung gehört. Auf kommunaler Seite mehren sich die Initiativen, mittels Fördermaßnahmen zu einer Verbreitung begrünter Flächen zu gelangen. Vor dem Hintergrund des mittlerweile in Europa verfolgten Ziels, bis 2050 Klima- beziehungsweise CO_2-Neutralität zu erreichen, dürfte sich diese Tendenz weiter verstärken.

Welche Formen diese Begrünung annehmen wird, ob als einfache Dachbegrünung oder als aufwendige fassadengebundene Begrünung, wird nicht zuletzt auch eine Kostenfrage sein. Die wichtigsten ökologischen Vorteile einer Gebäudebegrünung gelten heute jedenfalls als anerkannt: Vermeidung von urbanen Hitze-Insel-Effekten, Entlastung der Kanalisation, Bindung von Treibhausgasen und Luftschadstoffen und die Förderung von Biodiversität. Die technischen Umsetzungen wie die Art der Bepflanzung jedoch befinden sich noch im Stadium der Entwicklung, noch wenig entwickelt scheint ebenso der Abgleich der Gebäudegrün-Aspekte mit den verwendeten Zertifizierungsregularien.[10]

Trotz der inzwischen akzeptierten Notwendigkeit eines grünen Umbaus der Städte: Die grüne Stadt wird nach wie vor auch im Verhältnis zu anderen städtebaulichen Zielen zu beurteilen sein, darunter zum Beispiel dem der Bereitstellung bezahlbaren Wohnraums. Ein Desiderat ist derzeit auch noch, die vorhandenen Begrünungstendenzen in einer Architekturtheorie zu fundieren, die diesen Namen verdient und neben ökologischen beziehungsweise technischen auch stadtplanerische/ästhetische Kategorien berücksichtigt. Es wird, so scheint es, von der Frage der Rangordnung solcher gesellschaftspolitischen Zielsetzungen wie auch vom Selbstverständnis der Akteure abhängen, wie grün die Zukunft der Stadt aussehen wird.

2 *Vorgeschichte: Dachterrasse – die Erde aufs Dach holen*

Wenn Architektur als das Ergebnis technisch-konstruktiver Möglichkeiten, funktionaler Überlegungen und ästhetischer Ansprüche betrachtet werden kann, so gehen solch einer Definition, was die ursprüngliche Praxis des Bauens und die Schutzfunktion des Hauses betrifft, die gegebenen klimatischen Bedingungen als Ausgangspunkt noch voraus.[11] Lenkt man den Blick in Weltgegenden, die von Frost und Feuchtigkeit weniger beeinflusst sind als Mitteleuropa, findet sich dort denn auch eine lange Tradition vielfältigster Nutzung der baulichen Schnittstellen von Innen und Außen. Dies gilt exemplarisch für den offenen Innenhof, der als Peristyl, Atrium und – im spanischen Raum – als Patio einen von Säulen umgebenen Raum unter freiem Himmel bezeichnete, der das räumliche Zentrum eines Stadthauses darstellte und durch die Aufstellung von Pflanzenkübeln oder – wie bei der 2016 wiederentdecken Casa de Vetti in Pompeji – durchgängig begrünt war. Auch die persischen Gärten entwickelten sich aus dem freien Raum innerhalb des Wohnhauses. Andere für eine Begrünung zugängliche »In between«-Orte wie Loggia, Veranda, Balkon oder auch die ebenerdig an das Haus anschließende Terrasse, die in der europäischen Architekturgeschichte als Schnittstelle von Privat und Öffentlich eine lange, auch politisch bedeutende Rolle spielten,[12] sind häufig durch Bepflanzung zusätzlich aufgewertete Orte einer Begegnung mit Natur als nichtüberdachtem freiem Raum.

Für die genannten Orte gilt jedoch, dass sie, räumlich gesehen, die (horizontale) Trennung zwischen Wohnbereich und Außenraum bewahren. Erst das Dach beziehungsweise die Dachterrasse spielt in dieser Geschichte der Schnittstellennutzung eine Sonderrolle, da ihre in der Regel bewohnten Substruktionen des Schutzes oder zumindest einer isolierenden Schicht bedurften. Die Dachterrasse, in den südlichen Breiten ein je nach lokaler Tradition unterschiedlich genutzter Lebensraum, fand sich als üblicher Gebäudeabschluss daher vor allem in den Ländern des Mittelmeers, in Ägypten und Vorderasien, in den Pueblos des amerikanischen Südwestens, bei den Lehmhäusern im Kaschmir oder den Dorfensembles griechischer Inseln.[13]

Dergleichen war in Mitteleuropa auf repräsentative Ausnahmen begrenzt. Die Reize und Möglichkeiten einer für den Süden charakteristischen Verbindung sind dabei auch den Vertretern der Moderne nicht entgangen. Adolf Loos formulierte 1923: »Man muss sich fragen, warum die Terrassen seit Jahrtausenden im Orient gebräuchlich sind und in unserem Himmelsstrich nicht angewendet wurden.« Die Antwort gab er gleich selbst: »Die bisher bekannten Baukonstruktionen konnten das flache Dach und die Terrassen nur in frostfreien Gegenden« anwenden.[14]

Loos hat ein bis heute unverändertes Dilemma benannt. Blieb in Skandinavien, auf Island und den Färöer-Inseln die Tradition der grasbewachsenen, meist mit einer Schicht aus Birkenrinde zusätzlich geschützten sogenannten Grassodendächer[15] in der Regel auf profane Bauernhäuser auf dem Land beschränkt, so war es – und dies lässt sich fast als eine List der Geschichte betrachten – die gegenüber einer Gebäudebegrünung grundsätzlich skeptische Moderne, die die technischen Voraussetzungen für die Entwicklung einer klimatisch robusten Dachbegrünung schuf. Mit dem ausreichend abgedichteten Flachdach wurde eine Verbindung zweier Elemente ermöglicht, die schon im Begriff der »Dachterrasse« Gegensätzliches zusammenführte: Terra, die Erde, wird aufs Dach geholt – eine symbolische Konjunktion von Erdverbundenheit und himmelwärts strebender Architektur.

Freilich lassen sich weder Loos noch andere Vertreter der

Moderne als Beispiele dafür anführen, dass die moderne ›Entdeckung‹ der Dachterrasse in der Übernahme traditioneller regionaler Bauweisen bestand. Faktisch waren die Ansätze einer neuen Begrünung im und am Haus im 20. Jahrhundert dem Wunsch nach einer Erweiterung und Verbesserung der Wohnsituation sowie technischen Neuerungen zu verdanken. Die Hinweise auf das Weltwunder der Hängenden Gärten der Semiramis, die tatsächlich kaum einmal fehlten, sind als Zitate eines bekannten kulturhistorischen Topos zu verstehen, der zumal in seiner medialen Verwendung zum Synonym von Gebäudegrün überhaupt wurde.

Erfindungen: Zement und Eisen

Eine historische Voraussetzung des begrünten Flachdachs in den Ländern Mitteleuropas war die Entwicklung des Holzzementdaches im Jahr 1839 durch den schlesischen Böttchermeister Samuel Häusler. Das Holzzementdach bestand aus einer Kombination aus Öl- und Packpapier, das mit Pech oder Teer mit einer hölzernen Verschalung verklebt und anschließend mit Sand und Kies bedeckt wurde. Aufgrund seiner feuerresistenten Eigenschaften fand es in den industrialisierten Großstädten ab den 1860er Jahren schnell Verbreitung.[16] Wenige Jahre später war es der Berliner Maurermeister Carl Rabitz, der auf der Pariser Weltausstellung von 1867 ein Modell seiner eigenen Villa in der Berliner Invalidenstraße mit einem darauf angelegten Dachgarten vorstellte und ihm eine Broschüre mit dem Titel *Naturdächer von vulkanischem Cement oder Moderne hangende Gärten* beigab. In ihr wurde die Erfindung als »feuerfester, vorzüglicher, schöner, dauerhafter und billiger als jede andere Bedachungsart« beworben.[17] Die mediale Resonanz ließ nicht lange auf sich warten. So schrieb die *Leipziger Illustrierte Zeitung* im September 1868:

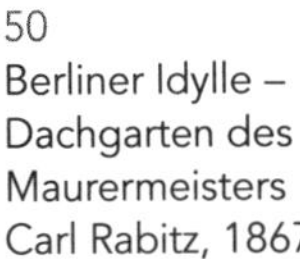

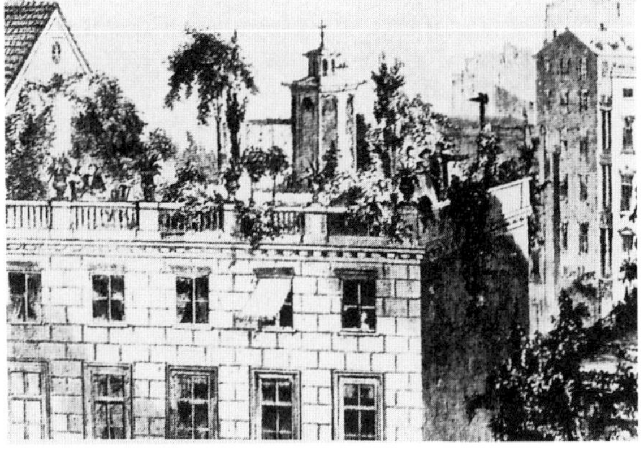

50 Berliner Idylle – Dachgarten des Maurermeisters Carl Rabitz, 1867

Frischer grüner Rasen wechselt dann in der Höhe mit den grauen Dächern ab, welche jetzt unsere Wohnstätten noch überziehen, und es wird ein weiterer Raum für Erholung und Geselligkeit geschaffen, der sonst nur den Sperlingen und den Katzen zugutegekommen ist. Was geschickte Architekten noch mit dieser neuen baulichen Zierath beginnen werden, ist abzuwarten. Aber es scheint, als wenn die schwebenden Gärten prächtig dazu angetan wären, in den Baustil der Gegenwart und Zukunft hineinzuwachsen.[18]

Den Durchbruch für den modernen Siegeszug des Flachdachs ermöglichte jedoch erst die fast zeitgleich in Frankreich und England erfolgte Entwicklung des zunächst eisen-, später stahlbewehrten Betons. Mit dem in den Pariser Tuilerien für den Betrieb der Orangerien zuständigen Joseph Monier – von ihm leitet sich der bis heute verwendete Begriff des Moniereisens ab – war es bezeichnenderweise ein Gärtner, der mit einer Erfindung zur besseren Haltbarkeit transportabler Pflanzenkästen, die durch die Einfügung von Drahtgewebe an feuchtigkeitsempfänglichen Stellen verstärkt wurden, den entscheidenden Schritt vollzog.[19] Im Juli 1867 stellte Monier – wie Rabitz – seine Idee auf der Pariser Weltausstellung vor und erhielt ein erstes Patent, um die Idee kurz darauf auch auf Rohre, Wasserbecken, Brücken und die seinerzeit beliebten künstlichen Felsen aus Beton zu erweitern.[20]

Tatsächlich hat die technische Ermöglichung haltbarer Flachdächer durch Eisenbewehrung mehrere Väter. 1855 präsentierte der Ingenieur Joseph Louis Lambot auf der Weltausstellung in Paris kleinere Boote aus Beton mit Eisenbewehrung. Fast parallel dazu hatte zuvor in England der Stuckateurmeister William B. Wilkinson 1854 ein Patent auf Eisenbeton in feuerfesten Decken angemeldet und mit Hilfe einer drahtseilhaften Bewehrung ein erstes zweigeschossiges Haus in Newcastle upon Tyne errichtet. Der Franzose François Coignet wiederum entwickelte einen vom Lehmbau inspirierten Stampfbeton *(béton aggloméré)*, der – mit einer kreuzweise angeordneten Bewehrung – in einem dreigeschossigen Wohnhaus in St. Denis seine prototypische

Nutzung als Baumaterial fand. Das flache Dach und die unterwölbte Terrasse waren hier mit profilierten Eisenstäben bewehrt; auf dem Dach wurden Bäume in großen Kübeln angepflanzt. Die Weiterentwicklung des Prinzips erfolgte in den siebziger und achtziger Jahren des 19. Jahrhunderts durch die Erfindung von Verfahren zur Berechnung von Eisenbeton. Erfunden hatte sie der Amerikaner Thaddeus Hyatt, der mit armierten Betonbalken experimentierte, um die statischen Zusammenhänge im Eisenbeton festzustellen. Zur weiteren Verbreitung trugen schließlich auch die wissenschaftlichen Untersuchungen des deutschen Bauingenieurs Mathias Koenen bei, der 1887 entsprechende Verfahren zur empirischen Berechnung des Widerstandsmoments bewehrter Platten veröffentlichte, die später von dem Berliner Ingenieur G. Adolf Wayss übernommen und verbreitet wurden.

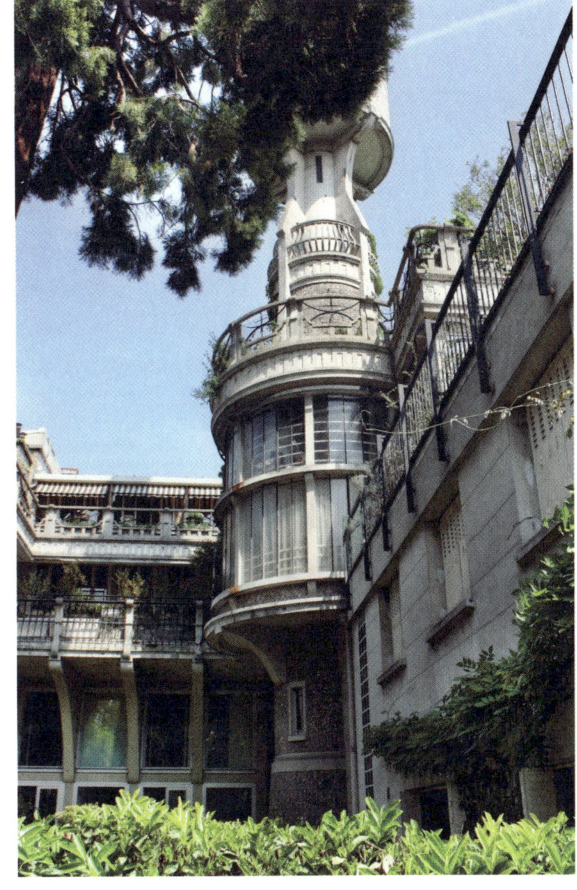

51
Privates Wohnhaus von François Hennebique (1842–1921), Bourg-la-Reine, 1904 (Fotografie 2019)

Dachgärten, die mittels der neuen Technik des Eisenbetons entstanden, finden sich bereits kurz nach 1900 in Frankreich. Der Architekt und Bauunternehmer François Hennebique mit seinem Haus in Bourg-la-Reine bei Paris (1904) und Auguste Perret mit einem Mietshaus in der Rue Franklin in Paris (1903, nicht erhalten) schufen prominente Prototypen. Hennebiques privates Wohnhaus besitzt auf verschiedenen Ebenen begrünte Betonflachdächer, die sein Unternehmen selbst vertrieb. Das Haus überrascht mit weit auskragenden Dachterrassen. In seiner Auseinandersetzung mit der neuen Technik entwickelte Hennebique eine wirtschaftlich effiziente Konstruktion von Geschossdecken als System aus bewehrtem Beton. 1892 eröffnete er ein international agierendes Ingenieurbüro in Paris und meldete erste Patente für den Stahlbetonbau nach dem »System Hennebique« an.[21]

Le Corbusier – Utopie des Dachgartens

Eine Geschichte der Entwicklung einer modernen Architektur, in der dem Dach beziehungsweise Dachgarten eine zentrale Bedeutung beigemessen wird, kommt ohne den Namen Le Corbusier nicht aus. In der Theorie des Schweizers erschien die (begrünte oder begrünbare) Dachterrasse als eines der Elemente einer Architektur der Zukunft an zentraler Stelle. So führte er in den 1927 auf Deutsch veröffentlichten *Fünf Punkten zu einer neuen Architektur* (im Original: *Cinq points pour une architecture nouvelle*) aus:

> *Das Bauterrain bleibt beim Garten, welcher infolgedessen unter dem Haus durchgeht. Dieselbe Fläche gewinnt man auf dem flachen Dache nochmals. [...] Das flache Dach erfordert zunächst konsequente Ausnützung zu Wohnzwecken: Dachterrasse, Dachgarten. Andererseits verlangt der Eisenbeton einen Schutz gegen die Veränderlichkeit der Außentemperatur. Zu starkes Arbeiten des Eisenbetons wird durch Erhaltung einer bleibenden Feuchtigkeit auf dem Dachbeton verhindert. Die Dachterrasse genügt beiden Forderungen [...]. Der Dachgarten [wird] zum bevorzugtesten Orte des Hauses. Allgemein bedeuten Dachgärten für eine Stadt [!] die Wiedergewinnung der gesamten verbauten Fläche.*[22]

Le Corbusier hat hier mit der »Wiedergewinnung« bebauter Fläche explizit auch urbanistisch argumentiert. Auf das einzelne Gebäude bezogen ist Le Corbusiers Idee des Dachgartens als Teil eines Systems funktional-räumlicher Elemente zu verstehen: Diese Elemente dienen – im Rahmen der mit dem armierten Beton[23] gegebenen neuen technischen Möglichkeiten – der Ausformulierung der Idee einer neuen, vom Boden gelösten, auf Pilotis (französisch für offene Pfahl- beziehungsweise Pfeilerkonstruktion) ruhenden und räumlich flexiblen »Wohnmaschine«.

Der mit der Dachterrasse gewonnene Raum bietet dabei verschiedene neue Möglichkeiten der Nutzung, von denen die der Erholung und der unmittelbaren Naturerfahrung nur eine ist. Die andere, die Le Corbusier auf den Dächern seiner Unités wie in Marseille oder im indischen Chandigarh vor allem umsetzte, ist die des Begegnungs- und Kommunikationsraums. Für Le Corbusier ist das nutzbare Dach – ob begrünt oder nicht – nun wesentlicher Teil einer weitreichenden Umdeutung urbanen Lebens. Es ist die mit einer Erweiterung der Nutzungsmöglichkeiten des Daches einhergehende Befreiung, die den radikal-utopischen Einschlag seiner Theorie begründet, da sie es erlaubt, sich dem Sonnenlicht, *le sol*, zuzuwenden. Umgesetzt hat Le Corbusier diese Idee schon seit den frühen zwanziger Jahren. Die Villa Le Lac (1923) am Genfer See, der Entwurf der Villa Meyer bei Paris (1925), die Häuser der Siedlung Pessac bei Bordeaux (1925), der allerdings unrealisiert gebliebene Plan der *Immeubles Villas* (1925) mit zellenartigen »jardins suspendus«, sodann die Bauten für die Stuttgarter Weißenhofsiedlung (1927) und als Höhepunkt schließlich die Architekturikone der Villa Savoye (1929/31) – sie alle zeigen vergleichbare Formen der Umsetzung der Grundidee eines sich vom Boden lösenden, in der Dachterrasse gipfelnden Wohnens.

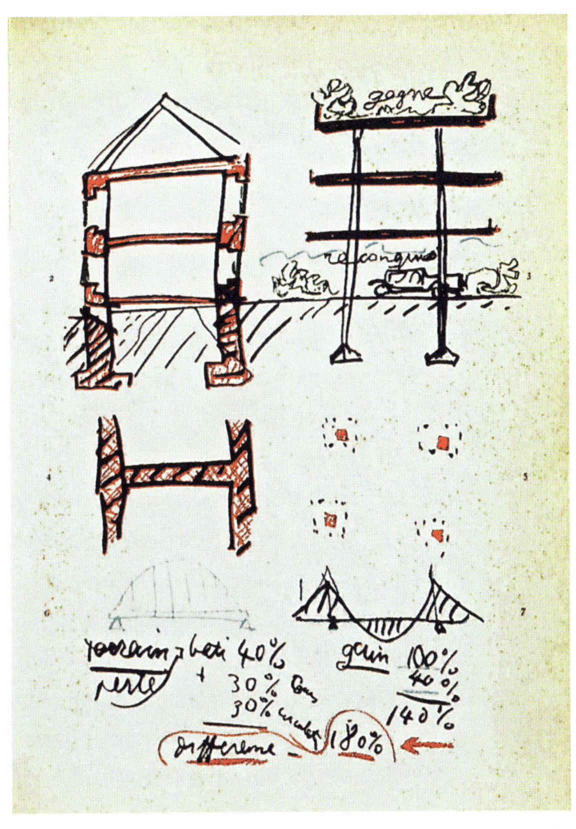

52
Mehr Raum durch Dachgärten (»Gagne-reconquer«): Le Corbusier, *Fragestellungen zu Architektur und Städtebau*, 1929

Die Idee des Dachgartens, entwickelt bei Le Corbusier als Moment einer neuen funktionalistischen Architektur des freien Grundrisses und der von tragenden Wänden befreiten Decken, barg auch das Potential für eine freilich utopische Stadtentwicklung: auf einer zweiten, oberhalb des Verkehrs angesiedelten Ebene all jene Facetten des Lebens zu realisieren, die bis dahin im urbanen Milieu nicht zur Geltung kamen. Wenngleich Le Corbusiers realisierte Großprojekte wie beispielsweise die Unité d'Habitation in Marseille eher an einen Skulpturenpark erinnern denn üppiges Grün zu bieten haben, so erlaubt seine Konzeption des Dachgartens tatsächlich eine Interpretation als Kernelement einer Utopie urbanen Wohnens der Zukunft. Sprechendes Indiz für den utopischen Charakter ist, dass die Formulierung der Vision denn auch auf den Bezug zum antiken Mythos nicht verzichtet:

> *Diese drei aufeinanderfolgenden Terrassen – Gärten der Semiramis, Straßen der Erholung – dehnen sich in herrlichen horizontalen Linien [...] zwischen den großen vertikalen Kristallmassen. [...] Die Nacht ist hereingebrochen. Die Lichter der Autos auf der Autobahn sehen aus wie ein Meteorschwarm zur Zeit der Tagundnachtgleiche. 200 m höher fließt der Schein des elektrischen Lichts über Lachen und Heiterkeit in den Dachgärten der Wolkenkratzer (das sind ansehnliche Gärten mit Spindelbäumen, Thujen, Lorbeersträuchern, Efeu, Tulpen, Geranien) [...] In der gleichen Höhe von 200 m leuchten – sehr weit weg – andere Dachgärten überall in der Runde wie in der Luft hängende vergoldete Schalen.*[24]

Grüne Repräsentanzen: New York, London, Nizza, Rio de Janeiro

Es kennzeichnet die weitere Entwicklung des Dachgartens, dass sich seine Verbreitung in Mitteleuropa und Amerika auf wenige repräsentative Gebäude konzentrierte. Er blieb die mehr oder weniger luxuriöse Ausnahme, die zumeist der unternehmerischen Selbstdarstellung oder verschiedenen Freizeitaktivitäten diente.

Eines der ersten Beispiele dieses Typus waren die Midway Gardens von Frank Lloyd Wright in Chicago, einem 1913/14 errichteten, sich in Terrassenanlagen erhebenden großen Restaurant- und Konzertgarten, der später während der Prohibition wieder abgerissen wurde. In diese Reihe passte wenig später auch der Entwurf von Adolf Loos für den großen, in Nizza geplanten Hotelkomplex Grand Hotel Babylon, der den Zugang eines Großteils der 900 geplanten Zimmer auf stufenförmig ansteigenden Terrassen vorsah. Bis heute erhalten haben sich die von dem Waliser Landschaftsarchitekten Ralph Hancock entworfenen, seinerzeit berühmten Dachgärten des Rockefeller Centers in New York, die in der amerikanischen Presse als moderne Version der »Hanging gardens of Babylon« annonciert wurden. Am spektakulärsten galt der auf einer mittleren Ebene gelegene Garten der Nationen, der am 15. April 1935 durch den New Yorker Bürgermeister in Begleitung der Botschafter jener Länder eröffnet wurde, in deren nationaltypischem Stil (japanischer, spanischer, englischer und amerikanischer Garten) diese Dachgärten entworfen worden waren.[25]

Nur wenig später eröffneten im Londoner Geschäftsviertel Kensington als Pendant zum New Yorker Vorbild die 6.000 Quadratmeter großen Kensington Roof Gardens auf dem Dach des neu errichteten Art-déco-Kaufhauses Barker – damals der größte Dachgarten Europas. Wiederum Hancock hatte die

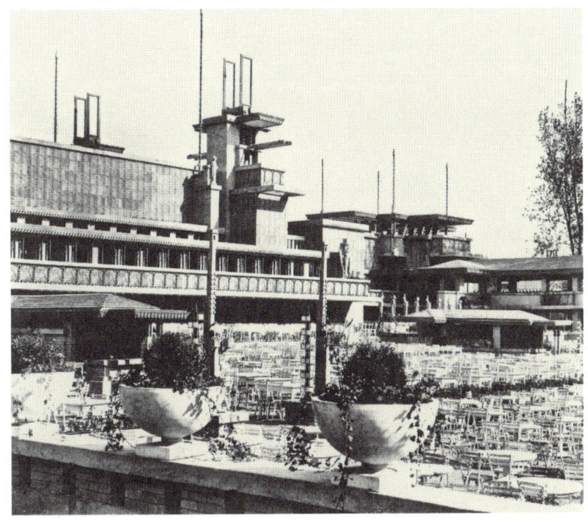

53 Säulen, Treppen, Pflanzen: Frank Lloyd Wrights Vergnügungspalast Midway Gardens, Chicago (1913/14)

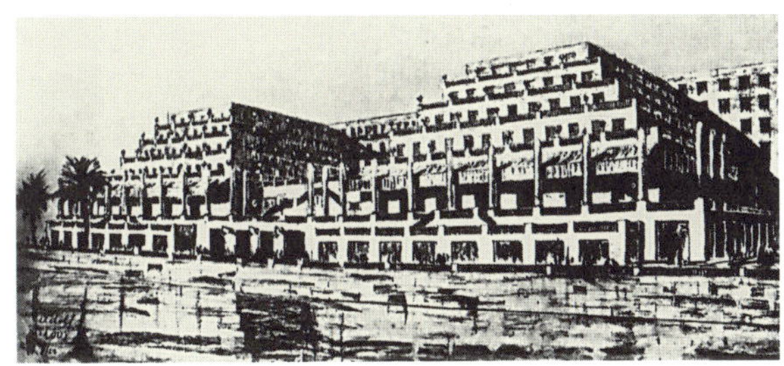

54 Orientalischer Luxus: Adolf Loos, Entwurf für das Grand Hotel Babylon in Nizza, 1923

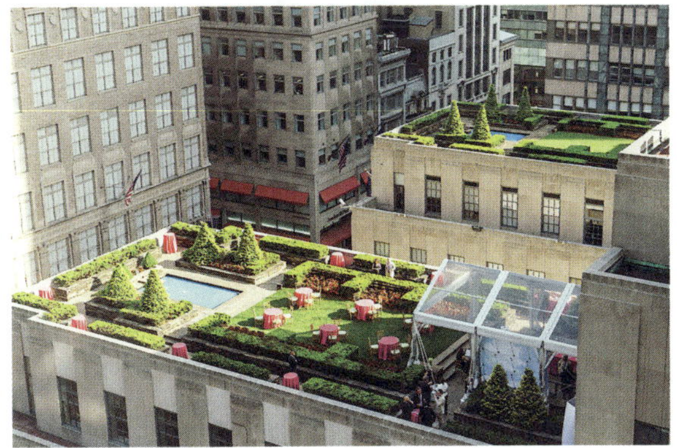

55 Gardens to be seen at: Ralph Hancocks Rockefeller Gardens in New York, 1935

Anlage entworfen, für die er 500 Pflanzensorten verwendete und die ähnlich wie in New York in mehrere nationale Themengärten aufgeteilt war: einen spanischen Garten nach dem Vorbild der Alhambra, einen englischen Tudor Garden sowie einen Woodland Garden mit 100 Bäumen und einem Wasserlauf mit Fischen, Enten und Flamingos.

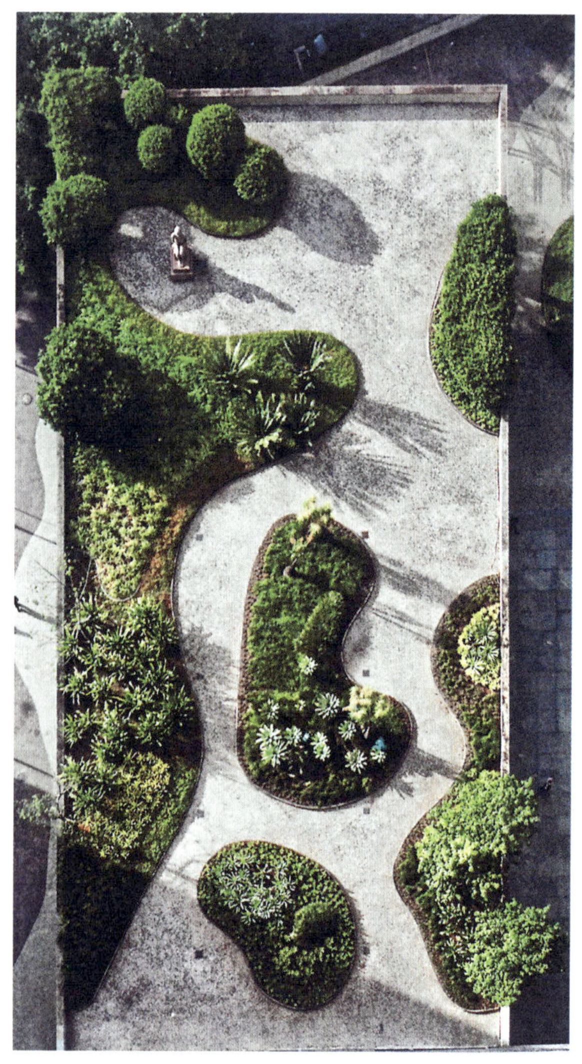

56
Moderne Muster: Roberto Burle Marx' Dachgarten auf dem Ministerium für Bildung und Gesundheit, Rio de Janeiro, 1937

Vom Europäer Le Corbusier führt eine Spur nach Brasilien zu den Gärten des brasilianischen Gartenarchitekten Roberto Burle Marx. Nach seinem Studium in Berlin entwarf der 27-jährige Burle Marx für ein von seinem Mentor Lúcio Costa sowie Oscar Niemeyer und Le Corbusier geplantes Ministerium in der damaligen Noch-Hauptstadt Rio de Janeiro 1937 einen Dachgarten, der seinen zukünftigen abstrakt-ornamentalen Stil demonstrierte. Während das nach dem Corbusier'schen Vorbild auf Pilotis stehende Gebäude als erstes modernes Gebäude Rio de Janeiros gilt, entlehnt der Dachgarten als ein an Gemälden orientiertes Kunstwerk sein organisches Muster der Malerei der europäischen Moderne.

Auch in England finden sich weitere repräsentative Beispiele. Für eines der großen Kaufhäuser des Landes entwarf Geoffrey Jellicoe 1956/57 in Surrey einen mit Wasserbassins versehenen Dachgarten. In den siebziger Jahren wurde ein in Basingstoke südwestlich von London für 1.000 Angestellte konzipierter, in sechs Terrassen ausgeführter Bürokomplex (Gateway House Offices) des Papierherstellers Wiggins Teape unter dem Titel *The*

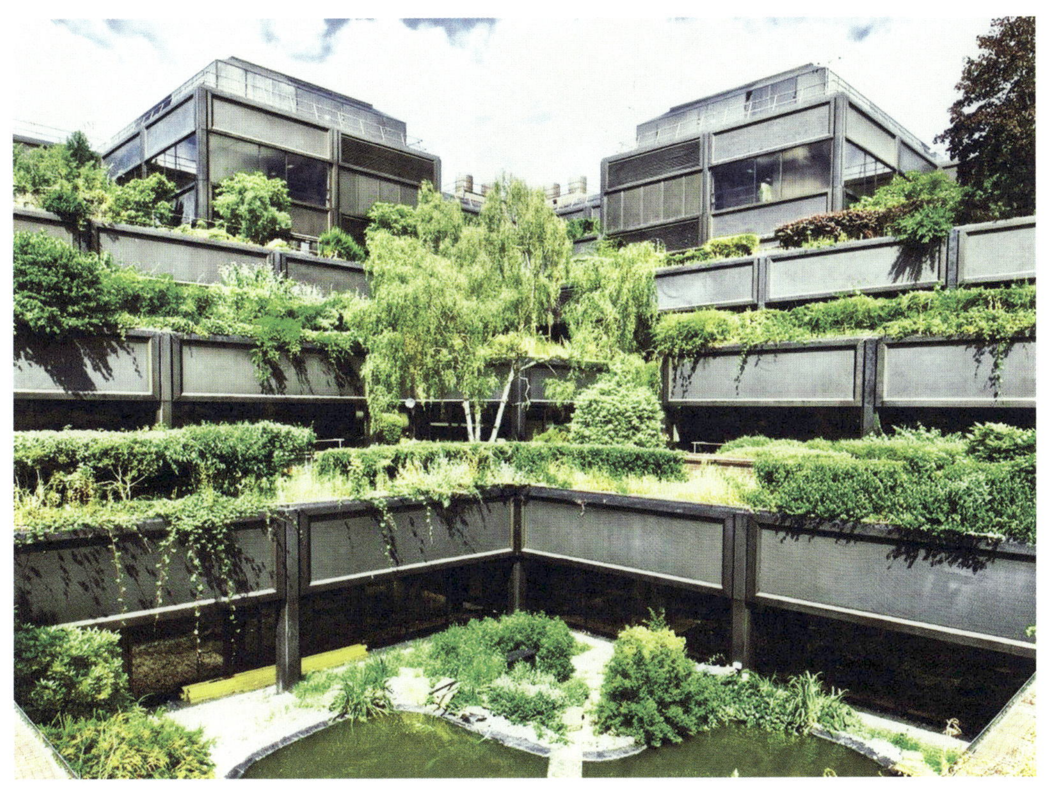

57
Grün für die Angestellten: The Hanging Gardens of Basingstroke, GB, 1974/76

Hanging Gardens of Basingstoke landesweit bekannt (Architekten: Arup Associates, James Russell). Einer der Zwecke war es, den Angestellten angenehme Ausblicke aus den Büros zu bieten. Das noch erhaltene Gebäude wird inzwischen im *Register of Parks and Gardens at Grade II* der britischen Denkmalbehörden gelistet.[26]

Terrassenhäuser – Individualität und Demokratie

Wie ausgeführt, war in konstruktiver Hinsicht das Flachdach Voraussetzung für die geschilderte Entwicklung. Dieses intensiv propagierte und von den Gegnern der Moderne seit den zwanziger Jahren wie im sogenannten »Dächerkrieg« kritisierte Kernelement der Moderne – Paul Schultze-Naumburg sprach von »dachlosen Häusern«[27] – war von den Hauptakteuren, von Sullivan und Wright in den USA, von Adolf Loos und Le Corbusier, den Anhängern der De-Stijl-Bewegung bis zum Bauhaus, als ein

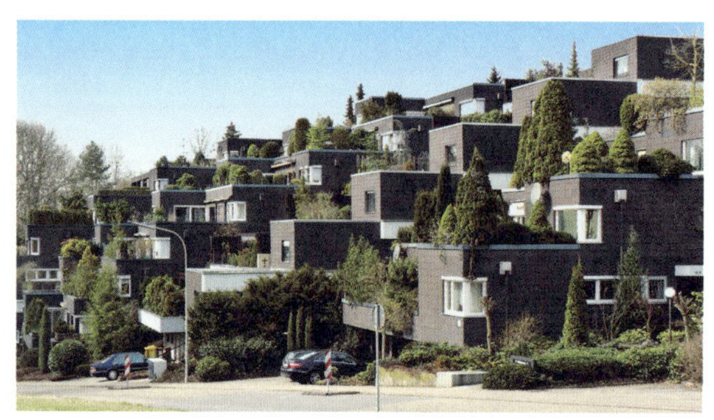

58
Demokratisches Terrassengrün: Siedlung *Im Schneider*, Waiblingen, 1971/72

dem modernen Geschmack formal angemessener Gebäudeabschluss angesehen worden.

Sind es einzelne Privatvillen, repräsentative Firmenzentralen oder luxuriöse Vergnügungsstätten, an denen sich im ersten Drittel des 20. Jahrhunderts die Tradition der Dachbegrünungen festmachen lassen, so ist es ab den frühen sechziger Jahren das Terrassenhaus, das die Tradition der Dachterrasse nun allerdings in verbreiteter, wenn man so will: demokratischer Variation weiterführt.

Die ersten Beispiele für die Terrassenhäuser Mitteleuropas finden sich in den Hügellagen des Schweizer Mittellandes, in Zürich/Wittikon (1959) und Zug (1957–60), wo die Topografie eine entsprechende Bebauung nahelegte. Auch ökologische Aspekte spielten eine Rolle, zum Beispiel die tiefere, in die Wohnungen reichende Sonneneinstrahlung. Als ausschlaggebend aber erwiesen sich vor allem ökonomische Gründe, da die Terrassenhäuser eine flächensparende Nutzung des Geländes erlaubten.[28] Der für kurze Zeit anhaltende Boom dieser Anlagen – unter anderem in Marl (Wohn-Hügelhäuser, 1968), am Mittelmeer (La Grande Motte, 1968), wo Architekt Jean Balladur seine Terrassenhäuser nach dem Vorbild der Stufenpyramiden der Mayas sanft ansteigen ließ, dem Olympischen Dorf in München (1972) oder im württembergischen Waiblingen – bedeutete jedoch die Demokratisierung eines gehobeneren Individualismus, der es den Bewohnern erlaubte, den neu gewonnenen Raum als geschützten, privat-exklusiven und dennoch naturnahen Raum unter freiem Himmel zu erleben. In Waiblingen entstanden – an einem Südhang – 34 winkelförmige, in Reihen angeordnete Terrassenhäuser mit Flachdach, die durch ein System von Treppen erschlossen werden und individuelle Zugänge und Eingangssituationen ermöglichen. Zu jeder Wohnung gehören mehrere teilweise überdachte Terrassen, die durch die Bepflanzung von der Umgebung abgeschirmt werden. Ein in der Höhe gestaffeltes System von begrünten Terrassenwohnungen erfüllt hier die doppelte Zielsetzung von Verdichtung und Individualität – ein Wohnen mit der Suggestion von exklusiver Freiheit, das faktisch demokratisch verfasst ist.[29]

3 *Grüne Dächer, grüne Wände. Hortitecture heute*

Die wechselvolle, mit heterogenen Formen und Zielsetzungen verbundene Geschichte der Gebäudebegrünung seit der Mitte des 19. Jahrhunderts, deren Schwerpunkte der Dachgarten und das Terrassenhaus bildeten, hat im zeitgenössischen Phänomen der Hortitecture eine Fortsetzung gefunden. Ein Teil der im Folgenden beleuchteten Einzelbeispiele jedenfalls belegt, dass das seit der Antike bekannte Bildmotiv der Hängenden Gärten auch heute noch gelegentlich Konjunktur hat. Freilich zeigen die bereits realisierten oder aktuell in Planung befindlichen prominenteren Beispiele zeitgenössischer Hortitecture zudem, dass dieser historischen Begrünungsvariante auch andere Formen zur Seite stehen. Vor allem bei Hochhäusern ist eine Tendenz zur vertikalen Fassadenbegrünung oft in Form der »wandgebundenen« Begrünung festzustellen (im Unterschied zu traditionellen bodengebundenen Kletterpflanzen). Der Grund hierfür liegt in der größeren Fläche, die Fassaden in diesen Fällen gegenüber dem Dach bieten. Mit dem Hochhaus als dem in den schnell wachsenden Metropolen heute verbreiteten und bevorzugten Gebäudetypus ist im Hinblick auf die Art der Begrünung somit auch eine Art Vorentscheidung getroffen. Das gilt in dieser Entschiedenheit nicht unbedingt für europäische Großstädte, doch bietet auch in den verdichteten Großstädten des alten Kontinents, wie sich beispielsweise an neuen Wohnhochhäusern ablesen lässt, die Höhe die größten räumlichen Entwicklungsperspektiven.

Jenseits dieser Tendenz ist heute überdies vor allem in deutschen Städten ein Trend zur Begrünung der vielen, heute in der Regel unbegrünten Flachdächer zu erkennen. Auf diesem Feld ist das Potential im Hinblick auf eine umfassende Stadtbegrünung tatsächlich beträchtlich.[30] Terrassenhäuser oder vertikales

Grün in den Metropolen der Welt, nachgeholte horizontale (Dach-) Begrünungen in den europäischen und amerikanischen Städten, dies scheint die Situation der urbanen Gebäudebegrünung heute insgesamt zu kennzeichnen.

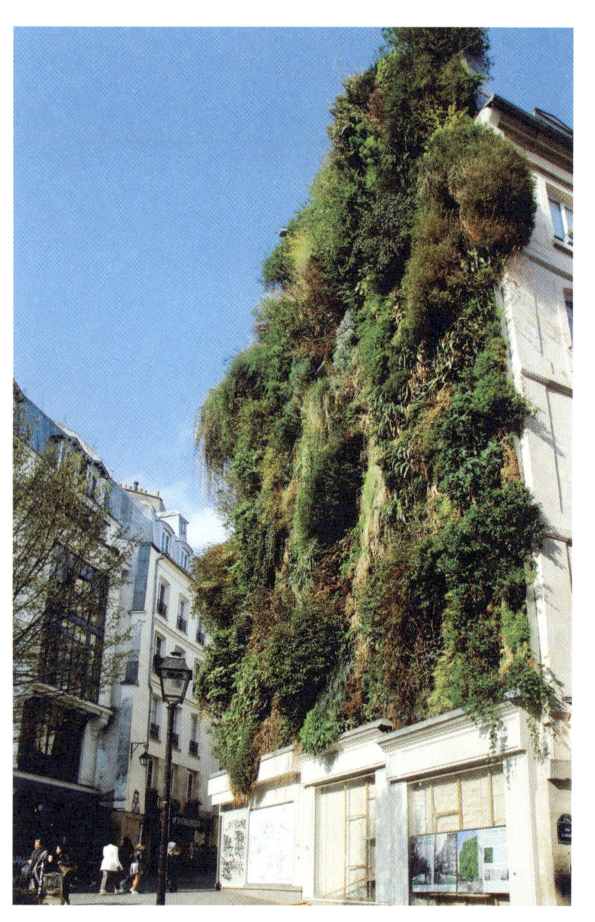

59
Grün in die Stadt: Patrick Blancs Oasis d'Aboukir in Paris, 2016

Wenngleich dieses Metropolenphänomen eine weltweite Erscheinung darstellt, ist bei der Begrünung der Vorsprung Ost- und Südostasiens nicht zu übersehen. An der Spitze der Entwicklung steht heute der Stadtstaat Singapur, der seit 15 Jahren eine konsequente Begrünungspolitik betreibt und mit Hilfe eines 2006 eingeführten staatlichen Förderprogramms das Ziel verfolgt, durch Bebauung verlorengegangene Grünflächen in Form von *High-rise terraces and gardens* vollständig zu ersetzen. Inzwischen sind mehr als 1.700 Gebäude entsprechend den staatlichen Vorgaben zertifiziert.[31] Nicht umsonst ist eine Vielzahl der spektakulären Beispiele einer grünen *High-rise*-Architektur heute in dem prosperierenden Stadtstaat anzutreffen. Büros wie WOHA haben hier etliche Vorzeigeprojekte entwickelt, zu denen inzwischen auch das deutsche Büro von Christoph Ingenhoven mit dem Großprojekt Marina One einen wichtigen Beitrag geleistet hat

In Deutschland sind entsprechende Beispiele aufgrund von Bauvorschriften, aber auch aufgrund des Klimas eher noch die Ausnahme. Die ersten von Patrick Blancs berühmten *murs végétaux* in Deutschland, die seit 2005 eine 65 Quadratmeter große Fläche an der Fassade des Berliner Kaufhauses Lafayette schmücken, müssen in den Wintermonaten mit einer Plane abgedeckt werden. Vor allem die ganzjährige Bewässerung erschwert in Regionen mit Frost die Anwendung dieser ansonsten erfolgreichen Erfindung einer Bepflanzung von Mauern und Häuserwänden, die ohne Erde oder Substrate auskommt. Blanc hatte das Prinzip erstmals Ende der achtziger Jahre in Paris, später beim Gartenfestival von Chaumont-sur-Loire (1994) erprobt; mittlerweile schmücken seine *murs végétaux* auf allen fünf Erdteilen Straßenfronten, Hinterhöfe, Museen und Hotels.[32]

Ökologische Vorteile

Hortitecture in ihrem gegenwärtigen Zustand ist ein weites Feld vielfach auch experimenteller Formen,[33] wobei zweifellos umweltbezogene Motive für die bisherige Entwicklung ausschlaggebend waren. Heute können die Befürworter einer neuen Hortitecture stärker als noch vor wenigen Jahren mit ökologischen Vorteilen und Wirkungen der grünen Architektur argumentieren. Wenngleich der oft hohe technische Aufwand einer vertikalen Begrünung in Relation zu den ökologischen Effekten zu setzen ist: Die urbanen Effekte von Gebäudegrün sprechen für die neue grüne Trendwende. Untersuchungen vor allem der letzten Jahre belegen die positiven Effekte, vorausgesetzt, die Auswahl der Pflanzen ist jeweils klima- und ortsbezogen durchdacht und die Pflanzen werden kontinuierlich gepflegt und bewässert. Solange sich diese Effekte nicht klar belegen ließen, hatte der grüne Trend mit kritischen Vorbehalten zu kämpfen, in manchen Fällen richtete sich der Argwohn gegen eine sogenannte *Greenwashing policy*.[34] Zu den positiven Auswirkungen der Begrünung gehören als Erstes die von intensiv begrünten Dächern erzielte Temperaturreduktion im unmittelbaren Gebäudeumfeld, in geringerem Maße auch der zusätzliche Dämmeffekt vor allem bei winterlichen Temperaturen, die Zunahme von Biodiversität und nicht zuletzt der langsamere Abfluss von Regenwasser ins Erdreich und die damit verbundenen positiven Effekte für ein urbanes Wassermanagement. So kann heute, um zentrale Forschungsergebnisse zusammenzufassen, als nachgewiesen gelten, dass die Verdunstungskühle innerhalb der Vegetationsschicht im Sommer eine Reduktion der Oberflächentemperatur von mehreren Grad Celsius bewirkt.[35] In europäischen Städten wird die Begrünung von Dächern in den kommenden Jahren absehbar erheblich zunehmen; hier bietet sich gerade in Europa noch großes Potential.[36]

From High End to Urban Greening – Neue Beispiele

Prefectural International Hall, Fukuoka 1994
(Emilio Ambasz, Takenaka Group)

Die ACROS Prefectural International Hall ist ein im Zentrum der südjapanischen Hafenstadt Fukuoka gelegenes, von dem Architekten und Designer Emilio Ambasz entworfenes Kultur-, Verwaltungs- beziehungsweise Geschäftszentrum, das sich durch die nahtlose Verbindung von begrüntem Gebäude mit einem öffentlichen Park auszeichnet. Der Gebäudekomplex von annähernd 100.000 Quadratmetern Fläche vereint Ausstellungshalle, Museum, Konferenzräume und Büros. Auf der Südseite des breiten Blocks, der in Form von 15 über das gesamte Gebäude verlaufenden begrünten Terrassen ausgeführt wurde, findet der öffentlich begehbare Komplex in einem ebenerdigen städti-

60
Prefectural International Hall, Fukuoka, 1994

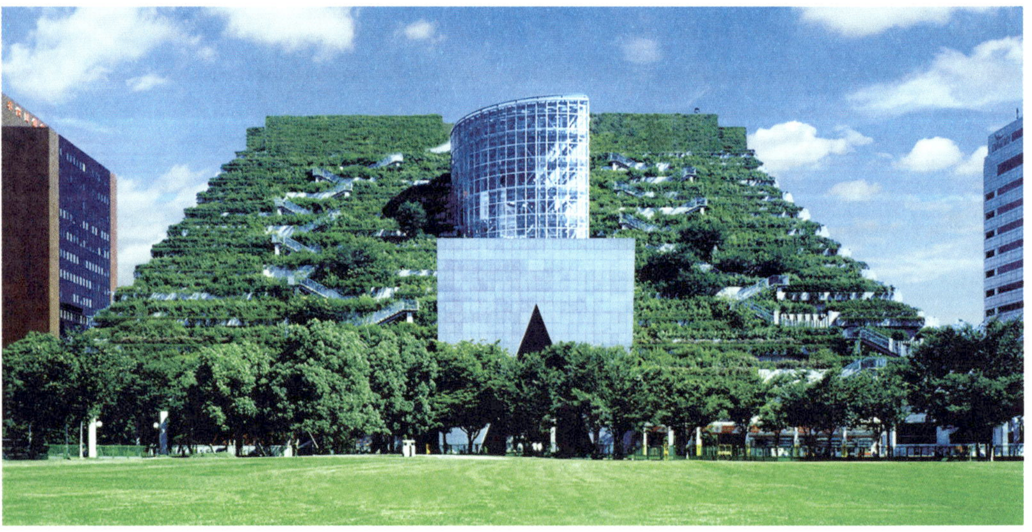

schen Park seine Fortsetzung. Jede Terrasse bietet eine Fülle an begrünten Wegen, kleineren Räumen zur Kontemplation, Wasserbecken und Springbrunnen, während die oberste Ebene als städtische Aussichtsplattform dient. Ambasz hat nicht nur die Aufgabe erfüllt, den durch den Bau beanspruchten Grünraum zu ersetzen, er hat auch architektonisch der rechteckig abgestuften Unterkonstruktion durch Aufschichtungen und Bepflanzung ein markantes Profil verliehen, das unverkennbar an das antike vorderasiatische Vorbild erinnert.

Pschorrgebäude, München 2013 (Kuehn Malvezzi, Auböck + Kárász)

Das sogenannte Joseph-Pschorr-Haus im Herzen Münchens wurde 2016 von der Fachvereinigung Bauwerksbegrünung e.V. (FBB) zum Gründach des Jahres gewählt.[37] Die Wiener Landschaftsarchitekten Auböck + Kárász haben den Innenhof eines als Einkaufsgebäude mit darüberliegenden Penthouse-Wohnungen entworfenen Gebäudekomplexes (Kuehn Malvezzi) in eine grüne Oase verwandelt, die nicht zuletzt Einsichten in die Praxis der heimischen vertikalen Gebäudebegrünung vermittelt.

Im Innern des zur Fußgängerstraße mit einer auffallenden Messing-Glas-Fassade versehenen Komplexes verbirgt sich ein

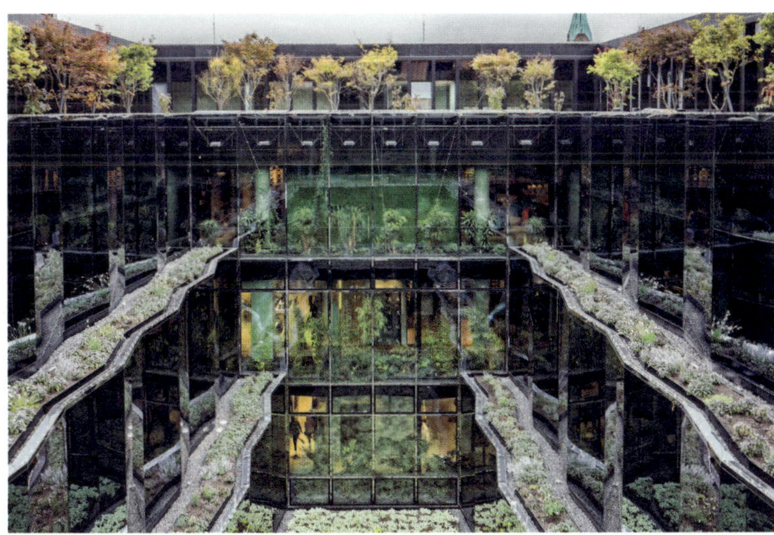

61
Pschorrhaus, München, Innenhof, 2013

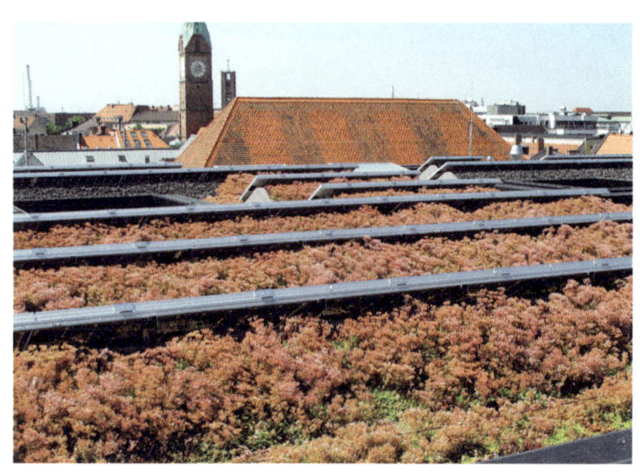

62
Pschorrhaus, München, Dachgarten, 2013

terrassenförmig nach oben erweiterter begrünter Lichthof, dessen Südseite ein vertikales, gebäudehohes Gewächshaus einnimmt. Die Temperierung des Gewächshauses erlaubt es, ganzjährig subtropische Pflanzen zu ziehen und so über das Jahr hinweg eine markante grüne Wand zu schaffen. Diese spiegelt sich in den umliegenden verglasten Fassaden des Innenhofes und erzeugt einen kaleidoskopartig vervielfachten grünen Raum. Das Dach im vierten Obergeschoss wird mit einer Intensivbegrünung und den dortigen Wohnungen zugeordneten Terrassenflächen ausgestattet. Das Dach ist zusätzlich mit einer Fotovoltaikanlage ausgerüstet, zwischen deren Panelbändern eine extensive Begrünung erfolgte. Sie wird rückseitig an die Fotovoltaikpaneele angeböscht, sodass sich dem Betrachter aus den Wohnungen des fünften Obergeschosses eine geschlossene begrünte Dachfläche darbietet. Als Bepflanzung dienten vor allem Klematis, Glyzinien, Efeu und Kletterrosen.

Kampung Admiralty, Singapur 2017 (WOHA, Ramboll Studio Dreiseitl)

Kampung Admiralty in Singapur – Kampung ist das malaiische Wort für Dorf – ist ein innerstädtischer Gebäudekomplex, der mehrere öffentliche Funktionen räumlich sparsam (0,9 Hektar) und funktional geschickt miteinander verknüpft: unter anderem ein Altersheim, Geschäfte, Restaurants, ein Medizinzentrum sowie einen begrünten Freiraum. 2017/2018 gewann das Gebäude verschiedene Preise (unter anderem Skyrise Greenery Award). Die Begrünung erfolgte überwiegend in terrassierter Form. Verantwortlich hierfür war das Design-Büro Ramboll Studio Dreiseitl aus Überlingen am Bodensee, das grüne und blaue Infrastrukturelemente in enger Verzahnung entwickelte: Neben der üppigen tropischen Bepflanzung wurde vor allem auf ein

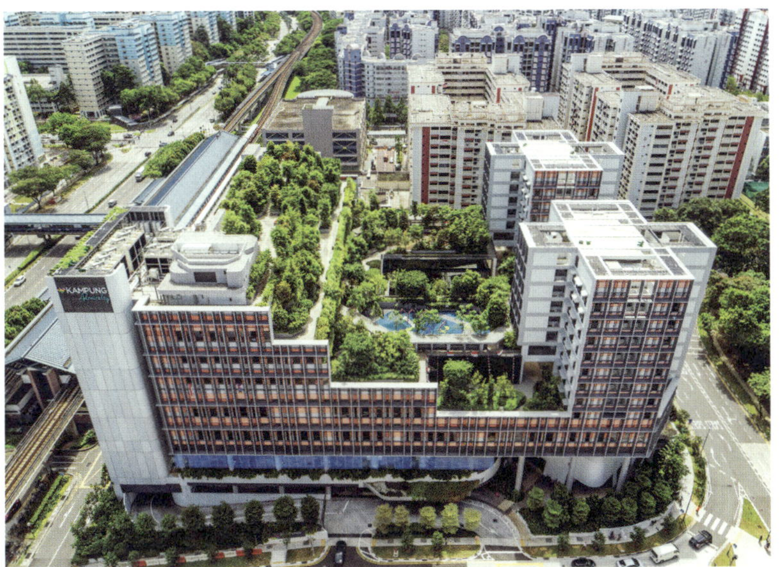

63
Kampung Admiralty, Singapur, 2017

effizientes Regenwassermanagement und Möglichkeiten zur gemeinschaftlichen Nutzung der grünen Freiräume geachtet. Die hohe durchschnittliche Niederschlagsmenge in Singapur (pro Jahr 2.340 mm; zum Vergleich: Hamburg 770 mm), gemeinsam mit einer Bepflanzung, die als Regenvorhang fungiert, erlaubte es, das Regenwasser in einem Teich zu sammeln und zur Bewässerung wiederzuverwenden. Dadurch konnten, wie das Büro ausführt, jährlich mehr als 4,5 Millionen Liter Trinkwasser eingespart werden. »Der Teich im medizinischen Zentrum der Anlage […] fördert auch die Biodiversität im urbanen Raum. Daneben sorgt er für eine natürliche Kühlung und erlaubt den Anwohnern bzw. Patienten eine optimale therapeutische Umgebung zur Entspannung und Erholung.« (Dreiseitl) Auch eine sogenannte *community farm*, in der die Bewohner im Kräutergarten ihre eigenen Ess- und Heilpflanzen anbauen können, wurde als Teil des Konzepts eingerichtet.

64
Kampung Admiralty, Singapur, Dachgarten, 2017

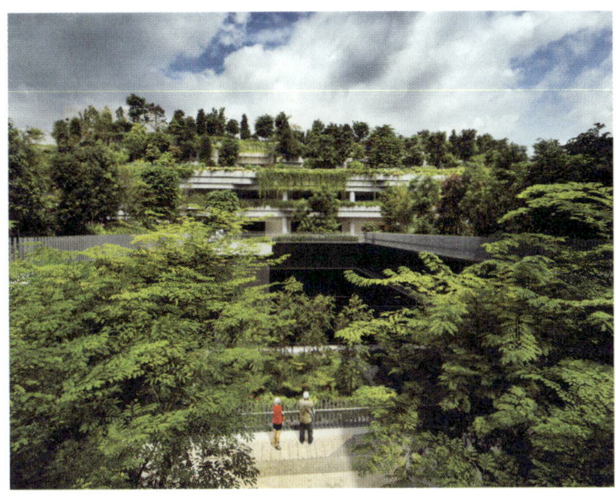

Trudo Vertical Forest, Eindhoven, geplante Fertigstellung 2020 (Stefano Boeri)

Stefano Boeris berühmte Doppeltürme von Mailand haben der Idee begrünter Hochhäuser nicht zuletzt durch ihre Bildstärke wesentlichen Aufschwung gegeben. Zugleich jedoch gab es Kritik an einer sozial exklusiven High-End-Architektur. Eine Antwort des Architekten ist unter anderem der Trudo Vertical Forest von Eindhoven. Dieses soziale Wohnbauprojekt soll beweisen, dass der Typus des begrünten Hochhauses nicht auf das Luxussegment beschränkt sein muss, sondern auch Möglichkeiten bietet, Wohnungen zu bezahlbaren Preisen bereitzustellen. Das 19-stöckige, 75 Meter hohe Gebäude bietet Platz für 125 Sozialwohnungen mit einer Fläche von jeweils unter 50 Quadratmetern, wobei durch Vorfabrikation und Rationalisierung technischer Fassadenlösungen die Kosten gesenkt werden konnten. Die Art der Begrünung auf den jeweiligen Balkonen orientiert sich am Mailänder Prototyp. In diesem Fall sind die Balkone jedoch auf eine Fläche von vier Quadratmetern begrenzt und sollen mit jeweils einem Baum und 20 Staudenpflanzen begrünt werden. 70 verschiedene Pflanzenarten finden Verwendung, die auch hier die Feinstaubverschmutzung verringern und mehr als 50 Tonnen emittiertes CO_2 absorbieren sollen. Im Unterschied zu den Mailänder Wohntürmen wurden pflegeleichtere Pflanzen ausgewählt. »Das Wohnhochhaus von Eindhoven belegt, dass es möglich ist, die Herausforderungen des Klimawandels mit denen des erhöhten Wohnbedarfs zu

65
Trudo Vertical Forest, Eindhoven, Fertigstellung 2020

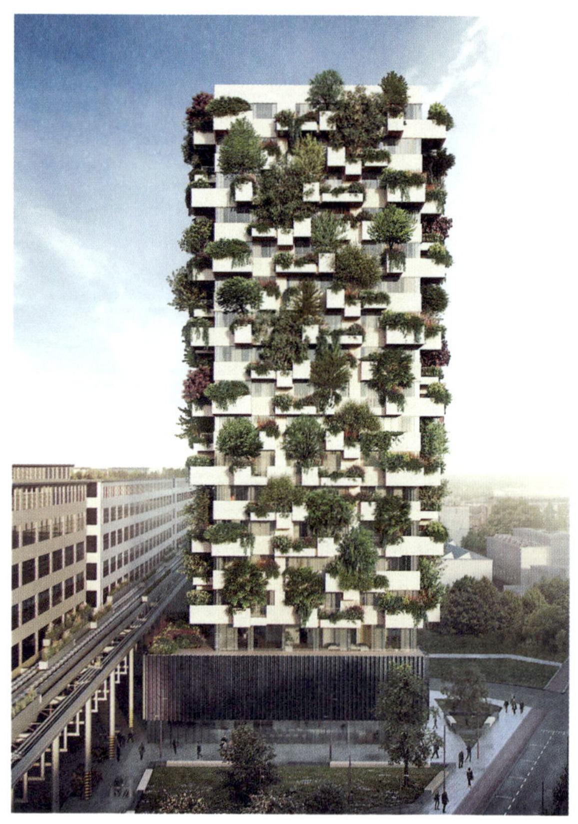

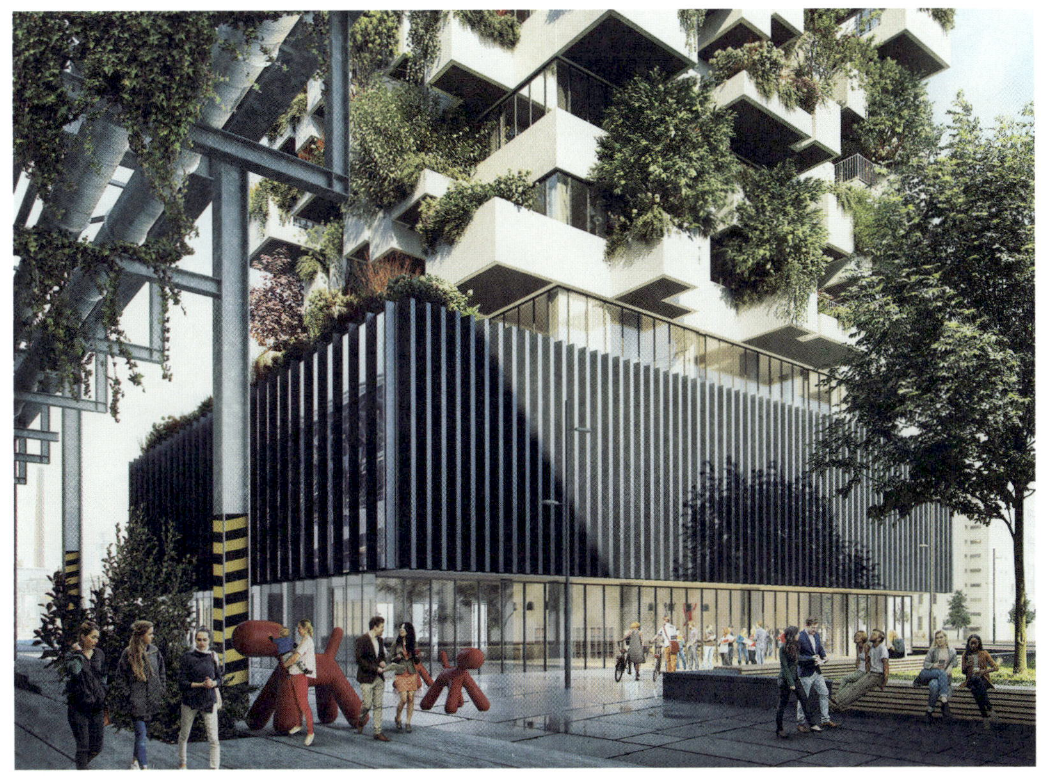

verbinden. Urbaner Wald ist nicht nur notwendig, um die Umweltbedingungen unserer Städte, sondern auch um die Lebensumstände weniger begüterter Schichten zu verbessern« (Stefano Boeri).[38]

66
Trudo Vertical Forest, Eindhoven, Fertigstellung 2020

Kö-Bogen II, Düsseldorf,
geplante Fertigstellung 2020 (ingenhoven architects)

Zwei abgeschrägte, sich gegenüberstehende begrünte Baukörper bilden im erneuerten Zentrum der Landeshauptstadt Nordrhein-Westfalens ein vieldiskutiertes »Tal«, das neue Blickachsen auf zwei architektonische Nachkriegsikonen bietet – das Dreischeibenhaus des Büros HPP und das Schauspielhaus von Bernhard Pfau – und einen notorisch problematischen Innenstadtraum neu gliedert. Während das Dach des kleineren, dreiecksförmigen, mit einfachem Rasen bedeckten und auf zehn Meter

67
Kö-Bogen II,
Düsseldorf,
Fertigstellung 2020

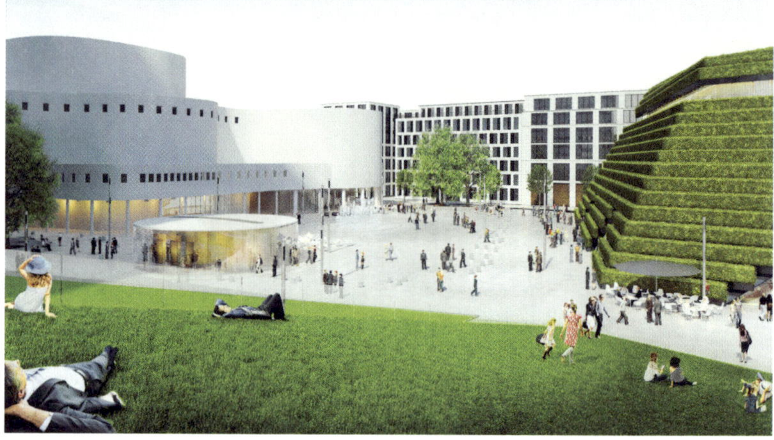

Höhe ansteigenden Gebäudes als Aufenthaltsort im Freien dient, ist das fünfstöckige, trapezförmige Büro- und Geschäftsgebäude auf dem Dach wie auf seiner Nord- und Westseite durchgängig mit einer in einer längeren Vorphase entwickelten, insgesamt acht Kilometer langen Hainbuchenhecke einheitlich begrünt. Sie wächst innerhalb von 4.000 horizontal angeordneten, fest mit der Fassade verbundenen Aluminiumträgern mit Substrateinlage und ist auf 1,30 Meter Höhe begrenzt. Die beiden anderen Fassaden sind aus Glas. Die Entscheidung für die einheitliche regionale Pflanze *(Carpinus betulus)* – sie wirft ihr Laub relativ spät im Herbst ab – verzichtet damit auf spektakuläre Tropen-Effekte und basiert auf detaillierten phytologischen Gutachten zu einer Vielzahl relevanter Standorteigenschaften. Einzelne Abschnitte der Hecke sind separat steuerbar; kontinuierliche Begutachtung ebenso wie professionelle Pflege sind Teil des Gesamtkonzepts.

68
Kö-Bogen II,
Düsseldorf, Anbringung
der Pflanzkästen,
Fertigstellung 2020

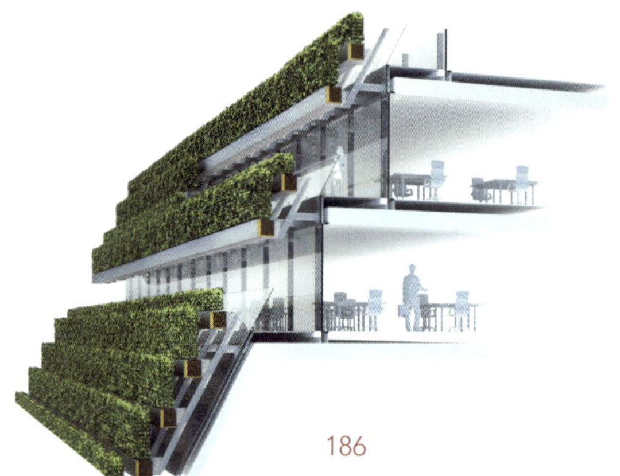

Der städtebauliche Neuansatz, der zum Teil auf eine klassische Blockrandbebauung verzichtet, ist in seinem Begrünungsgedanken von der Absicht geleitet, den benachbarten Hofgarten optisch wie »programmatisch« in das urbane Zentrum hinein zu erweitern. Die grüne Innenstadt, so wird man Christoph Ingenhovens ambitioniertes Vorhaben wohl interpretieren dürfen, ist abgesehen von ökologischen Bestrebungen vor allem als ein Versuch zu verstehen, der Abkehr vom traditionellen europäischen Stadtbild (das in diesem speziellen Fall lange dem der autogerechten Stadt der sechziger Jahre entsprach) zugunsten eines begrünten Erscheinungsbilds größere Akzeptanz zu verleihen, bei Bevölkerung wie bei der Architektenschaft – ein Versuch grüner Avantgarde.

The Valley, Amsterdam, geplante Fertigstellung 2021 (MVRDV)

Mit The Valley, einem gemischt genutzten Wohnkomplex (75.000 Quadratmeter), zielt die Verwaltung Amsterdams darauf ab, in den nächsten zehn Jahren eine bislang ausschließlich als Geschäftsviertel genutzte Gegend im Süden der Metropole urban umzuwandeln. Das Büro MVRDV hat für das Gelände einen aus drei Teilen bestehenden Gebäudekomplex entworfen, der oberhalb von sieben Ebenen, die überwiegend Büros und dem Einzelhandel vorbehalten sind, insgesamt 196 Apartments vorsieht. Ein öffentlich zugänglicher Fußgängerweg windet sich von der Straßenebene über Terrassen und Dachgärten zu einer zentralen sogenannten Talebene auf der fünften und sechsten Etage, wo sich Cafés, Restaurants und die Eingänge zu den Büros befinden. Dieser öffentliche Raum soll als zentrale Plaza auch für Ausstellungen und Veranstaltungen genutzt

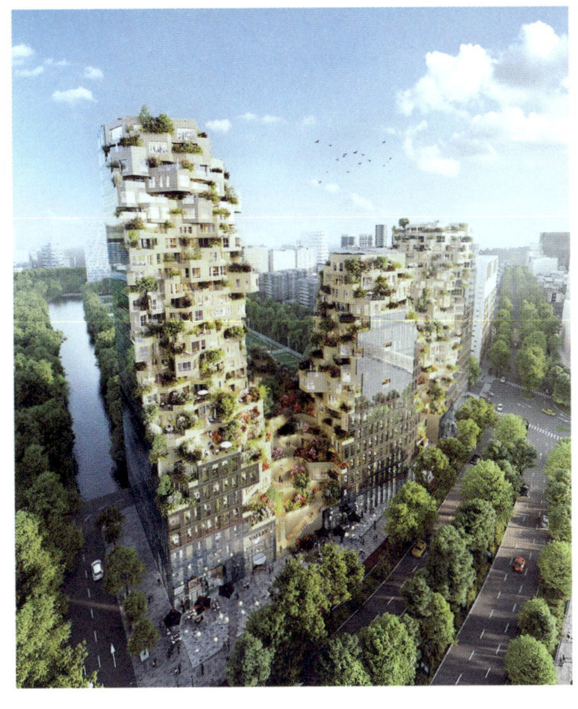

69
The Valley, Amsterdam, Fertigstellung 2021

werden. Der niederländische Landschaftsarchitekt Piet Oudolf entwickelte für den gesamten Komplex eine ganzjährig grünende Bepflanzung. Die Pflanzenauswahl variiert je nach Gebäudehöhe: Auf der Talebene, wo es die Struktur erlaubt, sind Bäume mit einer Höhe von bis zu 15 Metern vorgesehen. Die Balkone an der Spitze der Türme bepflanzt Oudolf mit Gräsern, Sträuchern und bis zu fünf Meter hohen Bäumen. Eine Besonderheit ist die »Grotte«, ein großer, mit Naturstein verkleideter, öffentlich zugänglicher Innenraum auf der vierten Ebene, der mit Deckenleuchten erhellt und durch darüberliegende Wasserbecken optisch verdoppelt wird. The Valley lässt sich als eine neue Form des Stadtumbaus verstehen, das urbane Angebote mit einer naturhaft gestalteten Umgebung zu integrieren sucht. Die terrassenförmig aufgelöste Fassade mit ihrer Intensivbepflanzung zielt darauf, so die Architekten, die Trennung von Gebäude und Natur sukzessive aufzulösen.

Wooden Skyscraper, Stockholm,
geplante Fertigstellung 2023 (C.F. Møller/Dinell Johansson)

Das skandinavische Architekturbüro C.F. Møller entwickelt derzeit in Stockholm (gemeinsam mit Dinell Johansson und Tyrens Consultants) ein 34-stöckiges Apartmenthochhaus aus Holz, das

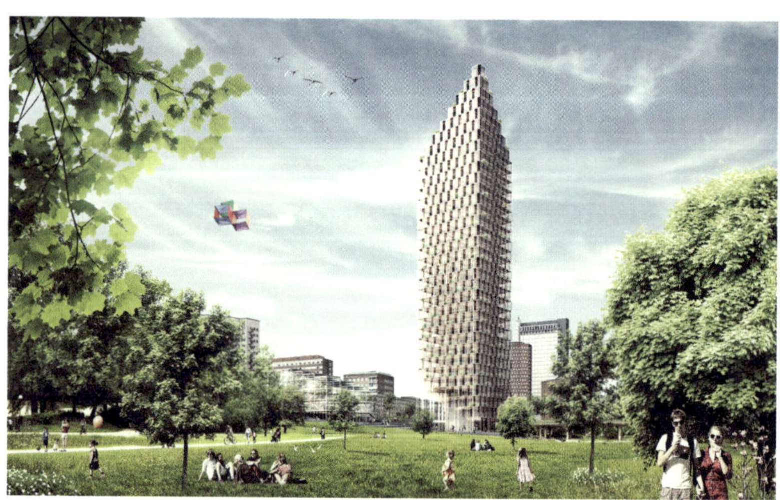

70
Wooden Skyscraper, Stockholm, Fertigstellung 2023

mit einer Höhe von 110 Metern als weltweit höchstes Gebäude aus diesem Material gelten wird. Die mit einem Betonkern verstärkte Konstruktion besteht aus festen Sperrholzsäulen und Balken, deren Elemente innerhalb der Apartments durch die verglasten Flächen zum Teil sichtbar bleiben. Holz ist in vieler Hinsicht ein gegenüber Stahl und Beton vorteilhafter Baustoff: Es ist umweltfreundlicher im CO_2-Verbrauch, erzeugt ein angenehmes und gesundes Raumklima und ist auch unter Feuerschutzaspekten ein geeignetes Material.

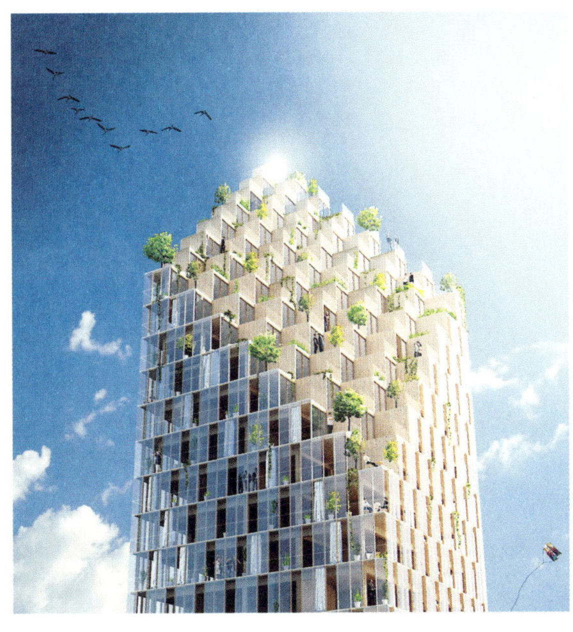

71
Wooden Skyscraper, Stockholm, Fertigstellung 2023

Auffallendstes Merkmal: Das oberste Viertel des Gebäudes ist steil terrassiert, wobei Begrünungen und Solarpaneele für eine optimierte Gebäudeökologie sorgen sollen. Etwa die Hälfte der Terrassenflächen auf den obersten Etagen können privat von den Mietern genutzt werden; die andere Hälfte soll die Speicherung von Regenwasser gewährleisten. Die Apartments werden mit energieeffizienten doppelverglasten Balkonen umgeben.

Resümee: Green Urbanism

Auch wenn der Klimawandel und das geschärfte Umweltbewusstsein (nicht zuletzt innerhalb von Verwaltung und Politik) die treibenden Faktoren für die Renaissance der Gebäudebegrünung der letzten Jahre sind, blieb bei den meisten größeren Projekten ein Moment des Exotisch-Luxuriösen stets ebenfalls ein maßgebliches Motiv. Von Stefanos Boeris Mailänder Bosco Verticale bis zum jüngsten spektakulären Projekt des Pariser Architekten Vincent Callebaut, der in Taipeh derzeit einen 18-stöckigen Hochhausbau in Form einer Doppelhelix mit 23.000 Bäumen bepflanzt (»Agora Gardens«), scheint der Kreis der potentiellen

Adressaten und Bewohner dieser Gebäude auf eine Gruppe beschränkt, die in der Verbindung von exklusiver Hochlage und intensiver Bepflanzung das gewünschte Maß an moderner, zeitgenössischer Form sozialer Distinktion gefunden hat. Der seit jeher privilegierte Blick ins Grüne hat durch den neuen Typus des Wohnhochhauses den Faktor Exklusivität insofern noch einmal potenziert. Dass in diesen neueren Fällen das Stichwort der Hängenden Gärten kaum noch genannt wird – im Unterschied zu den Beispielen einer Repräsentationsarchitektur der dreißiger und vierziger Jahre, deren Dachgärten teilweise öffentlich genutzt wurden –, ändert daran wenig. Vermutlich ist der Grund hierfür eher in einer gegenwärtigen medialen Vermittlung zu sehen, der das alte Stichwort nicht mehr geläufig ist. Dass die vertikale Gentrifizierung, die in Metropolen wie New York heute gerade im privaten Wohnhochhaus ihren Niederschlag findet, gelegentlich auch den Faktor Gebäudegrün in seiner Exklusivität als Kriterium berücksichtigt, ist insofern keine völlige Überraschung. Hochhausbegrünungen bestätigen vielmehr das Potential der in diesem Buch ausgebreiteten Geschichte eines Bildmotivs, das als formale Entwurfsidee in verschiedenen Varianten noch immer »funktioniert«. Die Faszination, dies ist im Hinblick auf das behandelte Thema vielleicht das aufschlussreichste Ergebnis, liegt auch heute noch in der Überraschung, Bäume zu erblicken, die sich gleichsam vertikal stapeln, oder eine Flächenbepflanzung, die Fassaden über mehr als 100 Meter bedecken.

Dennoch zielt die Auswahl der präsentierten Beispiele nicht ausschließlich darauf, die Kontinuität eines Bildmotivs bis in die Gegenwart zu belegen. Die neuesten Beispiele zeigen vielmehr auch das deutliche Bestreben, den Gedanken des Gebäudegrüns, teilweise in bewusster Abkehr von der Exklusivitätstendenz, mit stadtplanerischen Überlegungen zu kombinieren. Hierbei kommt vor allem der Verbindung von Gebäudebegrünung und unterschiedlich genutztem öffentlichem oder privatem Grün eine zentrale Rolle zu: So zielt das vorgestellte Projekt von WOHA in Singapur auf die Vernetzung von sozialtherapeutischer und urbanistischer Nutzung, das des Büros Takenaka in Japan auf die räumlich enge Verbindung eines Kultur- und Kongresszentrums mit einem öffentlichen Park; im Valley von MVRDV in Amsterdam verschränken sich die Idee der vertikalen Stadt mit urbanen Angeboten im Grünen, und das (hier nicht behandelte) 2018 als Gründach des Jahres ausgezeichnete neue Kulturzentrum in Athen von Renzo Piano versammelt unter einer begrünten und begehbaren öffentlichen Dachlandschaft von rund 25.550 Quadratmetern städtische Kultureinrichtungen wie Oper und Theater. Schließlich versucht auch das Projekt in Düsseldorf Gebäudegrün und öffentliche Grünfläche zu verbinden – gleichsam die Kombination von vertikalem und horizontalem Grün.

Neben weiterhin existierenden Luxusobjekten lässt sich mithin eine Entwicklung beobachten, die in der Abkehr von High-End-Objekten, die vom urbanen Kontext isoliert sind, eine engere Verbindung ökologischer und urbanistischer beziehungsweise hygienischer Lösungen anstrebt, bei denen Klimarelevanz nur ein Aspekt unter mehreren ist. Zu dieser Ausbreitung umweltbezogener Motive kann man letztlich auch das Beispiel des 2015 eröffneten Facebook-Headquarters (Architekt: Frank O. Gehry) zählen, dessen mit einheimischen Bäumen und Blumen bepflanztes Dach eine (inzwischen noch erweiterte) Fläche von 40.000 Quadratmetern einnimmt – eine Fläche, die den Angestellten als eine Landschaft angeboten wird, die ein Arbeitsumfeld unter freiem Himmel und tropische Bepflanzung integriert. All dies sind Beispiele für neue Verschränkungen von Natur und Stadt, bei denen als Vision die Idee einer neuen pastoralen Urbanität die alte Idee des exklusiven Weltwunders ersetzt hat.[39]

Dank

Dieses Buch erscheint als Begleitband der gleichnamigen Ausstellung im Museum für Gartenkunst der Stiftung Schloss und Park Benrath in Düsseldorf. Die Arbeit am Buch und die Vorbereitung der Ausstellung wären ohne die großzügige Gewährung eines Museumsstipendiums für einen Aufenthalt an der Bibliotheca Hertziana – Max-Planck-Institut für Kunstgeschichte in Rom kaum möglich gewesen. Ich danke den beiden Direktor*innen, Tanja Michalsky sowie Tristan Weddigen, für die Einladung und Susanne Kubersky-Piredda herzlich für die Betreuung.

Das Ausstellungsprojekt wie der Begleitband verdanken sich intensiven Diskussionen mit Frank Maier-Solgk, der sich bereit erklärte, das abschließende Kapitel über die jüngsten Versuche beizusteuern, Bauwerk und Garten gemeinsam zu denken. Dank seiner Kennerschaft erweitert sich damit die Wirkungsgeschichte der Hängenden Gärten um eine wichtige Dimension, die auch die Lesarten aller früheren Rekonstruktionen und Imaginationen verändert. Ich betrachte dies als einen Glücksfall und danke Frank Maier-Solgk herzlich.

Zahlreiche Kolleginnen und Kollegen lieferten wertvolle Hinweise und Anregungen oder stellten kritische Fragen. Stellvertretend für viele möchte ich namentlich Fabian Jonietz (KHI Florenz) danken. Für die Unterstützung bei der Ausstellung danke ich Lena Kawohl, Leon Adolphs, Anna Wöffen und Anna Weidemann. Nicht zuletzt möchte ich mich bei den Mitarbeiterinnen und Mitarbeitern der Stiftung Schloss und Park Benrath bedanken.

Die jüngste Nachgeschichte der Hängenden Gärten Babylons könnte nicht erzählt werden, hätten sich nicht zahlreiche, durchgehend namhafte Architekturbüros bereit erklärt, Bild- und Informationsmaterial zur Verfügung zu stellen. Namentlich danke ich ingenhoven architects (Düsseldorf), WOHA (Singapur), MVRDV (Rotterdam), C.F. Møller Architects (Kopenhagen), Auböck und Kárász (Wien) sowie Stefano Boeri (Mailand).

Last but not least: Der Wagenbach-Verlag begeisterte sich sofort für das Buchthema. Ich danke Susanne Schüssler für die Aufnahme ins Verlagsprogramm und Linus Guggenberger für Lektorat und Betreuung.

Stefan Schweizer
Düsseldorf im Oktober 2019

Anmerkungen

1 Einleitung

1 Irving L. Finkel: ›Die Hängenden Gärten von Babylon‹, in: *Die Sieben Weltwunder* [1988], hg. von Peter A. Clayton/Martin J. Price, übers. von Hans-Christian Oeser, Stuttgart 2009, S. 56–80, hier 73–76.

2 Reynold Higgins: ›Der Koloß von Rhodos‹, in: Clayton/Price: *Die Sieben Weltwunder*, op. cit., S. 164–181; Kai Brodersen: *Reiseführer zu den Sieben Weltwundern. Philon von Byzanz und andere antike Texte*, zweisprachige Ausgabe, Frankfurt am Main 1992, S. 31f.; Ders.: *Die Sieben Weltwunder. Legendäre Kunst- und Bauwerke der Antike*, 3. Aufl., München 1999, S. 11, mit dem Hinweis, dass dank dieser bekannten Daten auch eine grobe Datierung des ältesten Weltwunderkatalogs ins frühe 3. Jahrhundert v. Chr. möglich ist.

3 Higgins: ›Koloß‹, op. cit., S. 181.

4 Brodersen: *Die Sieben Weltwunder*, op. cit., S. 56f.

5 Stephanie Dalley: *The Mystery of the Hanging Garden of Babylon. An Elusive World Wonder Traced*, Oxford 2013.

6 Franz Olck: ›Gartenbau‹, in: *Paulys Realencyclopädie der classischen Altertumswissenschaft*, hg. von Georg Wissowa und Wilhelm Kroll, Bd. 13, Stuttgart 1910, Sp. 769.

7 Dalley: *The Mystery of the Hanging Garden*, op. cit., S. 20 sowie Jan Pieper: *Pienza. Der Entwurf einer humanistischen Weltsicht*, Stuttgart/London 1997, S. 153–159.

8 Quintus Curtius Rufus: *Historiae Alexandri Magni. Geschichte Alexanders des Großen*, Lateinisch/Deutsch, übers. von Felicitas Olef-Krafft, hg. u. kommentiert von Felicitas Olef-Krafft/Peter Krafft, Stuttgart 2014, V,1[5], S. 232.

2 Der Mythos entsteht: Die Hängenden Gärten in der Textüberlieferung

1 Zu den Weltwundern allgemein: Brodersen: *Reiseführer zu den Sieben Weltwundern*, op. cit.; Ders.: *Die Sieben Weltwunder*, op. cit.; Ders.: ›Die sieben (oder acht oder neun ...) Weltwunder der Antike‹, in: *Die Sieben Weltwunder der Antike. Wege der Wiedergewinnung aus sechs Jahrhunderten*, Ausst.-Kat. Stendal, hg. von Max Kunze, Mainz 2003, S. 9–14; Werner Ekschmitt: *Die Sieben Weltwunder. Ihre Erbauung, Zerstörung und Wiederentdeckung*, Mainz 1984; John und Elizabeth Ro-

mer: *The Seven Wonders of the World. A History of the Modern Imagination*, London 2000; Kunze: *Die Sieben Weltwunder der Antike*, op. cit.; Clayton/Price: *Die Sieben Weltwunder*, op. cit.; zu den Hängenden Gärten von Babylon im Besonderen: Kai Brodersen: ›Die Hängenden Gärten von Babylon‹, in: *Die Geschichte der Gärten und Parks*, hg. von Hans Sarkowicz, Frankfurt am Main/Leipzig 1998, S. 38–49; Reinhold Bichler/Robert Rollinger: ›Die Hängenden Gärten zu Ninive – Die Lösung eines Rätsels?‹, in: *Von Sumer bis Homer. Festschrift für Manfred Schretter*, hg. von Robert Rollinger, Münster 2005, S. 153–218 (= *Alter Orient und Altes Testament* 325); Robert Rollinger: ›Babylon in der antiken Tradition – Herodot, Ktesias, Semiramis und die Hängenden Gärten‹, in: *Babylon. Wahrheit*, hg. von Joachim Marzahn/Günther Schauerte, Ausst.-Kat. Berlin, München 2008, S. 487–504.

2 Homers Odyssee, übers. von Johann Heinrich Voss, mit einem Nachwort von Karl Reinhardt, Leipzig 1948, VII, 82–132; hierzu: Arwed Arnulf: *Architektur- und Kunstbeschreibungen von der Antike bis zum 16. Jahrhundert*, München/Berlin 2004, S. 24–33.

3 Arnulf, ebd., S. 37–39.

4 Herodot, *Historien* II, 124, zit. nach Herodot: *Historien*, Bd. 1: *Bücher I–V*, griechisch–deutsch, hg. von Josef Feix, 7. Aufl., Düsseldorf u. a. 2006, S. 309.

5 Zum Babylonbild Herodots vgl. André Heller: *Das Babylonien der Spätzeit (7.–4. Jh.) in den klassischen und keilschriftlichen Quellen*, Berlin 2010 (= *Oikumene. Studien zur antiken Weltgeschichte* 7), S. 41–57.

6 Herodot, *Historien* I, 178, zit. nach Herodot: *Historien*, op. cit., S. 162.

7 Herodot, *Historien* I, 179, zit. nach Herodot: *Historien*, op. cit., S. 165.

8 I Mose 11, 1–9.

9 Siehe Helmut Minkowski: *Vermutungen über den Turm zu Babel*, Freren 1991.

10 Herodot, *Historien* I, 184, zit. nach Herodot: *Historien*, op. cit., S. 168.

11 Zur Babylondarstellung bei Ktesias vgl. Heller: *Das Babylonien der Spätzeit*, op. cit., S. 58–64; Irene Madreiter: ›Ktesias und Babylonien. Über eine nicht existierende Größe in den Persika‹, in: *Ktesias' Welt*, hg. von Josef Wiesehöfer/Giovanni Lanfranchi/Robert Rollinger, Wiesbaden 2011, S. 247–279.

12 Felix Jacoby: *Die Fragmente der griechischen Historiker (FGrHist)*, Teil 3: *Geschichte von Staedten und Voelkern. – C: Autoren über einzelne Länder*; Bd. 1: *Aegypten – Geten (Nr. 608a–708)*, Leiden 1958.

13 Zit. nach Brodersen: *Die Sieben Weltwunder*, op. cit., S. 40.

14 Zit. nach ebd., S. 49f.

15 *Historia Augusta. Römische Herrschergestalten*, Bd. 1, übers. von Ernst Hohl, hg. u. erläutert von Elke Merten/Alfons Rösger, Zürich/München 1976, S. 57 (Hadrianus 26,5).

16 Claudia Lazzaro: *The Italian Renaissance Garden. From the Conventions of Planting, Design, and Ornament to the Grand Gardens of Sixteenth-Century Central Italy*, New Haven/London 1990, S. 148–150.

17 Peter A. Clayton/Martin J. Price: ›Einführung‹, in: Dies.: *Die Sieben Weltwunder*, op. cit., S. 9–23, bes. S. 19–23; Brodersen: *Die Sieben Weltwunder*, op. cit., S. 9f.

18 Plutarch: ›Perikles‹, in: Ders.: *Fünf Doppelbiographien*, griechisch und deutsch,

Teil 1, übers. von Konrat Ziegler/Walter Wuhrmann, Zürich 1994, S. 510–611, hier S. 539–545.

19 Hierzu Stefan Schweizer: ›,Stil', ,Bedeutung', ,Wahrnehmung'. Historische Wurzeln interdisziplinärer Architekturdeutung und ihre transdisziplinären Perspektiven‹, in: *Bauen als Kunst und historische Praxis. Architektur und Stadtraum im Gespräch zwischen Kunstgeschichte und Geschichtswissenschaft*, hg. von Stefan Schweizer/Jörg Stabenow, Teilbd. 1, Göttingen 2006 (= *Göttinger Gespräche zur Geschichtswissenschaft* 26), S. 21–83, hier S. 34–43.

20 Brodersen: *Reiseführer zu den Sieben Weltwundern*, op. cit., S. 58.

21 Zit. nach Ders.: *Die Sieben Weltwunder*, op. cit., S. 50.

22 Johann Georg Krünitz: *Oeconomische Encyclopädie*, Bd. 148, Berlin 1828, S. 186.

23 Thomas Brandstetter: *Kräfte messen. Die Maschine von Marly und die Kultur der Technik 1680–1840*, Berlin 2008. Die sogenannte Archimedische Schraube geht nicht auf Archimedes zurück, im Gegensatz zur Archimedischen Spirale, der geometrischen Darstellung einer Drehbewegung, bei der sich der Radius proportional zum Drehwinkel vergrößert.

24 Dalley: *The Mystery of the Hanging Garden*, op. cit., S. 61–105.

25 Zit. nach Brodersen: *Die Sieben Weltwunder*, op. cit., S. 51f; der Begriff »Gartenbaukunst« ist unsinnig, denn er vereint den nutzgärtnerischen Gartenbau mit der künstlerischen Gattung Gartenkunst.

26 Heller: *Das Babylonien der Spätzeit*, op. cit., S. 64–66.

27 Flavius Josephus: *Jüdische Altertümer* X, 11, 1, zit. nach Brodersen: *Die Sieben Weltwunder*, op. cit., S. 52f.; eine ältere deutsche Übertragung in *Des Flavius Josephus Jüdische Altertümer*, übers. und mit einer Einleitung versehen von Heinrich Clementz, Halle 1900, S. 637.

28 Zit. nach Robert Koldewey: *Das wieder erstehende Babylon. Die bisherigen Ergebnisse der deutschen Ausgrabungen*, 2. Aufl., Leipzig 1913, S. 170.

29 Donald J. Wiseman: *Nebuchadrezzar and Babylon. The Schweich Lectures of the British Academy 1983*, Oxford 1985, S. 56f.; die Übers. nach Brodersen: *Die Sieben Weltwunder*, op. cit., S. 48; siehe auch Bichler/Rollinger: ›Die Hängenden Gärten von Ninive‹, op. cit., S. 204f.

30 Dies bestreitet Dalley: *The Mystery of the Hanging Garden*, op. cit., S. 20–27.

31 Brodersen: *Die Sieben Weltwunder*, op. cit., S. 10f. Angesichts der Unbeständigkeit in den Listen hinsichtlich der Zusammensetzung ist die der Datierung zugrundeliegende These gleichwohl gewagt.

32 Antipatros von Sidon: ›Artemistempel zu Ephesos‹, in: *Anthologia Graeca*, griechisch–deutsch, hg. von Hermann Beckby, Bd. 3, 2., verb. Aufl., München 1965, Buch IX 58; Brodersen: *Die Sieben Weltwunder*, op. cit., S. 10.

33 Philon von Byzanz: *Die sieben Weltwunder* I, 1–5, zit. nach Brodersen: *Reiseführer zu den Sieben Weltwundern*, op. cit., S. 23–25.

34 Philon von Byzanz: *Die sieben Weltwunder* V, 1, zit. nach Brodersen: *Reiseführer zu den Sieben Weltwundern*, op. cit., S. 35.

35 Brodersen: *Reiseführer zu den Sieben Weltwundern*, op. cit., S. 60; Ders.: *Die Sieben Weltwunder*, op. cit., S. 11.

36 Marcus Valerius Martialis: *Spectacula* 1, zit. nach Brodersen: *Reiseführer zu den Sieben Weltwundern*, op. cit., S. 87.

37 Marcus Vitruvius Pollio: *Zehn Bücher über Architektur. Vitruvii De architectura libri decem*, lateinisch–deutsch, übers. und mit Anm. versehen von Curt Fensterbusch, 5. Aufl., Darmstadt 1991, S. 108f. (49.16–50.3).

38 Ebd., S. 58f. (23.7), S. 374f. (195.21 und 196.2).

39 C. Plinius Secundus d. Ä.: *Naturalis Historiae/Naturkunde*. Lateinisch–deutsch, Buch XXXVI, hg. und übers. von Roderich König in Zusammenarbeit mit Joachim Hopp, 2. Aufl., Düsseldorf 2007, IV, 30 (S. 31).

40 Ebd., XX, 94 (S. 69).

41 Jacqueline Leclercq-Marx: ›L'intégration des Sept Merveilles du Monde à la culture chrétienne. Entre survivance et réinterprétation‹, in: *Hortus Artium Medievalium* 20/2 (2014), S. 674–680, hier S. 675f.

42 Elisabeth Alföldi-Rosenbaum: *Justinianic Mosaic Pavements in Cyrenaican Churches*, Rom 1980 (= *Monografie di archeologia libica* 14), S. 59f. und 132; Tafel 17,1.

43 Leclercq-Marx: ›L'intégration des Sept Merveilles‹, op. cit., S. 677f.

44 Brodersen: *Reiseführer zu den Sieben Weltwundern*, op. cit., S. 65–68 und 90–95.

45 Ebd., S. 67.

46 Claude W. Barlow: ›Codex Vaticanus Latinus 4929‹, in: *Memoirs of the American Academy in Rome* 15 (1938), S. 87–124.

47 Brodersen: *Reiseführer zu den Sieben Weltwundern*, op. cit., S. 124f.

48 Barlow: ›Codex‹, op. cit.

49 Zur Gattung des Heilsspiegels: Edgar Breitenbach: *Speculum Humanae Salvationis. Eine typengeschichtliche Untersuchung*, Straßburg 1930; Manuela Niesner: *Das Speculum Humanae Salvationis der Stiftsbibliothek Kremsmünster. Edition der mittelhochdeutschen Versübersetzung und Studien zum Verhältnis von Bild und Text*, Köln/Weimar/Wien 1995, S. 2–35; Hans Walter Stork: ›Speculum humanae salvationis‹, in: *Lexikon der Buchmalerei*, Bd. 2, hg. von Hartmut Engelhart, Stuttgart 2012, S. 614–616; Gunhild Roth: ›Speculum humanae salvationis‹, in: *Lexikon des Mittelalters*, Bd. 7, München 1995, Sp. 2088f.

50 Roth, ›Speculum humanae salvationis‹, op. cit.

51 Oskar Holl: ›Semiramis‹, in: *Lexikon der christlichen Ikonographie*, Bd. 4, hg. von Engelbert Kirschbaum, Freiburg u. a. 1972, Sp. 149.

52 Koninklijke Bibliotheek Den Haag, Speculum humanae salvationis, RMMW, 10 C 23, Fol. 9r.

53 Speculum Humanae Salvationis, ULB Darmstadt, Hs 2505, fol. 11r.

54 Helga Lengenfelder (Hg.): *Bibel der Armen – Speculum humanae salvationis – Canticum canticorum – Ars memorandi – Defensorium virginitatis Mariae – Apocalypsis – Der Endkrist und die 15 Zeichen – Ars moriendi – Regiomontanus: Deutscher Kalender für 1475 bis 1530*. Farbmikrofiche-Edition der Blockbücher der Universitätsbibliothek München. Mit einer historischen Einführung von Wolfgang Müller, München 2004, S. 28: Speculum humanae salvationis (Ausgabe I) Cim. 52 (= 2° Xylogr. 10); Adrian Wilson/Joyce Lancaster Wilson: *A Medieval Mirror. Speculum Humanae Salvationis 1324–1500*, Berkeley u. a. 1984, S. 151.

55 Monika Rappenecker: ›Petrus Comestor‹, in: *Biographisch-Bibliographisches Kirchenlexikon*, Bd. 7, Hamm 1994, Sp. 343–345.

56 Die *Historia Scholastica* von Petrus Comestor zit. nach https://la.wikisource.org/wiki/Historia_Scholastica/Daniel#Catalogus_regum_Babylonis.

57 Angelo Poliziano: *Vorworte und Vorlesungen*. Übers., eingeleitet und mit Anmerkungen versehen von Otto und Eva Schönberger, Würzburg 2011, S. 7–14.

58 Übers. zit. nach Brodersen: *Reiseführer zu den Sieben Weltwundern*, op. cit., S. 145–147; siehe auch Angelo Poliziano: *Silvae*, hg. und übers. von Charles Fantazzi, Cambridge/MA 2004 (= *The I Tatti Renaissance Library* 14), S. 24–26.

59 Johannes Aventinus: *Des hochgelerten weitberümbten Beyerischen Geschichtsschreibers Chronica ...*, Frankfurt am Main 1580, S. 21.

60 Zedler 1751, Bd. 59, Sp. 2140f.

61 Zedler 1733, Bd. 3, Sp. 24–28, hier Sp. 26.

62 Zedler 1743, Bd. 36, Sp. 7f., hier Sp. 8.

63 Johann Friedrich Penther: *Lexicon architectonicum oder Erklärungen der üblichsten [...] Kunst-Wörter der bürgerlichen Bau-Kunst*, Bd. 1, Augsburg 1744 (= *Ausführliche Anweisung zur Bürgerlichen Bau-Kunst*, 4 Bde., Augsburg 1744–1748), S. 87.

64 Johann Jacob Schmidt: *Biblischer Historicus*, Leipzig 1740, S. 148.

65 Stefan Schweizer: *Die Erfindung der Gartenkunst. Gattungsautonomie – Diskursgeschichte – Kunstwerkanspruch*, Berlin/München 2013 (= *Kunstwissenschaftliche Studien* 172), S. 31f.

66 Johann Sigismund Elsholtz: *Vom Gartenbaw*, Cölln a.d. Spree 1666, S. 2.

67 Johann Georg Sulzer: *Allgemeine Theorie der Schönen Künste*, Teil 1, Leipzig 1771, S. 423.

68 Christian Cay Lorenz Hirschfeld: *Theorie der Gartenkunst*, Bd. 1, Leipzig 1779, S. 8.

69 Ebd., S. 7.

70 John Claudius Loudon: *An Encyclopædia of Gardening; Comprising the Theory and Practice of Horticulture, Floriculture, Arboriculture and Landscape-Gardening*, 3. Aufl., London 1825, S. 5.

71 Jakob von Falke: *Der Garten. Seine Kunst und Kunstgeschichte*, Berlin/Stuttgart 1884, S. 60f.

3 Die Bildgeschichte der Hängenden Gärten in Früher Neuzeit und Moderne

1 Vgl. die Zusammenstellung aus der Perspektive der Architekturbilder bei Marcello Fagiolo/Maria Luisa Madonna: ›El mundo de las maravillas. Arquetipos clásicos entre el Renacimiento y la Ilustración‹, in: *Arquitecturas pintadas. Del Renacimiento al siglo XVIII*, hg. von Delfín Rodríguez/Mar Borobia, Ausst.-Kat. Madrid 2011, S. 87–101.

2 Minkowski: *Vermutungen*, op. cit.

3 Eine Ausnahme dürften die seit langer Zeit berühmten Pyramiden Ägyptens gewesen sein.

4 Grundlegend: Matthew McLean: *The »Cosmographia« of Sebastian Münster. Describing the World in the Reformation*, Aldershot 2007; zum Typus der Kosmografie sowie zu Münster im Kontext des Genres: Detlef Haberland: ›Die Kosmographie – Typologie und Medienstrategien‹, in: *Cognition and the Book. Typologies of Formal Organisation of Knowledge in the Printed Book of the Early Modern Period*, hg. von Karl A. E. Enenkel/Wolfgang Neuber, Leiden/Boston 2005, S. 125–159, bes. S. 136–143.

5 Jasper van Putten: *Networked Nation. Mapping German Cities in Sebastian Münster's ›Cosmographia‹*, Leiden/Boston 2018 (= *Maps, Spaces, Cultures* 1).

6 Eine Übersicht über die Ausgaben der *Cosmographia* von Sebastian Münster 1544–1628 unter http://www.landkarten-ausstellung.de/Eyfalia/Cosmographia%20Ausgaben%20Tabelle.pdf; konsultierte Ausgaben: Münster 1544, 1561, 1567, 1569, 1574, 1588.

7 McLean: *The »Cosmographia« of Sebastian Münster*, op. cit., S. 45–87.

8 Münster 1544, S. 612.

9 Ebd.

10 Hierzu auch Pieper: *Pienza*, op. cit., S. 155.

11 Sebastian Münster: *Cosmographey Oder beschreibung Aller Länder herrschafftenn vnd fürnemesten Stetten des gantzen Erdbodens sampt jhren Gelegenheiten, Eygenschafften, Religion, Gebreuchen, Geschichten vnnd Handthierungen, etc.*, Basel 1588, S. 1306.

12 Pieper: *Pienza*, op. cit., S. 155.

13 McLean: *The »Cosmographia« of Sebastian Münster*, op. cit., S. 174–188.

14 Sebastiano Serlio: *Il Terzo Libro Di Sebastiano Serlio Bolognese, Nel Qval Si Figvrano, E Descrivono Le Antiqvita Di Roma, E Le Altre Che Sono In Italia, E Fvori De Italia*, Venedig 1544, S. CXL; Torello Saraina: *De origine et amplitudine ciuitatis Veronae. Eiusdem De viris illustribus antiquis Veronensibus* ..., Verona 1540, Liber secundus (ohne Paginierung).

15 Hierzu u. a. Ilja M. Veldman: ›L'homme et le cosmos‹, in: *Heemskerck & l'humanisme. Un œuvre à penser 1498–1576*, hg. von Francis Ribemont, Ausst.-Kat. Rennes 2010/11, Paris 2010, S. 33–47.

16 Ilja M. Veldman: ›Marten van Heemskerck and Hadrianus Junius: The Relationship between a Painter and a Humanist‹, in: *Simiolus. Netherlands Quarterly for the History of Art* 7/1 (1974), S. 35–54, hier S. 4–49; Ders.: *Maarten van Heemskerck and Dutch Humanism in the Sixteenth Century*, Maarssen 1977, bes. S. 95–112; grundlegend zu Junius: Dirk van Miert (Hg.): *The Kaleidoscopic Scholarship of Hadrianus Junius (1511–1575). Northern Humanism at the Dawn of the Dutch Golden Age*, Leiden/Boston 2011; im Gegensatz dazu Brodersen: *Reiseführer zu den Sieben Weltwundern*, op. cit., S. 70f.

17 Jüngst Tatjana Bartsch: *Maarten van Heemskerck. Römische Studien zwischen Sachlichkeit und Imagination*, München 2019 (= *Römische Studien der Bibliotheca Hertziana* 44); das inschriftlich auf 1533 datierte Selbstbildnis vor dem Kolosseum befindet sich im Fitzwilliam Museum in Cambridge.

18 Marcus Valerius Martialis, *Spectacula* 1, zit. nach Brodersen: *Reiseführer zu den Sieben Weltwundern*, op. cit., S. 87.

19 Die Vorlagezeichnung befindet sich im Département des arts graphiques du musée du Louvre, Inv.-Nr. RF36730.

20 Zit. nach Kunze: *Die Sieben Weltwunder der Antike*, op. cit., S. 19f.

21 Signiert: »MHeemskeerck Inventor / PGalle fecit.«

22 Horst Bredekamp: ›Babylon als Ansporn: Semiramis' Enzyklopädie der Bilder‹, in: *Babylon. Mythos*, hg. von Moritz Wullen/Günther Schauerte, Ausst.-Kat. Berlin/Paris/London, München 2008, S. 169–179.

23 Valerius Maxmimus: *Sammlung merkwürdiger Reden und Thaten*, übersetzt von Friedrich Hoffmann, Stuttgart 1829, Buch 9,3, ext. 4.

24 Strabon 17,795; zit. nach Kunze: *Die Sieben Weltwunder der Antike*, op. cit., S. 20.

25 Franciscus van Aelst: *Li sette meraviglie del mondo*, Rom o.J., 58,3 x 42,2 cm; zur Datierung siehe Margarete Demus-Quatember: ›Guglia di Babilonia‹, in: *Römische Historische Mitteilungen* 23 (1981), S. 213–225, bes. S. 224f.

26 Bei Fagiolo/Madonna: ›El mundo de las maravillas‹, op. cit., S. 93 wird das Blatt (Florenz, Gabinetto Disegni e Stampe degli Uffizi – ohne Signatur) Nicolas van Aelst zugeschrieben; die Inschrift auf dem Pariser Blatt spricht dagegen.

27 Das Blatt befindet sich in der Bibliothèque nationale de France, GE DD-655 (95RES) – hier mit der Stecherangabe »Francisus van Aelst« auf dem Sockelbau des Obelisken; im Istituto Nazionale della Grafica Rom, Fondo Naz. 41.779 cart. 570, hier ohne Stecherinschrift; sowie in zwei Einzelblättern gebunden in der Herzog August Bibliothek in Wolfenbüttel; Maria Luisa Madonna: ›‚Septem Mundi Miracula' come templi della virtù. Pirro Ligorio e l'interpretazione cinquecentesca delle meraviglie del mondo‹, in: *Psicon* III/7 (1977), S. 24–63, hier S. 24; die Abbildung ist dem Beitrag vorgeschaltet und besitzt einen eigenen Erklärungstext; vgl. auch Demus-Quatember: ›Guglia di Babilonia‹, op. cit., die Autorin nahm indes den Aufsatz von Madonna nicht zur Kenntnis.

28 Madonna: ‚Septem Mundi Miracula', op. cit., S. 24.

29 Guillaume Du Choul: *Discours de la religion des anciens Romains*, Lyon 1556, S. 211f.; hierzu auch Kunze: *Die Sieben Weltwunder der Antike*, op. cit., S. 135f.

30 Vgl. Matteo Burioni: ›Das Ich der Baukunst. Traumwandlerische Architekturen in der *Hypnerotomachia Poliphili*‹, in: *Zwischen Architektur und literarischer Imagination*, hg. von Andreas Beyer/Ralf Simon/Martino Stierli, München 2013, S. 357–384.

31 Kunze: *Die Sieben Weltwunder der Antike*, op. cit., S. 112f.

32 Ebd., S. 118–120.

33 Zu Tempesta: Eckhard Leuschner: *Antonio Tempesta. Ein Bahnbrecher des römischen Barock und seine europäische Wirkung*, Petersberg 2005, dort die einzige Erwähnung der Weltwunderserie auf S. 464, Anm. 20. Hier wird als Verleger Jan Baptist Vrint genannt; im Gegensatz dazu Kunze: *Die Sieben Weltwunder der Antike*, op. cit., S. 112, der richtigerweise Franciscus van den Wyngaerde nennt, wie dies auch das Deckblatt der Serie belegt.

34 Ilja M. Veldman: *Crispijn de Passe and His Progeny (1564–1670)*, Rotterdam 2001, S. 20–24.

35 Zur Gartengeschichte des Augustus-Mausoleums: David Robbins Coffin: *Gardens and Gardening in Papal Rome*, Princeton/NJ 1991, S. 65–67; zu seiner Ausstattung mit antiken Skulpturen: Anna Maria Riccomini: ›A Garden of Statues and Marbles: The Soderini Collection in the Mausoleum of Augustus‹, in: *Journal of the Warburg and Cortauld Institutes* 58 (1995), S. 256–283.

36 Auch Willem Janszoon Blaeuw greift für seine berühmte Weltkarte *Nova Totius Orbis Geographica Ac Hydrographica* 1606 auf die Heemskerck-Serie zurück. Die Umrandung der Karte präsentiert am Fuß sieben Ansichten der Weltwunder in ovalen Medaillons, an den Seiten erscheinen die vier Elemente und die vier Jahreszeiten, vgl. dazu Kunze: *Die Sieben Weltwunder der Antike*, op. cit., S. 25f.

37 Ich beziehe mich auf Hartmut Walravens: ›Die Sieben Weltwunder in chinesischer Darstellung‹, in: *Oriens Extremus* 17/1–2 (1970), S. 101–124.

38 Helen Creasy/Harry Metcalf/Nick Pearce: ›History and Conservation on ‚Kunyu Quantu (A Map of the Whole World)' by Ferdinand Verbiest, 1674‹, in: *Printed on Paper. The Techniques, History, and Conservation of Printed Media*, hg. von Jane Colbourne/Reba Fishman Snyder, Newcastle upon Tyne 2009, S. 33–41.

39 Zit. nach Walravens: ›Die Sieben Weltwunder‹, op. cit., S. 105f.

40 Grundlegend: George Kunoth: *Die Historische Architektur Fischers von Erlach*, Düsseldorf 1956, S. 27–32; Raynaldo Perugini: ›Athanasius Kircher tra ‚architettura filosofica' e ‚architettura delle meraviglie'‹, in: *Enciclopedismo in Roma barocca. Athanasius Kircher e il Museo del Collegio Romano tra Wunderkammer e museo scientifico*, hg. von Maristella Casciato, Venedig 1986, S. 195–209; Ulrike B. Wegener: *Die Faszination des Maßlosen. Der Turmbau zu Babel von Pieter Bruegel bis Athanasius Kircher*, Hildesheim/Zürich/New York 1995, S. 129–175; Kunze: *Die Sieben Weltwunder der Antike*, op. cit., S. 113–118.

41 *Philonis Byzantii De septem orbis spectaculis*, Rom 1640.

42 Athanasius Kircher: *Arca Noë*, Amsterdam 1675; Ders.: *Turris Babel, sive archontologia, qua primo priscorum post diluvium hominum vita, mores rerumque gestarum magnitudo, Secundo turris fabrica civitatumque extructio, confusio linguarum, & inde gentium transmigrationis, cum principalium inde enatorum idiomatum historia, multiplici eruditione describuntur & explicantur*, Amsterdam 1679.

43 Wegener: *Die Faszination des Maßlosen*, op. cit., S. 144–149.

44 Kircher: *Turris Babel*, op. cit., S. 58–64.

45 Ebd., S. 48f.

46 Ebd., S. 62f.

47 Barbara Jatta: *Lievin Cruyl e la sua opera grafica. Un artista fiammingo nell'Italia del Seicento*, Brüssel/Rom 1992, S. 82f.

48 Jörg Martin Merz: *Das Heiligtum der Fortuna in Palestrina und die Architektur der Neuzeit*, München 2001 (= *Römische Forschungen der Bibliotheca Hertziana* 29), S. 54–61 und 129f.

49 Annalisa Cattaneo: ›Mario Cartaro. Catalogo delle incisioni (II parte)‹, in: *Grafica d'arte* XI/42 (2000), S. 3–11, hier S. 6 (Nr. 51).

50 Kircher: *Turris Babel*, op. cit., S. 61.

51 Merz: *Das Heiligtum der Fortuna*, op. cit., S. 100–103.

52 Abraham Hogenberg: *Hortorvm Viridariorvmqve. Nouiter in Europa præcipue adornatorum elegantes et multiplices formae ad vivum delineatae et aeri incisae. Der Vornembsten vnd berümsten Lustgartten in Europa nach dem leben eigentliche Abrisz so vorhien nitt ihn druck auszgangen ietzo aber allen Liebhaberen zu nutz vnd dienst mitt vieler mühe vnd kosten zusammen getragen*, Köln 1655; hierzu Schweizer: *Die Erfindung der Gartenkunst*, op. cit., S. 97–100.

53 Wegener: *Die Faszination des Maßlosen*, op. cit., S. 169.

54 Olfert Dapper: *Umbständliche und eigentliche Beschreibung von Asia: In sich haltend die Landschafften Mesopotamien, Babylonien, Assyrien, Anatolien oder Klein-Asien; Nebenst einer vollkommnen Vorstellung des glücklichen, wüsten und steinigten Arabiens; Zusamt deren verschiednen Namen, Grenzen, Abtheilungen, Städten, Flecken, Gewächsen, Thieren, Sitten, Trachten, Regierung, Geschichten und Gottesdienst, insonderheit der alten Araber, des Mahomets und der Mahometaner*, Nürnberg 1681 – bei der benutzten Ausgabe handelt es sich um die deutsche Übersetzung, die ein Jahr nach der niederländischen Urfassung erschien.

55 Ebd., S. 68.

56 Ebd., S. 76.

57 Alain Manesson-Mallet: *Description de L'Univers*, Paris 1683, S. 226–231.

58 Alain Manesson-Mallet: *Beschreibung des gantzen Welt-Kreises: nebst allgemeinen und besonderen Land-Charten von denen Kayserthümern, Königreichen, Fürstenthümern, Provinzen, Insuln und Staaten des Erd-Kreyses, aus der alten und neuen Geographie ... 2. Worinne das alte und neue Asia*, Frankfurt 1719, S. 225.

59 Zur Publikation: Petra Feuerstein-Herz (Hg.): *Friedrich Justin Bertuchs ›Bilderbuch für Kinder‹. Das illustrierte Wissen des 18. Jahrhunderts*, Darmstadt 2014.

60 Friedrich Justin Bertuch: *Bilderbuch für Kinder enthaltend eine angenehme Sammlung von Thieren, Pflanzen, Blumen, Früchten, Mineralien, Trachten und allerhand andern unterrichtenden Gegenständen aus dem Reiche der Natur, der Künste und Wissenschaften; alle nach den besten Originalen gewählt ...*, Bd. 1, Weimar 1790, XIII. Alterthümer I, T. I, No. 63, No. 3.

61 Paul von Naredi-Rainer: *Salomos Tempel und das Abendland. Monumentale Folgen historischer Irrtümer*, Köln 1994, S. 172–182.

62 Zu den einzelnen Ausgaben Kunoth: *Die Historische Architektur Fischers von Erlach*, op. cit., S. 17–20; Peter Prange: *Entwurf und Phantasie. Zeichnungen des Johann Bernhard Fischer von Erlach (1656–1723)*, Ausst.-Kat. Salzburg 2004, S. 51–84; das Manuskript befindet sich in der Grafischen Sammlung der National- und Universitätsbibliothek Zagreb.

63 Johann Bernhard Fischer von Erlach, *Entwurff einer Historischen Architectur...*, Leipzig 1725, Vorrede (ohne Paginierung).

64 Ebd.

65 Naredi-Rainer: *Salomos Tempel und das Abendland*, op. cit., S. 183.

66 Fischer von Erlach, *Entwurff einer Historischen Architectur*, op. cit. (ohne Paginierung).

67 Ebd.

68 Zur Stadtansicht: Kunoth: *Die Historische Architektur Fischers von Erlach*, op. cit.,

S. 27–32; Prange: *Entwurf und Phantasie*, op. cit., S. 160f. (Handzeichnung); Kunze: *Die Sieben Weltwunder der Antike*, op. cit., S. 120.

69 Fischer von Erlach, *Entwurff einer Historischen Architectur*, op. cit. (ohne Paginierung).

70 Ebd. (ohne Paginierung).

71 Kunoth: *Die Historische Architektur Fischers von Erlach*, op. cit., S. 31; Minkowski: *Vermutungen*, op. cit., S. 82.

72 Grundlegend: Carl von Lorck: *Karl Friedrich Schinkel*, Berlin 1939, S. 17–20; Ulrike Harten: *Die Bühnenentwürfe*, überarb. und hg. von Helmut Börsch-Supan/Gottfried Riemann, München/Berlin 2000 (= *Karl Friedrich Schinkel. Lebenswerk* XVII), S. 22–28; Helmut Börsch-Supan: *Bild-Erfindungen*, hg. von Helmut Börsch-Supan/Gottfried Riemann, München/Berlin 2007 (= *Karl Friedrich Schinkel. Lebenswerk* XX), S. 561–567 und 617–625; Kunze: *Die Sieben Weltwunder der Antike*, op. cit., S. 95f. und 162; Rolf Thomas Senn: ›Karl Friedrich Schinkel. Orientalismus im Gewand von Mittelalter und Antike‹, in: *Jahrbuch der Stiftung Preußische Schlösser und Gärten Berlin-Brandenburg* 1 (1995/96), S. 203–225.

73 Börsch-Supan: *Bild-Erfindungen*, op. cit., S. 563.

74 Ebd., S. 562.

75 Ebd., S. 563.

76 Ebd., S. 566.

77 Harten: *Die Bühnenentwürfe*, op. cit., S. 23.

78 Börsch-Supan: *Bild-Erfindungen*, op. cit., S. 617.

79 Aloys Ludwig Hirt: *Die Geschichte der Baukunst bei den Alten*, Bd. 1, Berlin 1821, S. 130–160; zu den hängenden Gärten ebd., S. 142–146.

80 Karl Friedrich Schinkel: Gebäude im ägyptischen Stil, Graphitstift auf Papier, 16,6 x 30,1 cm, Kupferstichkabinett, Staatliche Museen zu Berlin, Inv.-Nr.: SM 20c.164; die Bezeichnung des Inventars ist falsch; vgl. Börsch-Supan: *Bild-Erfindungen*, op. cit., S. 622–624; Senn: ›Karl Friedrich Schinkel‹, op. cit.

81 Karl Friedrich Schinkel: Die Sieben Weltwunder. Drei Skizzen zu den hängenden Gärten der Semiramis & Skizze zu den ägyptischen Pyramiden, 1814, Graphitstift auf Papier, 33 x 20,4 cm, Kupferstichkabinett, Staatliche Museen zu Berlin, Inv.-Nr.: SM 20c.163.

82 Senn: ›Karl Friedrich Schinkel‹, op. cit.

83 Bruno Maurer: ›Lehrgebäude – Gottfried Semper am Zürcher Polytechnikum‹, in: *Gottfried Semper (1803–1879). Architektur und Wissenschaft*, hg. von Winfried Nerdinger/Werner Oechslin, Ausst.-Kat. München/Zürich, München/Berlin/Zürich 2003, S. 306–313; Susanne Luttmann: ›Von der Methodik des Erfindens – Gottfried Sempers ‚Vergleichende Baulehre'‹, in: *Gottfried Semper – Dresden und Europa. Die moderne Renaissance der Künste*, hg. von Henrik Karge, München/Berlin 2007, S. 221–236.

84 gta Archiv / ETH Zürich, 20-MS-263, Mitschrift zur Babylonischen Architektur aus dem Kollegheft zu Sempers Vorlesung *Vergleichende Baukunde*, S. 26/27.

85 Gottfried Semper: ›Ueber den Zusammenhang der architektonischen Systeme

mit allgemeinen Kulturzuständen‹, in: Ders.: *Kleine Schriften*, hg. von Hans und Manfred Semper, Berlin/Stuttgart 1884, S. 351–368.

86 Zu dieser methodischen Konstellation: Sonja Hildebrand: ›‚nach einem Systeme zu ordnen, welches die inneren Verbindungsfäden dieser bunten Welt am besten zusammenhält'. Kulturgeschichtliche Modelle bei Gottfried Semper und Gustav Klemm‹, in: *Gottfried Semper – Dresden und Europa. Die moderne Renaissance der Künste*, hg. von Henrik Karge, München/Berlin 2007, S. 237–250.

87 Semper: ›Ueber den Zusammenhang‹, op. cit., S. 366.

88 Ebd., S. 368.

89 Hierzu auch Michael Gnehm: ›Im Konflikt zwischen Individuum und Gesellschaft. Gottfried Sempers theatraler Urbanismus‹, in: *Metropolen 1850–1950. Mythen – Bilder – Entwürfe*, hg. von Jean-Louis Cohen/Hartmut Frank, Berlin/München 2013 (= *Passagen/Passages* 36), S. 61–86, hier S. 64–66.

90 Gottfried Semper: ›Ueber Baustile‹, in: Ders.: *Kleine Schriften*, hg. von Hans und Manfred Semper, Berlin/Stuttgart 1884, S. 395–426.

91 Ebd., S. 410.

92 Wolfgang Herrmann: *Gottfried Semper: theoretischer Nachlass an der ETH Zürich*, Basel/Boston 1981, S. 88.

93 Austen Henry Layard: *Nineveh and Its Remains*, 2 Bde., London 1849.

94 Austen Henry Layard: *Discoveries among the Ruins of Nineveh and Babylon*, London 1853.

95 Ferdinand Knab: ›Die Mauern und hängenden Gärten‹, in: *Münchener Bilderbogen*, München (Braun & Schneider) 1886, Nr. 927; zu Knab: Elena Hahn: ›Den Pinsel in flüssiges Licht getaucht. Die Gemälde von Ferdinand Knab‹, in: *Sehnsucht Landschaft. Würzburg und die romantische Landschaftsmalerei des 19. Jahrhunderts*, hg. von Nico Kirchberger, Berlin/München 2016, S. 86–94.

96 Julian Reade: *Assyrian Sculpture*, 2. Aufl., London 1998, S. 38f.

97 Kathleen Howard (Hg.): *The Metropolitan Museum of Art. Guide*, ausgewählt von Philippe de Montebello, 2. Aufl., New York 1994, S. 55, Nr. 24.

98 Reade: *Assyrian Sculpture*, op. cit., S. 34.

99 Ebd., S. 28f.

4 Architektur und Gartenkunst: Hängende Gärten zwischen Renaissance und Moderne

1 Hierzu grundlegend: Jan Pieper: ›Die Natur der Hängenden Gärten‹, in: *Daidalos* 23 (1987), S. 94–109; Jana Ahrendt: *Historische Gründächer. Ihr Entwicklungsgang bis zur Erfindung des Eisenbetons*, 2 Teile, Ing.-Diss. TU Berlin 2007, S. 57–82; Anke Fissabre: ›Dachterrassen in der Renaissance – ‚Cosa più maravigliosa che gl'orti pensili di Babbilonia'‹, in: *Architectura* 41/1 (2011), S. 27–46; Jan Pieper: ›Der zweite Punkt: ‚Le toit-jardin'. Le Corbusiers bewohnbare Dächer‹, in: *Stadtbaukunst: Das Dach*, Katalog zu den Dortmunder Architekturtagen 2007, hg. von Dortmunder Institut für Stadtbaukunst, Köln 2008 (= *Dortmunder Architekturhefte* 20), S. 66–85.

2 Bernhard Andreae: »*Am Birnbaum*«. *Gärten und Parks im antiken Rom, in den Vesuvstädten und in Ostia*, Mainz 1996 (= *Kulturgeschichte der antiken Welt* 66), S. 67–77.

3 Linda Farrar: *Ancient Roman Gardens*, Stroud 1998, S. 47–50.

4 Lynne C. Lancaster: *Concrete Vaulted Construction in Imperial Rome. Innovations in Context*, Cambridge 2005, S. 59f.; Fissabre: ›Dachterrassen in der Renaissance‹, op. cit., S. 41.

5 Lancaster: *Concrete Vaulted Construction*, op. cit., S. 173.

6 Seneca, *Epistulae* 122.8, zit. nach Lucius Annaeus Seneca: *Epistulae morales ad Lucilium/Briefe an Lucilius*, Bd. I, hg. und übers. von Gerhard Fink, Düsseldorf 2007, S. 588f.

7 Pieper: *Pienza*, op. cit., S. 157.

8 Ebd., S. 242.

9 Zur antiken Agrartheorie aus Sicht der Gartenkunst: Schweizer: *Die Erfindung der Gartenkunst*, op. cit., S. 153–156; zum Mittelalter ebd., S. 153–164; siehe auch Petrus de Crescentiis: *Ruralia commoda/Das Wissen des vollkommenen Landwirts um 1300*, 3 Bde., Heidelberg 1995–2002.

10 Anke Fissabre: *Dachterrassen der Renaissance*, 2 Bde., Ing.-Diss. RWTH Aachen 2009; Dies.: ›Dachterrassen in der Renaissance‹, op. cit.; Ahrendt: *Historische Gründächer*, op. cit.

11 Hanno-Walter Kruft: *Geschichte der Architekturtheorie. Von der Antike bis zur Gegenwart*, 4. Aufl., München 1995, S. 44–54; Anthony Grafton: *Leon Battista Alberti. Baumeister der Renaissance*, Berlin 2002 und Joachim Poeschke/Candida Syndikus (Hg.): *Leon Battista Alberti. Humanist – Architekt – Kunsttheoretiker*, Münster 2008.

12 Kruft: *Geschichte der Architekturtheorie*, op. cit., S. 42 und S. 72f.

13 Leon Battista Alberti: *Zehn Bücher über die Baukunst (De re aedificatoria)*, übers., eingeleitet und mit Anmerkungen versehen durch Max Theuer [Wien u. a. 1912], unveränderter Nachdruck, Darmstadt 1991, S. 166.

14 Ebd.

15 Zuletzt Hubertus Günther: ›Utopische Elemente in Filaretes Idealstadt Plusiapolis‹, in: *Utopie, Fiktion, Planung. Stadtentwürfe zwsichen Antike und Früher Neuzeit*, hg. von Albert Dietl/Wolfgang Schöller/Dirk Steuernagel, Regensburg 2014, S. 197–220, hier S. 202.

16 Hierzu Gianpaolo Angelini: ›Da Pier de' Crescenzi a Filarete: Il giardino pensile nei trattati tra tardo Medioevo a Rinascimento e il caso di Vigevano‹, in: *Viglevanum* XXV (2015) (= *Atti del convegno »Giardini pensile del primo Rinascimento«*), S. 88–97, hier S. 93f.

17 Antonio Averlino detto Filarete: *Trattato di architettura* [1460–1464], 2 Bde., hg. von Anna Maria Finoli/Liliana Grassi, Bd. 2, Mailand 1972, S. 452; Kruft: *Geschichte der Architekturtheorie*, op. cit., S. 55–60.

18 Im Kontext Hängender Gärten: Pieper, *Pienza*, op. cit., S. 155f.

19 Filarete: *Trattato di architettura*, Bd. 1, op. cit., S. 38.

20 Zum Palast: Giovanni Cherubini/Giovanni Fanelli (Hg.): *Il Palazzo Medici Riccardi di Firenze*, Florenz 1990.

21 Doris Carl: ›La casa vecchia dei Medici e il suo giardino‹, in: *Il Palazzo Medici Riccardi di Firenze*, hg. von Giovanni Cherubini/Giovanni Fanelli, Florenz 1990, S. 38–43; Cristina Acidini Luchinat: ›Il giardino di Palazzo Medici in via Larga‹, in: *Giardini Medicei. Giardini di palazzo e di villa nella Firenze del Quattrocento*, hg. von Cristina Acidini Luchinat, Mailand 1996, S. 173–184, hier S. 175.

22 Filarete: *Trattato di architettura*, Bd. 2, op. cit., S. 695–697; die Passage im 25. Buch widmet sich zeitgenössischer Architektur.

23 Giorgio Vasari: *Das Leben des Donatello und des Michelozzo*, neu ins Deutsche übers. von Victoria Lorini, hg., kommentiert u. eingeleitet von Ulrich Pfisterer, Berlin 2013, S. 72.

24 Heute in Form einer dreibogigen verglasten Laube, die eine begrünte Pergola trägt.

25 Johannes Reuchlin: *De arte cabalistica libri tres* [1517], Stuttgart-Bad Cannstatt 2010 (= Ders.: *Sämtliche Werke*, Bd. II,1 hg. von Widu-Wolfgang Ehlers/Fritz Felgentreu, hebräischer Text hg. von Reimund Leicht), S. 29–31; erstmals hat auf diese Textstelle aufmerksam gemacht: Wolfger A. Bulst: ›Uso e trasformazione del Palazzo mediceo fino ai Riccardi‹, in: Cherubini/Fanelli: *Il Palazzo Medici Riccardi di Firenze*, op. cit., S. 98–124, hier S. 118.

26 Hierzu Fissabre: *Dachterrassen der Renaissance*, op. cit., S. 190–194.

27 Margherita Azzi Visentini: *Die italienische Villa. Bauten des 15. und 16. Jahrhunderts*, Stuttgart 1997, S. 49–53.

28 William Roscoe: *The Life of Lorenzo De' Medici, Called the Magnificent*, Bd. 2, London 1796, Appendix S. 56, Nr. LXIII.

29 Cristina Acidini Luchinat (Hg.): *Giardini Medicei. Giardini di palazzo e di villa nella Firenze del Quattrocento*, Mailand 1996, S. 175.

30 Fissabre: *Dachterrassen der Renaissance*, op. cit., S. 141–156; Dies.: ›Dachterrassen in der Renaissance‹, op. cit., S. 36f.

31 Herbert Keutner: ›Der Giardino Pensile der Loggia dei Lanzi und seine Fontäne‹, in: *Kunstgeschichtliche Studien für Hans Kauffmann*, hg. von Wolfgang Braunfels, Berlin 1956, S. 240–251; neuerdings Fissabre: *Dachterrassen der Renaissance*, op. cit., S. 121–141.

32 Zur Technik: ebd., S. 128–131.

33 Keutner: ›Der Giardino Pensile‹, op. cit., S. 243; auch für das Folgende.

34 Fissabre: *Dachterrassen der Renaissance*, op. cit., S. 136f.

35 Keutner: ›Der Giardino Pensile‹, op. cit., S. 244–251.

36 Zit. nach Pieper: *Pienza*, op. cit., S. 243.

37 Ebd., S. 66–98.

38 Grundlegend Andreas Tönnesmann: *Pienza. Städtebau und Humanismus*, 3. Aufl., Berlin 2013; Pieper: *Pienza*, op. cit.

39 Tönnesmann: *Pienza*, op. cit., S. 49f.

40 Ebd., S. 28–30.

41 Ebd., S. 27.

42 Ebd., S. 53.

43 Ebd., S. 125ff.

44 Stefan Schweizer: ›Forum‹, in: *Der Neue Pauly. Enzyklopädie der Antike*, Bd. 13 (Rezeptions- und Wissenschaftsgeschichte), Stuttgart 2000, Sp. 1152–1162; siehe auch die Beiträge in: Alessandro Nova/Cornelia Jöchner (Hg.): *Platz und Territorium. Urbane Struktur gestaltet politische Räume*, Berlin/München 2010.

45 Pieper: *Pienza*, op. cit., S. 153–158 und 375–481.

46 Ebd., S. 367–374.

47 Ebd., S. 375–381; dagegen Tönnesmann: *Pienza*, op. cit., S. 120ff., jedoch ohne nähere Kenntnisse der Bauforschung.

48 Pieper: *Pienza*, op. cit., S. 157.

49 Ebd.

50 Zum Bauherrn zuletzt Bernd Roeck/Andreas Tönnesmann: *Die Nase Italiens. Federico da Montefeltro, Herzog von Urbino*, Berlin 2005.

51 Grundlegend immer noch Pasquale Rotondi: *The Ducal Palace of Urbino. Its Architecture and Decoration*, New York 1969 sowie Maria Luisa Polichetti (Hg.): *Il Palazzo di Federico da Montefeltro*, Bd. 1: *Restauri e ricerche*, Urbino 1985; Brunella Teodori: ›Note e critiche e storia dei restauri del giardino pensile‹, in: Polichetti: *Il Palazzo di Federico da Montefeltro*, op. cit., S. 529–552; neuerdings mit wichtigen Ergänzungen und Konkretisierungen: Janez Höfler: *Der Palazzo Ducale in Urbino unter den Montefeltro (1376–1508). Neue Forschungen zur Bau- und Ausstattungsgeschichte*, Regensburg 2004.

52 Höfler: *Der Palazzo Ducale in Urbino*, op. cit., S. 83–101.

53 Die Möglichkeit/Wahrscheinlichkeit eines Aufenthalts Albertis in Urbino und ein persönlicher Umgang Federicos mit Alberti beleuchtet überzeugend Hartmut Biermann: ›War Leon Battista Alberti je in Urbino?‹, in: *Zeitschrift für Kunstgeschichte* 65 (2002), S. 493–521.

54 Resümierend zuletzt Roberta Martufi: ›Il giardino pensile del palazzo ducale di Urbino‹, in: *I giardini del duca. Luoghi di delizia dai Montefeltro ai Della Rovere*, hg. von Anna Cerboni Baiardi, Ausst.-Kat. Urbino, Cinisello Balsamo 2018, S. 89–99.

55 Vespasiano da Bisticci: *Große Männer und Frauen der Renaissance, achtunddreißig biographische Porträts*, ausgewählt, übers. und eingeleitet von Bernd Roeck, München 1995, S. 219f.

56 Roeck/Tönnesmann: *Die Nase Italiens*, op. cit., S. 143–145.

57 Rotondi: *The Ducal Palace of Urbino*, op. cit., Pläne Nr. 47–50.

58 Ebd., Plan Nr. 47.

59 Vgl. die ebd., Abb. 63, präsentierte historische Fotografie.

60 Zur Ornamentik der Parterreflächen, für die Vorbilder im Garten der Villa Borghese adaptiert wurden, siehe Teodori: ›Note e critiche e storia dei restauri del giardino pensile‹, op. cit., S. 547 sowie die Abbildung auf S. 544f.

61 Siehe das Zitat bei Martufi: ›Il giardino pensile‹, op. cit., S. 91, auch für das Folgende.

62 Gerd Blum: *Fenestra prospectiva. Architektonisch inszenierte Ausblicke: Alberti, Palladio, Agucchi*, Berlin/Boston 2015 (= *Studien aus dem Warburg-Haus* 15), S. 178–185.

63 Teodori: ›Note e critiche e storia dei restauri del giardino pensile‹, op. cit., S. 533–537, mit dem Hinweis darauf, dass Quellen existieren (Baldi, Vasari), welche die Einrichtung des Verbindungsgangs im 16. Jahrhunderts nahelegen, wohingegen alte Fürsteninitialen an den Konsolen auf die Zeit Federico da Montefeltros verweisen.

64 Blum: *Fenestra prospectiva*, op. cit.

65 Christoph Bertsch: *Villa, Garten, Landschaft. Stadt und Land in der florentinischen Toskana als ästhetischer und politischer Raum*, Berlin 2012.

66 Stephan Hoppe: ›Das renaissancezeitliche Schloss und sein Umland. Der architekturgebundene Fächerblick als epochenspezifische Herrschaftsgeste‹, in: *Die Vielschichtigkeit der Straße. Kontinuität und Wandel im Mittelalter und früher Neuzeit*, hg. von Kornelia Holzner-Tobisch/Thomas Kühtreiber/Gertrud Blaschitz, Wien 2012, S. 303–329.

67 Pieper: *Pienza*, op. cit., S. 429.

68 Richard Krautheimer: ›Le tavole di Urbino, Berlino e Baltimora riesaminate‹, in: *Rinascimento da Brunelleschi a Michelangelo*, hg. von Henry Millon/Vittorio Magnago Lampugnani, Ausst.-Kat. Venedig 1994, Mailand 1994, S. 233–258; Michaela Herrmann: ›Die Utopie als Modell. Zu den Idealstadt-Bildern in Urbino, Baltimore und Berlin‹, in: *Architekturmodelle der Renaissance. Die Harmonie des Bauens von Alberti bis Michelangelo*, hg. von Bernd Evers, Ausst.-Kat. Venedig/Washington, D.C./Paris/Berlin 1994, München 1995, S. 56–73; Pieper: *Pienza*, op. cit., S. 133–140; Roeck/Tönnesmann: *Die Nase Italiens*, op. cit., S. 172–174.

69 Paolo Micalizzi: *Gubbio. Storia dell'architettura e della città*, 2., rev. Aufl., Gubbio 2009, S. 117–126.

70 Ebd., S. 167–181.

71 Ebd., S. 195–204; Spartaco Capannelli: ›Note sul palazzo ducale di Gubbio e il suo giardino pensile‹, in: Baiardi: *I giardini del duca*, op. cit., S. 115–121.

72 Micalizzi: *Gubbio*, op. cit., S. 195.

73 Die heutige Struktur mit Zentralachse und vier Kompartimenten scheint eine naheliegende Rekonstruktion zu sein.

74 Für das Folgende Bernhard Patzak: *Die Villa Imperiale in Pesaro. Studien zur Kunstgeschichte der italienischen Renaissance-Villa und ihrer Innendekoration*, Leipzig 1908; Sabine Eiche: *Alessandro Sforza and Pesaro: A Study in Urbanism and Architectural Patronage*, 2 Bde., PhD Princeton University 1982, Bd. I, S. 219–279; Sabine Eiche: ›Architetture sforzesche‹, in: *Pesaro tra Medioevo e Rinascimento*, hg. von Maria Rosaria Valazzi, Venedig 1990 (= *Historia Pisaurensia* II), S. 269–303, bes. S. 287–303; Sabine Eiche: ›I Della Rovere mecenati dell'architettura‹, in: *Pesaro nell età dei Della Rovere*, hg. von Guido Arbizzoni/Antonio Brancati/Maria Rosaria Valazzi, Venedig 1998 (= *Historia Pisaurensia* III, 1), S. 231–263, bes. S. 235–263; Franco Panzini: ›Giardini rovereschi nella Pesaro del Cinquecento‹, in: Arbizzoni/Brancati/Valazzi: *Pesaro nell età dei Della Rovere*, S. 265–284, bes. S. 266–273; Fissabre: *Dachterrassen der Renaissance*, op. cit., S. 83–121; Azzi Visentini: *Die italienische Villa*, op. cit., S. 135–145.

75 Eiche: ›Architetture sforzesche‹, op. cit.

76 Philip E. Foster: ›Raphael on the Villa Madama. The Text of a Lost Letter‹, in: *Römisches Jahrbuch für Kunstgeschichte* 11 (1967/68), S. 308–312.

77 Eiche: ›I Della Rovere mecenati dell'architettura‹, op. cit., S. 239.

78 FR MARIAE DUCI METAURENSIUM A BELLIS REDEUNTI / LEONORA UXOR ANIMI EIUS CAUSA VILLA EXAEDIFICAVIT.

79 Eiche: ›I Della Rovere mecenati dell'architettura‹, op. cit., S. 243, Abb. 14 – Codex Escorial, c. 44v.

80 Hierzu besonders Fissabre: *Dachterrassen der Renaissance*, op. cit., S. 101–104.

81 Ebd., S. 94–101.

82 Eiche: ›I Della Rovere mecenati dell'architettura‹, op. cit., S. 245.

83 Zum Garten: Panzini: ›Giardini rovereschi‹, op. cit., S. 266–273.

84 Leandro Alberti: *Descrittione di tutta Italia*, Venedig 1557, S. 265v: »Invero par questo luogo un delitioso paradiso«. Der Autor nennt den Palast irrtümlich »Poggio Imperiale«.

85 Coffin: *Gardens and Gardening in Papal Rome*, op. cit., S. 3–16.

86 Grundlegend Christoph Luitpold Frommel: ›Francesco del Borgo: Architekt Pius' II. und Pauls II. Palazzo Venezia, Palazzetto Venezia und San Marco‹, in: *Römisches Jahrbuch für Kunstgeschichte* 21 (1984), S. 71–164, hier S. 79–84, 112–115 und 142–150; Coffin: *Gardens and Gardening in Papal Rome*, op. cit., S. 10–12.

87 Christoph Luitpold Frommel: *Der Römische Palastbau der Hochrenaissance*, 3 Bde., Bd. I, Tübingen 1973 (= *Römische Forschungen der Bibliotheca Hertziana*, 21,1), S. 88f.

88 Ercolano Marani: ›La costruzione del giardino pensile nel Palazzo Ducale di Mantova‹, in: *Atti e Memorie della Accademia Virgiliana di Mantova* N.S. 38 (1970), S. 181–201.

89 Ebd., S. 201.

90 Alessandra Alvisi: ›L'Architettura dei giardini dai Gonzaga alle corta Cesarea. Il giardino ,posto sopra le volte' nel carteggio con Praga‹, in: *Architettura e urbanistica nei carteggi Gonzagheschi. Contributo per l'età moderna*, hg. von Daniela Sogliani/Carlo Togliani, Rom 2017, S. 143–151.

91 Gioconda Pomella (Hg.): *Palazzi dei Rolli*, Genua 2004.

92 Fissabre: *Dachterrassen der Renaissance*, op. cit., S. 158–170.

93 Ennio Poleggi: *Genova. Una Civiltà di Palazzi*, Genua 2002, S. 37–42.

94 Ebd., S. 80–83.

95 Ebd., S. 141–144.

96 Ebd., S. 145–150; Luca Leoncini: ›Palazzo Balbi Durazzo Reale. Note per la storia di un museo‹, in: *Palazzo Reale di Genova. Studi e restauri 1993–1994*, hg. von Luca Leoncini, Genua 1997, S. 43–64; Carolina Di Biase: *Strada Balbi a Genova. Residenza aristocratica e città*, Genua 1993, S. 82–105.

97 Leoncini: ›Palazzo Balbi Durazzo Reale‹, op. cit., S. 51.

98 Kunoth: *Die Historische Architektur Fischers von Erlach*, op. cit., S. 92f.; Prange: *Entwurf und Phantasie*, op. cit., S. 180f.

99 Barbara Schmidt-Nechl: ›Die Isola Bella im Lago Maggiore. Die Entwicklung einer Garteninsel im Seicento‹, in: *Die Gartenkunst* 11/2 (1999), S. 240–267.

100 Ebd., S. 248.

101 Ebd., S. 250.

102 Ebd., S. 255.

103 Ebd., S. 260.

104 Zitat nach der deutschen Ausgabe: Gilbert Burnet: *Des berühmten englischen Theologi D. Gilberti Burnets, durch die Schweitz, Italien, auch einige Oerter Deutschlandes und Franckreichs im 1685. und 86. Jahre gethaner Reise und derselben curieuse Beschreibung, worinnen die neuesten im Geist- und weltlichen Staat entstandene Revolutiones enthalten* ..., Leipzig 1688, S. 266.

105 Ebd., S. 269f.

106 Geraldine Norman: *The Hermitage. The Biography of a Great Museum*, London 1997, S. 37; A. Krašeninnikov/R. Ljudina: ›Istorija stroitel'stva Malogo Ermitaža‹, in: *Soobščenija Gosudarstvennogo Ermitaža* 25 (1964), S. 8–11.

107 Ljudmila Evgenievna Toršina: *The Hermitage. The History of the Buildings and Collections*, St. Petersburg 2000, S. 18 und Abb. 17 mit ausführlicher Bildunterschrift.

108 Ebd., S. 18.

109 Jürgen von Stackelberg: *Voltaire*, München 2006, S. 31.

110 Zu den Beinamen Katharinas vgl. Michael Schippan: ›Eine historisch Große. Katharina II. von Russland‹, in: *Friedrich und die historische Größe. Beiträge des dritten Colloquiums in der Reihe »Friedrich300« vom 25./26. September 2009*, hg. von Michael Kaiser/Jürgen Luh (= *Friedrich300 – Colloquien*, 3), abrufbar unter: https://www.perspectivia.net/publikationen/friedrich300-colloquien/friedrich-groesse (19.11.2019).

111 Norman: *The Hermitage*, op. cit., S. 37f.

112 Brief Schinkels an die Zarin Alexandra Feodorowna, in: *Karl Friedrich Schinkel. Späte Projekte*, hg. von Klaus Jan Philipp, 2 Bde., Bd. 1, Stuttgart/London 2000, S. 105f., hier S. 105.

113 Zur Planabfolge ebd., S. 80–99.

114 Ebd., S. 94–86.

115 Ebd., Bd. 2, Abb. 29: »Ansicht des Tempels in der Mitte des Schloßes, auf dem Plateau über dem Museum«, 1848.

5 Semiramis und die Hängenden Gärten: Bewunderung und Misogynie

1 Grundlegend: Annette Simonis: ›Semiramis‹, in: *Der Neue Pauly*. Supplement-Bd. 8: *Historische Gestalten der Antike*, hg. von Peter von Möllendorf/Annette Simonis/Linda Simonis, Stuttgart u. a. 2013, Sp. 879–892; Michael J. Seymour: ›Semiramis und die Wunder Babylons‹, in: Wullen/Schauerte: *Babylon. Mythos*, op. cit., S. 231–243; Julia M. Asher-Greve: ›From ‚Semiramis of Babylon' to ‚Semiramis of Hammersmith'‹, in: *Orientalism, Assyriology and the Bible*, hg.

von Steven W. Holloway, Sheffield 2006 (= *Hebrew Bible Monography* 10), S. 322–373; Sabine Comploi: ›Die Darstellung der Semiramis bei Diodorus Siculus‹, in: *Geschlechterrollen und Frauenbild in der Perspektive antiker Autoren*, hg. von Robert Rollinger/Christoph Ulf, Innsbruck/Wien/München 2000, S. 223–244; Ingrid Sedlacek: *Die Neuf Preuses. Heldinnen des Spätmittelalters*, Marburg 1997 (= *Studien zur Kunst- und Kulturgeschichte* 14), S. 31–33; zur historischen Figur: Giovanni Pettinato: *Semiramis. Herrin über Assur und Babylon. Biographie*, Zürich u. a. 1988.

2 Paulus Orosius: *Historiarum adversum paganos* I,4, zit. nach Sedlacek: *Neuf Preuses*, op. cit., S. 32f.

3 Sedlacek: *Neuf Preuses*, op. cit., S. 47–52, hier S. 51.

4 Dante: *Göttliche Komödie* I, V, zit. nach Dante Alighieri: *Die Göttliche Komödie*, italienisch und deutsch, übers. und erläutert von August Vezin, eingeführt von Manfred Hardt, Basel/Rom 1989, S. 52–60.

5 Sedlacek: *Neuf Preuses*, op. cit., S. 33.

6 Giovanni Boccaccio: *De claris mulieribus/Die großen Frauen*, Lateinisch/Deutsch, ausgewählt, übers. und kommentiert von Irene Erfen/Peter Schmitt, Stuttgart 1995, S. 33.

7 Sedlacek: *Neuf Preuses*, op. cit., S. 11–15; auch für das Folgende.

8 Sedlacek: *Neuf Preuses*, op. cit., S. 54.

9 Simonis: ›Semiramis‹, op. cit., Sp. 879.

10 Christine de Pizan: *Das Buch von der Stadt der Frauen* [ca. 1400], übers. von Margarete Zimmermann, München 1990, S. 70.

11 Ebd., S. 71.

12 Sedlacek: *Neuf Preuses*, op. cit., S. 100–108; Sergiusz Michalski: ›Venus as Semiramis. A New Interpretation of the Central Figure of Botticelli's Primavera‹, in: *Artibus et historiae* 24/48 (2003), S. 213–222.

13 Sedlacek: *Neuf Preuses*, op. cit., S. 77–80.

14 Jüngst zu diesem Thema Seymour: ›Semiramis und die Wunder Babylons‹, op. cit., und Simonis: ›Semiramis‹, op. cit.

15 Öl auf Leinwand, 175 x 219 cm, Villa della Petraia, Florenz.

16 Ilaria Hoppe: *Die Räume der Regentin. Die Villa Poggio Imperiale zu Florenz*, Berlin 2012, S. 95–97.

17 Jörg Martin Merz: *Pietro da Cortona. Der Aufstieg zum führenden Maler im barocken Rom*, Tübingen 1991 (= *Tübinger Studien zur Archäologie und Kunstgeschichte* 8), S. 144, Abb. 127 und 131.

18 Öl auf Leinwand, 112,4 x 154,6 cm; Denis Mahon: ›Guercino's Paintings of Semiramis‹, in: *The Art Bulletin* 31/3 (1949), S. 217–223.

19 Öl auf Leinwand, 151,5 x 117,5 cm.

20 Öl auf Leinwand, 294 x 218 cm (1945 zerstört), https://skd-online-collection.skd.museum/Details/Index/583222.

21 Gerhard Hojer (Hg.): *Anton Raphael Mengs: Königin Semiramis erhält die Nachricht vom Aufstand in Babylon*, Berlin 1995 (= *Patrimonia* 49).

22 Stiftung Schloss und Park Benrath, Sammlung GKM-GR 2019/6.

23 Henrik Engel: ›Christian Köhler, Semiramis (Kat.-Nr. 36)‹, in: Wullen/Schauerte: *Babylon. Mythos*, op. cit., S. 76; Öl auf Leinwand, 139 × 162 cm. Inv.-Nr. W.S. 112, Berlin, Staatliche Museen zu Berlin, Nationalgalerie; eine Variante des Gemäldes befindet sich im Lütticher La-Boverie-Museum.

24 https://www.musee-orsay.fr/de/kollektionen/werkbeschreibungen/gemaelde/commentaire_id/semiramis-erbaut-babylon-4000.html?tx_commentaire_pi1%5BpidLi%5D=509&tx_commentaire_i1%5Bfrom%5D=841&cHash=705829a467; Öl auf Leinwand, 151 × 258 cm, Paris, Musée d'Orsay, RF 2207.

25 Asher-Greve: ›From »Semiramis of Babylon«‹, op. cit., S. 349f.

26 Hans Magnus Enzensberger: *Die Tochter der Luft. Ein Schauspiel. Nach dem Spanischen des Calderón de la Barca*, Frankfurt am Main 1992.

27 Silke Leopold: ›Metastasio, Pietro‹, in: *MGG*, Personenteil, Bd. 12, Kassel 2004, Sp. 85–97.

28 Asher-Greve: ›From »Semiramis of Babylon«‹, op. cit., S. 345f.

29 Pietro Metastasio: ›Die erkannte Semiramis‹, in: Johann Anton Koch: *Des Herrn Abt Peter Metastasio Kaiserl. Königl. Hofpoetens Dramatische Gedichte*, Bd. 3, Frankfurt/Leipzig 1771, S. 113–238, hier S. 202.

30 Voltaire: ›Semiramis. Ein Trauerspiel in Versen und fünf Aufzügen‹, in: *Neue Sammlung von Schauspielen welche auf der Kaiserlich Königlichen privil. deutschen Schaubühne zu Wien aufgeführet werden*, Bd. 3, Wien 1764, S. 1–60, hier S. 1 (Erster Aufzug, Erster Auftritt).

31 https://bachtrack.com/de_DE/review-semiramide-frizza-ligorio-pratt-iervolino-fenice-venice-october-2018 (09.12.2019)

32 Christoph Henzel: ›Semiramide‹, in: *Lexikon der Oper*, Bd. 2, hg. von Elisabeth Schmierer, Laaber 2002, S. 583f.

33 Nicola Katharina Strohmann: ›Nabucodonosor‹, in: *Lexikon der Oper*, Bd. 2, hg. von Elisabeth Schmierer, Laaber 2002, S. 228f.

34 Stefan George: *Die Bücher der Hirten- und Preisgedichte, der Sagen und Sänge und der hängenden Gärten* [1893/94], Stuttgart 1991 (= *Sämtliche Werke* 3).

35 Ebd., S. 83.

36 Asher-Greve: ›From ‚Semiramis of Babylon'‹, op. cit., S. 354–385.

37 Enzensberger: *Die Tochter der Luft*, op. cit., S. 7f.

38 Peter Hille: *Semiramis*, Berlin 1902, S. 32.f.

39 Paul Althof [d.i. Alice Gurschner]: *Semiramis. Ein Märchen für Könige*, Wien 1914, S. 41.

40 Victor Waldau: *Semiramis. Herrscherin im sündhaften Babylon*, Berlin/Düsseldorf 1957, S. 9.

41 Ebd., S. 115.

42 Ebd., S. 303.

6 Babylon 1900 – die archäologische Rekonstruktion der Hängenden Gärten

1 Austin Henry Layard: *Nineveh und Babylon nebst Beschreibung seiner Reisen in Armenien, Kurdistan und der Wüste,* übers. von Dr. J. Th. Zenker, Leipzig 1856, S. 369.

2 Ebd., S. 381.

3 Pietro della Valle: *Reiß-Beschreibung in unterschiedliche Theile der Welt, nemlich in Türckey, Egypten, Palestina, Persien, Ost-Indien, und andere weit entlegene Landschafften: samt einer ausführlichen Erzehlung aller denck- und merckwürdigster Sachen, so darinnen zu finden und anzutreffen [...], Erstlich von dem Authore selbst [...] in Italianischer Sprach beschrieben, und in vier- und fünffzig Send-Schreiben in vier Theile verfasset,* Bd. 1, Genf 1674, S. 199.

4 Ebd., S. 200.

5 Claudius James Rich: *Narrative of a Journey to the Site of Babylon in 1811 ...,* London 1839, S. VII.

6 Layard: *Discoveries among the Ruins of Nineveh and Babylon,* op. cit., S. 421.

7 Ebd., S. 425.

8 Nicole Chevalier: ›Die archäologischen Ausgrabungen Frankreichs im 19. Jahrhundert‹, in: Marzahn/Schauerte: *Babylon. Wahrheit,* op. cit., S. 63–66.

9 Joachim Marzahn: ›Die deutschen Ausgrabungen in Babylon‹, in: Marzahn/Schauerte: *Babylon. Wahrheit,* op. cit., S. 67–78.

10 Robert Koldewey: *Das wieder erstehende Babylon,* 5., überarb. u. erweit. Auflage, hg. von Barthel Hrouda, München 1990, S. 7.

11 Ebd., S. 100.

12 Ebd., S. 103.

13 Ebd., S. 104.

14 Ebd., S. 104.

15 Ebd., S. 107.

16 Ebd.

17 Max Weber: ›Wissenschaft als Beruf‹, in: *Max Weber-Gesamtausgabe,* Bd. I/17: *Wissenschaft als Beruf 1917/1919/Politik als Beruf 1919,* hg. von Birgit Morgenbrod/Wolfgang J. Mommsen u. a., Tübingen 1992, S. 71–112, hier S. 60.

18 Michael Jursa: *Die Babylonier. Geschichte, Gesellschaft, Kultur,* 3. Aufl., München 2015, S. 77.

19 Michael Weichenhan: ›Weltliteratur unterm Sternenhimmel. Gilgamesch um 1900‹, in: *Zeitschrift für Ideengeschichte* XII/4 (2018), S. 67–74.

20 Reinhard G. Lehmann: ›‚Mit Schriften keilen'. Friedrich Delitzsch und der Babel-Bibel-Streit‹, in: *Zeitschrift für Ideengeschichte* XII/4 (2018), S. 55–66; Friedrich Delitzsch: *Babel und Bibel. Ein Vortrag,* Leipzig 1902; Ders.: *Zweiter Vortrag über Babel und Bibel,* Leipzig 1903.

21 Karl May: ›Babel und Bibel. Arabische Fantasia in zwei Akten‹ [1901], in: Ders: *Lichte Höhen. Aus Karl May's Nachlass,* Bamberg 1956, S. 97–247.

22 Karl May: *Bei den Trümmern von Babylon* [1913], Bamberg 2000, S. 55; ursprünglich im zweiten Band von *Im Reiche des silbernen Löwen* erschienen; nach dem Zweiten Weltkrieg unter dem Titel *Bei den Trümmern von Babylon* veröffentlicht.

23 Wolfgang Pehnt/Matthias Schirren (Hg.): *Hans Poelzig (1869–1936). Architekt, Lehrer, Künstler*, Ausst.-Kat. Berlin/München/Frankfurt 2007/2008, München 2007, S. 128f., 223.

7 Von den Hängenden Gärten zur zeitgenössischen Hortitecture

1 Walter Gropius: *Idee und Aufbau des staatlichen Bauhauses Weimar*, München 1923, S. 9.

2 Den Bezug seines Hundertwasser-Hauses in Wien (1983/85), das mit mehreren hundert Bäumen und Sträuchern bepflanzt wurde, zu den Gärten der Semiramis, hat Friedensreich Hundertwasser selbst hergestellt; vgl. www.hundertwasser-haus.info/blog/2011/ 07/18/die-terrassen.

3 Die Begriffsbildung für den Bereich, der bislang eher unscharf als »Green building« bezeichnet wurde, ist nicht abgeschlossen. Neben dem Begriff »Hortitecture«, der vom Institut für Design and Architectural Studies der TU Braunschweig (Prof. Almut Grüntuch-Ernst) eingeführt wurde, finden derzeit Begriffe wie »Green infrastructure«, »Ecodesign«, »Biophylic Arch.« und andere Verwendung.

4 Vgl. Deutscher Bundestag, 13. Wahlperiode (Hg.): *Abschlußbericht der Enquete-Kommission »Schutz des Menschen und der Umwelt – Ziele und Rahmenbedingungen einer nachhaltig zukunftsverträglichen Entwicklung«. Konzept Nachhaltigkeit. Vom Leitbild zur Umsetzung*, Berlin, 26.6.1998 (= *Drucksache* 13/11200), S. 1 und S. 4. Rund 40% des deutschen Energieverbrauchs entfallen auf den Gebäudesektor, circa ein Drittel aller CO2-Emissionen wird hier verursacht.

5 Die beiden heute weltweit verbreitetsten Zertifizierungssysteme sind »Building Research Establishment Environmental Assessment Methodoly« (BREEAM) und »Leadership in Energy and Environmental Design« (LEED). Überwiegend regional verbreitet sind ferner in Asien das »Comprehensive Assessment System for Built Environment Efficiency« (CASBEE), in Australien »Green Star« und in Deutschland »Deutsche Gesellschaft für Nachhaltiges Bauen« (DGNB).

6 Dessen ungeachtet geben seit 2008 die von der Forschungsgesellschaft Landschaftsentwicklung Landschaftsbau (FLL) entwickelten FLL-Dachbegrünungsrichtlinien ein verbindliches Regelwerk für die Planung, den Bau und die Instandhaltung von Dachbegrünungen vor.

7 Erst 2007 hat das Zertifizierungssystem CASBEE Urban Development ein gesamtes Quartier in seiner Systembetrachtung der Nachhaltigkeit berücksichtigt.

8 Peter Mösle/Michaela Lambertz/Stefan Altenschmidt/Christoph Ingenhoven (Hg.): *Praxishandbuch Green Building*, Berlin 2018, S. 254f.

9 Bundesministerium für Umwelt, Naturschutz, Bau und Reaktorsicherheit (Hg.): *Weißbuch Stadtgrün*, Berlin 2017.

10 Manfred Köhler (Hg.): *Handbuch Bauwerksbegrünung*, Köln 2012, S. 22f.

11 Vgl. Tina Unruh (Hg.): *Das Klima als Entwurfsfaktor*, Luzern 2013.

12 Rem Koolhaas: *Elements of Architecture*, Venedig 2014.

13 Klaus Sedlbauer/Eberhard Schunck/Rainer Barthel/Hartwig Künzel: *Flachdachatlas. Werkstoffe, Konstruktionen, Nutzungen*, München 2010.

14 Zit. nach Hans-Busso von Busse u. a. (Hg.): *Atlas Flache Dächer. Nutzbare Flächen*, München 1992, S. 43.

15 Bernd Grützmacher: *Grasdach – Aufbau, Konstruktion, Systeme*, München 1984, S. 12f.

16 Jana Ahrendt: *Historische Gründächer. Ihr Entwicklungsgang bis zur Erfindung des Eisenbetons*, 2 Teile, Ing.-Diss. TU Berlin 2007, S. 121f.; Klaus Sedlbauer u. a., *Flachdachatlas*, op. cit., S. 12f.

17 Vgl. Carl Rabitz: *Naturdächer von vulkanischem Cement oder Moderne hangende Gärten*, Berlin 1867.

18 Zit. nach Gerda Gollwitzer/Werner Wirsing: *Dachgärten + Dachterrassen*, München 1962, S. 17f.

19 Offizieller Name des Patents: »*Système de caisses-bassins mobiles en fer et ciment applicables à l'horticulture*«.

20 In den pittoresken Gärten im Frankreich des 19. Jahrhunderts wurde das Prinzip an verschiedenen Parkarchitekturen erprobt, an einer Brücke 1875 erstmals im Park von Schloss Chazelet (Loire).

21 Ahrendt: *Historische Gründächer*, op. cit., S. 127f.

22 Zuerst französisch 1923 im *Esprit Nouveau* und in der Essaysammlung *Vers une architecture*. 1927 wurde es auf Deutsch in der Zeitschrift des Deutschen Werkbundes *Die Form* veröffentlicht: Le Corbusier/Pierre Jeanneret: ›Fünf Punkte zu einer neuen Architektur‹, in: *Die Form. Zeitschrift für gestaltende Arbeit*, Nr. 2 (1927), S. 272–274, hier S. 272f.

23 Le Corbusier stieß schon in frühen Jahren auf dieses Prinzip durch das Buch *Le Béton* seines Jugendfreundes Max Du Bois; siehe Max Vogt: *Le Corbusier. Der edle Wilde. Zur Archäologie der Moderne*, Braunschweig/Wiesbaden 1996, S. 15f.

24 Le Corbusier: ›Der ‚Plan Voisin' von Paris‹, in: Ders.: *Précisions sur un état présent de l'architecture et de l'urbanisme/Feststellungen zu Architektur und Städtebau* [1929], Frankfurt/Berlin/Wien 1964, S. 159–198, hier S. 186; das Zitat stammt aus dem Jahr 1929.

25 Rockefeller Center (Hg.): *Gardens of the Nations*, New York 1935, abrufbar unter: http://www.ralphhancock.com/gardenofthenations (19.11.2019).

26 https://historicengland.org.uk/listing/the-list/list-entry/1422221.

27 Vgl. Paul Schultze-Naumburg: *Flaches oder geneigtes Dach?*, Berlin 1927.

28 Hans-Ulrich Scherer: ›Terrassenbauten‹, in: *Das Werk* 53/6 (1966), S. 201–207; Gollwitzer/Wirsing: *Dachgärten + Dachterrassen*, op. cit.; Klaus-Jakob Thiele: ›Wohnen am Hang‹, in: *Bauwelt* 14 (1961), S. 397ff.

29 Vgl. Simone Meyder: ›Große Individualität trotz Verdichtung. Reihen- und Terrassenhäuser der Siedlung ‚Im Schneider' in Waiblingen-Neustadt‹, in: *Denkmalpflege in Baden-Württemberg* 3 (2011), S. 164–165.

30 Erst 3,2% der Gebäude beispielsweise Düsseldorfs, der Landeshauptstadt NRWs, sind heute begrünt (inkl. Tiefgaragen circa 6,5%). Für Berlin, das seit Juni 2019 Förderprogramme auflegt, gilt ein ähnlicher Prozentsatz.

31 Zur Grünpolitik Singapurs siehe Building and Construction Authority: *Singapore. Leading the Way for Green Buildings in the Tropics*, Singapur [2013], https://bca.gov.sg/greenmark/others/sg_green_buildings_tropics.pdf; für die staatlichen Masterpläne: *2nd and 3rd Green Building Masterplan* siehe: https://www.bca.gov.sg/GreenMark/others/2nd_Green_Building_Masterplan.pdf und https://www.bca.gov.sg/GreenMark/others/3rd_Green_Building_Masterplan.pdf.

32 Vgl. Patrick Blanc: *Dispositif pour la culture sans sol de plantes sur une surface sensiblement verticale*, Patent von 1996 sowie Ders.: *Vertikale Gärten*, Stuttgart 2009, S. 6–9.

33 Das einschlägige Buch zur Hortitecture – Almut Grüntuch-Ernst: *Hortitecture*, Berlin 2018 – verzeichnet eine Vielzahl kleinerer und experimenteller Projekte, vom Baumhaus über die vertikale Farm bis zur Erforschung natürlicher Materialien als potentiellen Baustoffen.

34 Bekanntes Beispiel hierfür ist das im Vorfeld als höchstes »grünes« Hochhaus der Welt titulierte und mit entsprechenden Visualisierungen versehene Antilia-Hochhaus in Mumbai (geschätzte Baukosten: zwei Milliarden Dollar). Es weist einige begrünte vertikale Fassadenelemente auf, präsentiert sich ansonsten aber wenig ökologisch, wie die Etagen für die Automobile des Eigentümers, des Milliardärs Mukesh Amabi, und Gästezimmer mit künstlichem Schnee zeigen.

35 Vgl. Manfred Köhler/Christian Rares Nistor: *Wandgebundene Begrünungen. Quantifizierungen einer neuen Bauweise in der Klima-Architektur*, hg. von der Forschungsgesellschaft Landschaftsentwicklung Landschaftsbau e. V. (FLL), Stuttgart 2018; Manfred Köhler/Daniel Kaiser: ›Evidence of the Climate Mitigation Effect of Green Roofs – A 20-Year Weather Study on an Extensive Green Roof (EGR) in Northeast Germany‹, in: *Buildings* 9/157 (2019), 18 Seiten. Noch unterentwickelt ist die Integration dieser Untersuchungen und der seit den neunziger Jahren entwickelten Richtlinien der FLL in die internationalen Nachhaltigkeitsanalysen; siehe Köhler (Hg.): *Handbuch Bauwerksbegrünung*, op. cit.

36 Dachflächen, die heute rund 30–50% der versiegelten Stadtfläche ausmachen, bleiben in vielen Städten bisher weitgehend ungenutzt. Inzwischen haben mehrere Kommunen in Deutschland begonnen, entsprechende Programme aufzulegen, die einen Zuwachs durch unterschiedliche Fördermaßnahmen zu erreichen suchen.

37 Vgl. Website des heute für den Wettbewerb verantwortlichen Bundesverbands GebäudeGrün e. V. (BuGG): https://www.gebaeudegruen.info/

38 Website des Büros Stefano Boeri, https://www.stefanoboeriarchitetti.net/en/project/trudo-vertical-forest/ (abgerufen am 25.11.2019).

39 Marc Titman: ›Dualism Is Dead; Long Live the Pastoral‹, in: *Architectural Design*, Special Issue: *The New Pastoralism. Landscape into Architecture* 83/3 (Mai/Juni 2013), S. 14–19.

Literaturverzeichnis

Abkürzungen

RE = *Paulys Realencyclopädie der classischen Altertumswissenschaft*, Neue Bearbeitung unter Mitwirkung zahlreicher Fachgenossen hg. von Georg Wissowa und Wilhelm Kroll, Stuttgart 1893ff.

MGG = *Die Musik in Geschichte und Gegenwart. Allgemeine Enzyklopädie der Musik*, begründet von Friedrich Blume, 2., neubearbeitete Ausgabe, hg. von Ludwig Finscher, 26 Bände in zwei Teilen, Kassel u. a. 1999–2008.

Der Neue Pauly = *Der Neue Pauly. Enzyklopädie der Antike*, hg. von Hubert Cancik u. a., 16 Bde. u. 13 Suppl.-Bde., Stuttgart 1996–2018.

Zedler = Johann Heinrich Zedler, *Grosses vollständiges Universal-Lexicon aller Wissenschaften und Künste*, Halle/Leipzig 1731–1754.

Literatur der Kapitel 1–6

Acidini Luchinat, Cristina (Hg.): *Giardini Medicei. Giardini di palazzo e di villa nella Firenze del Quattrocento*, Mailand 1996.

Acidini Luchinat, Cristina: ›Il giardino di Palazzo Medici in via Larga‹, in: *Giardini Medicei. Giardini di palazzo e di villa nella Firenze del Quattrocento*, hg. von C. Acidini Luchinat, Mailand 1996, S. 173–185.

Ahrendt, Jana: *Historische Gründächer. Ihr Entwicklungsgang bis zur Erfindung des Eisenbetons*, 2 Teile, Ing.-Diss TU Berlin 2007.

Alberti, Leandro: *Descrittione di tutta Italia*, Venedig 1557.

Alberti, Leon Battista: *Zehn Bücher über die Baukunst (De re aedificatoria)*, übers., eingeleitet und mit Anmerkungen versehen durch Max Theuer [Wien u. a. 1912], unveränderter Nachdruck, Darmstadt 1991.

Alföldi-Rosenbaum, Elisabeth: *Justinianic Mosaic Pavements in Cyrenaican Churches*, Rom 1980 (= *Monografie di archeologia libica* 14).

Alighieri, Dante: *Die Göttliche Komödie*, italienisch und deutsch, übers. und erläutert von August Vezin, eingeführt von Manfred Hardt, Basel/Rom 1989.

Althof, Paul [d.i. Alice Gurschner]: *Semiramis. Ein Märchen für Könige*, Wien 1914.

Alvisi, Alessandra: ›L'Architettura dei giardini dai Gonzaga alle corte cesarea. Il giardino ‚posto sopra le volte‘ nel carteggio con Praga‹, in: *Architettura e urbanistica nei carteggi Gonzagheschi. Contributo per l'età moderna*, hg. von Daniela Sogliani/ Carlo Togliani, Rom 2017, S. 143–151.

Andreae, Bernhard: *»Am Birnbaum«. Gärten und Parks im antiken Rom, in den Vesuvstädten und in Ostia*, Mainz 1996 (= *Kulturgeschichte der antiken Welt* 66).

Angelini, Gianpaolo: ›Da Pier de' Crescenzi a Filarete: Il giardino pensile nei trattati tra tardo Medioevo a Rinascimento e il caso di Vigevano‹, in: *Viglevanum* XXV (2015) (= *Atti del convegno »Giardini pensile del primo Rinascimento«*), S. 88–97.

Antipatros von Sidon: ›Artemistempel zu Ephesos‹, in: *Anthologia Graeca*, griechisch–deutsch, hg. von Hermann Beckby, München 1965, Buch IX 58.

Arbizzoni, Guido /Antonio Brancati/Maria Rosaria Valazzi (Hg.): *Pesaro nell'età dei Della Rovere*, Venedig 1998 (= *Historica Pisaurensia* III, 1).

Arnulf, Arwed: *Architektur- und Kunstbeschreibungen von der Antike bis zum 16. Jahrhundert*, München/Berlin 2004.

Asher-Greve, Julia M.: ›From ‚Semiramis of Babylon‘ to ‚Semiramis of Hammersmith‘‹, in: *Orientalism, Assyriology and the Bible*, hg. von Steven W. Holloway, Sheffield 2006 (= *Hebrew Bible Monographs* 10), S. 322–373.

Asmussen, Tina: *Scientia Kircheriana. Die Fabrikation von Wissen bei Athanasius Kircher*, Affalterbach 2016 (= *Kulturgeschichten* 2).

Aventinus, Johannes: *Des hochgelerten weitberümbten Beyerischen Geschichtsschreibers Chronica* ..., Frankfurt am Main 1580.

Averlino, Antonio detto Filarete: *Trattato di architettura* [1460–1464], 2 Bde., hg. von Anna Maria Finoli/Liliana Grassi, Mailand 1972.

Azzi Visentini, Margherita: *Die italienische Villa. Bauten des 15. und 16. Jahrhunderts*, Stuttgart 1997.

Badoud, Nathan: ›L'image du Colosse de Rhodes‹, in: *Monuments et Mémoirs de la Fondation Eugène Piot* 91 (2012), S. 5–40.

Baiardi, Anna Cerboni (Hg.): *I giardini del duca. Luoghi di delizia dai Montefeltro ai Della Rovere*, Ausst.-Kat. Urbino, Cinisello Balsamo 2018.

Barbagli, Debora: ›Die Hängenden Gärten von Babylon‹, in: Dies., *Die sieben Weltwunder der Antike*, Berlin 2007, S. 26–41.

Barlow, Claude W.: ›Codex Vaticanus Latinus 4929‹, in: *Memoirs of the American Academy in Rome* 15 (1938), S. 87–124.

Bartsch, Tatjana: *Maarten van Heemskerck. Römische Studien zwischen Sachlichkeit und Imagination*, München 2019 (= *Römische Studien der Bibliotheca Hertziana* 44).

Beringer, Alison L.: *The Sight of Semiramis: Medieval and Early Modern Narratives of the Babylonian Queen*, Tempe/Arizona 2016.

Bertsch, Christoph: *Villa, Garten, Landschaft. Stadt und Land in der florentinischen Toskana als ästhetischer und politischer Raum*, Berlin 2012.

Bertuch, Friedrich Justin: *Bilderbuch für Kinder enthaltend eine angenehme Sammlung von Thieren, Pflanzen, Blumen, Früchten, Mineralien, Trachten und allerhand andern unterrichtenden Gegenständen aus dem Reiche der Natur, der Künste und Wissenschaften; alle nach den besten Originalen gewählt* ..., Bd. 1, Weimar 1790.

Bichler, Reinhold / Robert Rollinger: ›Die Hängenden Gärten zu Ninive – Die Lösung eines Rätsels?‹, in: *Von Sumer bis Homer. Festschrift für Manfred Schretter*, hg. von Robert Rollinger, Münster 2005, S. 153–218 (= *Alter Orient und Altes Testament* 325).

Biermann, Hartmut: ›War Leon Battista Alberti je in Urbino?‹, in: *Zeitschrift für Kunstgeschichte* 65 (2002), S. 493–521.

Bisticci, Vespasiano da: *Große Männer und Frauen der Renaissance, achtunddreißig biographische Porträts*, ausgewählt, übers. und eingeleitet von Bernd Roeck, München 1995.

Blum, Gerd: *Fenestra prospectiva. Architektonisch inszenierte Ausblicke: Alberti, Palladio, Agucchi*, Berlin/Boston 2015 (= *Studien aus dem Warburg-Haus* 15).

Boccaccio, Giovanni: *De claris mulieribus/Die großen Frauen*, Lateinisch/Deutsch, ausgewählt, übers. und kommentiert von Irene Erfen/Peter Schmitt, Stuttgart 1995.

Börsch-Supan, Helmut: *Bild-Erfindungen*, hg. von Helmut Börsch-Supan/Gottfried Riemann, München/Berlin 2007 (= *Karl Friedrich Schinkel. Lebenswerk* XX).

Bosl, Karl: ›Johann Turmair, gen. Aventinus aus Abensberg in seiner Zeit‹, in: *Zeitschrift für bayerische Landesgeschichte* 40 (1977), S. 325–340.

Brandstetter, Thomas: *Kräfte messen. Die Maschine von Marly und die Kultur der Technik 1680–1840*, Berlin 2008.

Bredekamp, Horst: ›Babylon als Ansporn: Semiramis' Enzyklopädie der Bilder‹, in: *Babylon. Mythos*, hg. von Moritz Wullen/Günther Schauerte, Ausst.-Kat. Berlin/Paris/London, München 2008, S. 169–179.

Breitenbach, Edgar: *Speculum Humanae Salvationis. Eine typengeschichtliche Untersuchung*, Straßburg 1930.

Brodersen, Kai: *Reiseführer zu den Sieben Weltwundern. Philon von Byzanz und andere antike Texte*, zweisprachige Ausgabe, Frankfurt am Main 1992.

Brodersen, Kai: ›Die Hängenden Gärten von Babylon‹, in: *Die Geschichte der Gärten und Parks*, hg. von Hans Sarkowicz, Frankfurt am Main/Leipzig 1998, S. 38–49.

Brodersen, Kai: *Die Sieben Weltwunder. Legendäre Kunst- und Bauwerke der Antike*, 3. Aufl., München 1999.

Brodersen, Kai: ›Die sieben (oder acht oder neun ...) Weltwunder der Antike‹, in: *Die Sieben Weltwunder der Antike. Wege der Wiedergewinnung aus sechs Jahrhunderten*, Ausst.-Kat. Stendal, hg. von Max Kunze, Mainz 2003, S. 9–14.

Bulst, Wolfger A.: ›Uso e trasformazione del Palazzo mediceo fino ai Riccardi‹, in: *Il Palazzo Medici Riccardi di Firenze*, hg. von Giovanni Cherubini/Giovanni Fanelli, Florenz 1990, S. 98–124.

Burioni, Matteo: ›Das Ich der Baukunst. Traumwandlerische Architekturen in der *Hypnerotomachia Poliphili*‹, in: *Zwischen Architektur und literarischer Imagination*, hg. von Andreas Beyer/Ralf Simon/Martino Stierli, München 2013, S. 357–384.

Burnet, Gilbert: *Des berühmten englischen Theologi D. Gilberti Burnets, durch die Schweitz, Italien, auch einige Oerter Deutschlandes und Franckreichs im 1685. und 86. Jahre gethaner Reise und derselben curieuse Beschreibung, worinnen die neuesten im Geist- und weltlichen Staat entstandene Revolutiones enthalten ...*, Leipzig 1688.

Capannelli, Spartaco: ›Note sul palazzo ducale di Gubbio e il suo giardino pensile‹, in: *I giardini del duca. Luoghi di delizia dai Montefeltro ai Della Rovere*, hg. von Anna Cerboni Baiardi, Ausst.-Kat. Urbino, Cinisello Balsamo 2018, S. 115–121.

Carl, Doris: ›La casa vecchia dei Medici e il suo giardino‹, in: *Il Palazzo Medici Riccardi di Firenze*, hg. von Giovanni Cherubini/Giovanni Fanelli, Florenz 1990, S. 38–43.

Cattaneo, Annalisa: ›Mario Cartaro. Catalogo delle incisioni (II parte)‹, in: *Grafica d'arte* XI/42 (2000), S. 3–11.

Cherubini, Giovanni/Giovanni Fanelli (Hg.): *Il Palazzo Medici Riccardi di Firenze*, Florenz 1990.

Chevalier, Nicole: ›Die archäologischen Ausgrabungen Frankreichs im 19. Jahrhundert‹, in: *Babylon. Wahrheit*, hg. von Joachim Marzahn/Günther Schauerte, Ausst.-Kat. Berlin, München 2008, S. 63–66.

Clayton, Peter A./Martin J. Price (Hg.): *Die Sieben Weltwunder* [1988], übers. von Hans-Christian Oeser, Stuttgart 2009.

Clayton, Peter A. /Martin J. Price: ›Einführung‹, in: *Die Sieben Weltwunder* [1988], hg. von dens., übers. von Hans-Christian Oeser, Stuttgart 2009, S. 9–23.

Clementz, Heinrich: *Des Flavius Josephus Jüdische Altertümer*, übers. und mit einer Einleitung versehen von Heinrich Clementz, 2 Bde., Halle 1900.

Coffin, David R.: *Gardens and Gardening in Papal Rome*, Princeton/NJ 1991.

Comploi, Sabine: ›Die Darstellung der Semiramis bei Diodorus Siculus‹, in: *Geschlechterrollen und Frauenbild in der Perspektive antiker Autoren*, hg. von Robert Rollinger/Christoph Ulf, Innsbruck/Wien/München 2000, S. 223–244.

Creasy, Helen/Harry Metcalf/Nick Pearce: ›History and Conservation on ‚Kunyu Quantu (A Map of the Whole World)' by Ferdinand Verbiest, 1674‹, in: *Printed on Paper. The Techniques, History, and Conservation of Printed Media*, hg. von Jane Colbourne/Reba Fishman Snyder, Newcastle upon Tyne 2009, S. 33–41.

Crescentiis, Petrus de: *Ruralia commoda/Das Wissen des vollkommenen Landwirts um 1300*, 4 Bde., Heidelberg 1995–2002.

Dalley, Stephanie: ›Ancient Mesopotamian Gardens and the Identification of the Hanging Gardens of Babylon Resolved‹, in: *Garden History* 21/1 (1993), S. 1–13.

Dalley, Stephanie: *The Mystery of the Hanging Garden of Babylon. An Elusive World Wonder Traced*, Oxford 2013.

Dalley, Stephanie: ›Die Hängenden Gärten von Babylon. Der Mythos‹, in: *Gärten der Welt: Orte der Sehnsucht und Inspiration*, hg. von Albert Lutz, Ausst.-Kat. Zürich, Köln 2016, S. 54–59.

Dalley, Stephanie/John Peter Oleson: ›Sennacherib, Archimedes, and the Water Screw: The Context of Invention in the Ancient World‹, in: *Technology and Culture* 44/1 (2003), S. 1–26.

Dapper, Olfert: *Umbständliche und eigentliche Beschreibung von Asia: In sich haltend die Landschafften Mesopotamien, Babylonien, Assyrien, Anatolien oder Klein-Asien; Nebenst einer vollkommnen Vorstellung des glücklichen, wüsten und steinigten Arabiens; Zusamt deren verschiednen Namen, Grenzen, Abtheilungen, Städten, Flecken, Gewächsen, Thieren, Sitten, Trachten, Regierung, Geschichten und Gottesdienst, insonderheit der alten Araber, des Mahomets und der Mahometaner*, Nürnberg 1681.

Delitzsch, Friedrich: *Babel und Bibel. Ein Vortrag*, Leipzig 1902.

Delitzsch, Friedrich: *Zweiter Vortrag über Babel und Bibel*, Leipzig 1903.

Della Valle, Pietro: *Viaggi di Pietro della Valle il pellegrino con minuto ragguaglio di tutte le cose notabili osservate in essi: descritti da lui medesimo in 54. lettere familiari ...; divisi in tre parti, cioè la Turchia, la Persia e l'India*, Rom 1650–1658.

Della Valle, Pietro: *Reiß-Beschreibung in unterschiedliche Theile der Welt, nemlich in Türckey, Egypten, Palestina, Persien, Ost-Indien, und andere weit entlegene Landschafften: samt einer ausführlichen Erzehlung aller denck- und merckwürdigster Sachen, so darinnen zu finden und anzutreffen ..., Erstlich von dem Authore selbst ... in Italianischer Sprach beschrieben, und in vier- und fünffzig Send-Schreiben in vier Theile verfasset*, Bd. 1, Genf 1674.

Demus-Quatember, Margarete: ›Guglia di Babilonia‹, in: *Römische Historische Mitteilungen* 23 (1981), S. 213–225.

Di Biase, Carolina: *Strada Balbi a Genova. Residenza aristocratica e città*, Genua 1993.

Du Choul, Guillaume: *Discours de la religion des anciens Romains*, Lyon 1556.

Edzard, Dietz Otto: *Geschichte Mesopotamiens. Von den Sumerern bis zu Alexander dem Großen*, 2., verb. Aufl., München 2009.

Eiche, Sabine: *Alessandro Sforza and Pesaro: A Study in Urbanism and Architectural Patronage*, 2 Bde., PhD Princeton University 1982.

Eiche, Sabine: ›Architetture sforzesche‹, in: *Pesaro tra Medioevo e Rinascimento*, hg. von Maria Rosaria Valazzi, Venedig 1990 (= *Historia Pisaurensia* II), S. 269–303.

Eiche, Sabine: ›I Della Rovere mecenati dell'architettura‹, in: *Pesaro nell età dei Della Rovere*, hg. von Guido Arbizzoni/Antonio Brancati/Maria Rosaria Valazzi, Venedig 1998 (= *Historia Pisaurensia* III, 1), S. 231–263.

Eilers, Wilhelm: *Semiramis. Entstehung und Nachhall einer altorientalischen Sage*, Wien/Köln/Graz 1973 (= *Österreichische Akademie der Wissenschaften. Philosophisch-historische Klasse. Sitzungsberichte* 274, 2).

Ekschmitt, Werner: *Die Sieben Weltwunder. Ihre Erbauung, Zerstörung und Wiederentdeckung*, Mainz 1984.

Elsholtz, Johann Sigismund: *Vom Gartenbaw*, Cölln a.d. Spree 1666.

Engel, Henrik: ›Christian Köhler, Semiramis (Kat.-Nr. 36)‹, in: *Babylon. Mythos*, hg. von Moritz Wullen/Günther Schauerte, Ausst.-Kat. Berlin/Paris/London, München 2008, S. 76.

Engel, Henrik: ›Pietro da Cortona, Der Schwur der Semiramis (Kat.-Nr. 39)‹, in: *Babylon. Mythos*, hg. von Moritz Wullen/Günther Schauerte, Ausst.-Kat. Berlin/Paris/London, München 2008, S. 79.

Enking, Ottomar: *Semiramis. Der Roman einer großen Herrscherin*, Leipzig 1938.

Enzensberger, Hans Magnus: *Die Tochter der Luft. Ein Schauspiel. Nach dem Spanischen des Calderón de la Barca*, Frankfurt am Main 1992.

Fagiolo, Marcello/Maria Luisa Madonna: ›El mundo de las maravillas. Arquetipos clásicos entre el Renacimiento y la Ilustración‹, in: *Arquitecturas pintadas. Del Renacimiento al siglo XVIII*, hg. von Delfín Rodríguez/Mar Borobia, Ausst.-Kat. Madrid 2011, S. 87–101.

Falke, Jakob von: *Der Garten. Seine Kunst und Kunstgeschichte*, Berlin/Stuttgart 1884.

Farrar, Linda: *Ancient Roman Gardens*, Stroud 1998.

Feuerstein-Herz, Petra (Hg.): *Friedrich Justin Bertuchs ›Bilderbuch für Kinder‹. Das illustrierte Wissen des 18. Jahrhunderts*, 2. Aufl., Darmstadt 2014.

Finkel, Irving L.: ›Die Hängenden Gärten von Babylon‹, in: *Die Sieben Weltwunder* [1988], hg. von Peter A. Clayton/Martin J. Price, übers. von Hans-Christian Oeser, Stuttgart 2009, S. 56–80.

Fischer, Hubertus: ›Utopia, Science and Garden Art in the Early Modern Era‹, in: *Gardens, Knowledge and the Sciences in the Early Modern Period*, hg. von Hubertus Fischer/Volker R. Remmert/Joachim Wolschke-Bulmahn, Basel 2016, S. 153–180.

Fischer, Rudolf (Hg.): *Babylon. Entdeckungsreisen in die Vergangenheit*, Stuttgart 1985.

Fischer von Erlach, Johann Bernhard: *Entwurff einer Historischen Architectur: in Abbildung unterschiedener berühmten Gebäude des Alterthums und fremder Völcker; umb aus den Geschicht-büchern, Gedächtnüß-münzen, Ruinen, und eingeholten wahrhafften Abrißen, vor Augen zu stellen*, Leipzig 1725.

Fissabre, Anke: *Dachterrassen der Renaissance*, 2 Bde., Ing.-Diss. RWTH Aachen 2009.

Fissabre, Anke: ›Dachterrassen in der Renaissance – ‚Cosa più maravigliosa che gl'orti pensili di Babbilonia'‹, in: *Architectura* 41/1 (2011), S. 27–46.

Foster, Philip E.: ›Raphael on the Villa Madama. The Text of a Lost Letter‹, in: *Römisches Jahrbuch für Kunstgeschichte* 11 (1967/68), S. 308–312.

Frommel, Christoph Luitpold: *Der Römische Palastbau der Hochrenaissance*, 3 Bde., Tübingen 1973 (= *Römische Forschungen der Bibliotheca Hertziana*, 21,1).

Frommel, Christoph Luitpold: ›Francesco del Borgo: Architekt Pius' II. und Pauls II. Palazzo Venezia, Palazzetto Venezia und San Marco‹, in: *Römisches Jahrbuch für Kunstgeschichte* 21 (1984), S. 71–164.

George, Stefan: *Die Bücher der Hirten- und Preisgedichte, der Sagen und Sänge und der hängenden Gärten* [1893/94], Stuttgart 1991 (= *Sämtliche Werke* 3).

Gnehm, Michael: ›Im Konflikt zwischen Individuum und Gesellschaft. Gottfried Sempers theatraler Urbanismus‹, in: *Metropolen 1850–1950. Mythen – Bilder – Entwürfe*, hg. von Jean-Louis Cohen/Hartmut Frank, Berlin/München 2013 (= *Passagen/Passages* 36), S. 61–86.

Godwin, Joscelyn: *Athanasius Kircher. A Renaissance Man and the Quest for Lost Knowledge*, London 1979.

Grafton, Anthony: *Leon Battista Alberti. Baumeister der Renaissance*, Berlin 2002.

Günther, Hubertus: ›Utopische Elemente in Filaretes Idealstadt Plusiapolis‹, in: *Utopie, Fiktion, Planung. Stadtentwürfe zwsichen Antike und Früher Neuzeit*, hg. von Albert Dietl/Wolfgang Schöller/Dirk Steuernagel, Regensburg 2014, S. 197–220.

Haberland, Detlef: ›Die Kosmographie – Typologie und Medienstrategien‹, in: *Cognition and the Book. Typologies of Formal Organisation of Knowledge in the Printed Book of the Early Modern Period*, hg. von Karl A. E. Enenkel/Wolfgang Neuber, Leiden/Boston 2005, S. 125–159.

Hahn, Elena: ›Den Pinsel in flüssiges Licht getaucht. Die Gemälde von Ferdinand Knab‹, in: *Sehnsucht Landschaft. Würzburg und die romantische Landschaftsmalerei des 19. Jahrhunderts*, hg. von Nico Kirchberger, Berlin/München 2016, S. 86–94.

Hanstein, Otfrid von: *Semiramis. Ein Roman aus der Grenzzeit zwischen Geschichte und Sage*, Leipzig 1925.

Harten, Ulrike: *Die Bühnenentwürfe*, überarb. und hg. von Helmut Börsch-Supan/Gottfried Riemann, München/Berlin 2000 (= *Karl Friedrich Schinkel. Lebenswerk* XVII).

Heller, André: *Das Babylonien der Spätzeit (7.–4. Jh.) in den klassischen und keilschriftlichen Quellen*, Berlin 2010 (= *Oikumene. Studien zur antiken Weltgeschichte* 7).

Henzel, Christoph: ›Semiramide‹, in: *Lexikon der Oper*, Bd. 2, hg. von Elisabeth Schmierer, Laaber 2002, S. 583f.

Herodot: *Historien*, Bd. 1: *Bücher I–V*, griechisch–deutsch, hg. von Josef Feix, 7. Aufl., Düsseldorf u. a. 2006.

Herrmann, Michaela: ›Die Utopie als Modell. Zu den Idealstadt-Bildern in Urbino, Baltimore und Berlin‹, in: *Architekturmodelle der Renaissance. Die Harmonie des Bauens von Alberti bis Michelangelo*, hg. von Bernd Evers, Ausst.-Kat. Venedig/Washington, D.C./Paris/Berlin 1994, München 1995, S. 56–73.

Herrmann, Wolfgang: *Gottfried Semper: theoretischer Nachlass an der ETH Zürich*, Basel/Boston 1981.

Higgins, Reynold: ›Der Koloß von Rhodos‹, in: *Die Sieben Weltwunder* [1988], hg. von Peter A. Clayton/Martin J. Price, übers. von Hans-Christian Oeser, Stuttgart 2009, S. 164–181.

Hildebrand, Sonja: ›‚nach einem Systeme zu ordnen, welches die inneren Verbindungsfäden dieser bunten Welt am besten zusammenhält'. Kulturgeschichtliche Modelle bei Gottfried Semper und Gustav Klemm‹, in: *Gottfried Semper – Dresden und Europa. Die moderne Renaissance der Künste*, hg. von Henrik Karge, München/Berlin 2007, S. 237–250.

Hille, Peter: *Semiramis*, Berlin 1902.

Hirschfeld, Christian Cay Lorenz: *Theorie der Gartenkunst*, Bd. 1, Leipzig 1779.

Hirt, Aloys Ludwig: *Die Geschichte der Baukunst bei den Alten*, Bd. 1, Berlin 1821.

Historia Augusta. Römische Herrschergestalten, Bd. 1, übers. v. Ernst Hohl, hg. u. erläutert v. Elke Merten/Alfons Rösger, Zürich/München 1976.

Höfler, Janez: *Der Palazzo Ducale in Urbino unter den Montefeltro (1376–1508). Neue Forschungen zur Bau- und Ausstattungsgeschichte*, Regensburg 2004.

Hogenberg, Abraham: *Hortorvm Viridariorvmqve. Nouiter in Europa præcipue adornatorum elegantes et multiplices formae ad vivum delineatae et aeri incisae. Der Vornembsten vnd berümsten Lustgartten in Europa nach dem leben eigentliche Abrisz so vorhien nitt ihn druck auszgangen ietzo aber allen Liebhaberen zu nutz vnd dienst mitt vieler mühe vnd kosten zusammen getragen*, Köln 1655.

Hojer, Gerhard (Hg.): *Anton Raphael Mengs: Königin Semiramis erhält die Nachricht vom Aufstand in Babylon*, Berlin 1995 (= *Patrimonia* 49).

Holl, Oskar: ›Semiramis‹, in: *Lexikon der christlichen Ikonographie*, Bd. 4, hg. von Engelbert Kirschbaum, Freiburg u. a. 1972, Sp. 149.

Homers Odyssee, übers. von Johann Heinrich Voss, mit einem Nachwort von Karl Reinhardt, Leipzig 1948.

Hoppe, Ilaria: *Die Räume der Regentin. Die Villa Poggio Imperiale zu Florenz*, Berlin 2012.

Hoppe, Stephan: ›Das renaissancezeitliche Schloss und sein Umland. Der architekturgebundene Fächerblick als epochenspezifische Herrschaftsgeste‹, in: *Die Vielschichtigkeit der Straße. Kontinuität und Wandel im Mittelalter und früher Neuzeit*, hg. von Kornelia Holzner-Tobisch/Thomas Kühtreiber/Gertrud Blaschitz, Wien 2012, S. 303–329.

Howard, Kathleen (Hg.): *The Metropolitan Museum of Art. Guide*, ausgewählt von Philippe de Montebello, 2. Aufl., New York 1994.

Invernizzi, Antonio: ›Die ersten Reisenden‹, in: *Babylon. Wahrheit*, hg. von Joachim Marzahn/Günther Schauerte, Ausst.-Kat. Berlin, München 2008, S. 53–56.

Jacoby, Felix: *Die Fragmente der griechischen Historiker (FGrHist)*, Teil 3: *Geschichte von Staedten und Voelkern. – C: Autoren über einzelne Länder*, Bd. 1: *Aegypten – Geten (Nr. 608a–708)*, Leiden 1958.

Jatta, Barbara: *Lievin Cruyl e la sua opera grafica. Un artista fiammingo nell'Italia del Seicento*, Brüssel/Rom 1992.

Jursa, Michael: *Die Babylonier. Geschichte, Gesellschaft, Kultur*, 3. Aufl., München 2015.

Keutner, Herbert: ›Der Giardino Pensile der Loggia dei Lanzi und seine Fontäne‹, in: *Kunstgeschichtliche Studien für Hans Kauffmann*, hg. von Wolfgang Braunfels, Berlin 1956, S. 240–251.

Kircher, Athanasius: *Arca Noë*, Amsterdam 1675.

Kircher, Athanasius: *Turris Babel, sive archontologia, qua primo priscorum post diluvium hominum vita, mores rerumque gestarum magnitudo, Secundo turris fabrica civitatumque extructio, confusio linguarum, & inde gentium transmigrationis, cum principalium inde enatorum idiomatum historia, multiplici eruditione describuntur & explicantur*, Amsterdam 1679.

Klengel, Horst: *Hammurapi von Babylon und seine Zeit*, 4., überab. Aufl., Berlin 1980.

Koch, Ebba: *Mughal Architecture. An Outline of Its History and Development (1526–1858)*, München 1991.

Koldewey, Robert: *Das wieder erstehende Babylon. Die bisherigen Ergebnisse der deutschen Ausgrabungen*, 2. Aufl., Leipzig 1913.

Koldewey, Robert: *Das wieder erstehende Babylon*, 5., überarb. u. erweit. Auflage, hg. von Barthel Hrouda, München 1990.

Koldewey, Robert: *Die Königsburgen von Babylon*, Erster Teil: *Die Südburg*, Leipzig 1931 (= *Wissenschaftliche Veröffentlichungen der Deutschen Orient-Gesellschaft* 54).

König, Friedrich Wilhelm (Hg.): *Die Persika des Ktesias von Knidos*, Graz 1972 (= *Archiv für Orientforschung*, Beiheft 18).

Krašeninnikov, A./Ljudina, R.: ›Istorija stroitel'stva Malogo Ermitaža‹, in: *Soobščenija Gosudarstvennogo Ermitaža* 25 (1964), S. 8–11.

Krautheimer, Richard: ›Le tavole di Urbino, Berlino e Baltimora riesaminate‹, in: *Rinascimento da Brunelleschi a Michelangelo*, hg. von Henry Millon/Vittorio Magnago Lampugnani, Ausst.-Kat. Venedig 1994, Mailand 1994, S. 233–258.

Krischen, Fritz: *Weltwunder der Baukunst in Babylonien und Jonien*, Tübingen 1956.

Krünitz, Johann Georg: *Oeconomische Encyclopädie*, Bd. 148, Berlin 1828.

Kruft, Hanno-Walter: *Geschichte der Architekturtheorie. Von der Antike bis zur Gegenwart*, 4. Aufl., München 1995.

Kunoth, George: *Die Historische Architektur Fischers von Erlach*, Düsseldorf 1956.

Kunze, Max (Hg.): *Die Sieben Weltwunder der Antike. Wege der Wiedergewinnung aus sechs Jahrhunderten*, Ausst.-Kat. Stendal, Mainz 2003.

Lancaster, Lynne C.: *Concrete Vaulted Construction in Imperial Rome. Innovations in Context*, Cambridge 2005.

Layard, Austen Henry: *Nineveh and Its Remains*, 2 Bde., London 1849.

Layard, Austen Henry: *Discoveries among the Ruins of Nineveh and Babylon*, London 1853.

Layard, Austen Henry: *Nineveh und Babylon nebst Beschreibung seiner Reisen in Armenien, Kurdistan und der Wüste*, übers. von Dr. J. Th. Zenker, Leipzig 1856.

Lazzaro, Claudia: *The Italian Renaissance Garden. From the Conventions of Planting, Design, and Ornament to the Grand Gardens of Sixteenth-Century Central Italy*, New Haven/London 1990.

Jacqueline Leclercq-Marx: ›L'intégration des Sept Merveilles du Monde à la culture chrétienne. Entre survivance et réinterprétation‹, in: *Hortus Artium Medievalium* 20/2 (2014), S. 674–680.

Lehmann, Reinhard G.: ›,Mit Schriften keilen'. Friedrich Delitzsch und der Babel-Bibel-Streit‹, in: *Zeitschrift für Ideengeschichte* XII/4 (2018), S. 55–66.

Lengenfelder, Helga (Hg.): *Bibel der Armen – Speculum humanae salvationis – Canticum canticorum – Ars memorandi – Defensorium virginitatis Mariae – Apocalypsis – Der Endkrist und die 15 Zeichen – Ars moriendi – Regiomontanus: Deutscher Kalender für 1475 bis 1530*. Farbmikrofiche-Edition der Blockbücher der Universitätsbibliothek München. Mit einer historischen Einführung von Wolfgang Müller, München 2004.

Leoncini, Luca: ›Palazzo Balbi Durazzo Reale. Note per la storia di un museo‹, in: *Palazzo Reale di Genova. Studi e restauri 1993–1994*, hg. von Luca Leoncini, Genua 1997, S. 43–64.

Leopold, Silke: ›Metastasio, Pietro‹, in: *MGG*, Personenteil, Bd. 12, Kassel 2004, Sp. 85–97.

Leuschner, Eckhard: *Antonio Tempesta. Ein Bahnbrecher des römischen Barock und seine europäische Wirkung*, Petersberg 2005.

Lorck, Carl von: *Karl Friedrich Schinkel*, Berlin 1939.

Loudon, John Claudius: *An Encyclopædia of Gardening; Comprising the Theory and Practice of Horticulture, Floriculture, Arboriculture and Landscape-Gardening*, 3. Aufl., London 1825.

Luttmann, Susanne: ›Von der Methodik des Erfindens – Gottfried Sempers ,Vergleichende Baulehre'‹, in: *Gottfried Semper – Dresden und Europa. Die moderne Renaissance der Künste*, hg. von Henrik Karge, München/Berlin 2007, S. 221–236.

Madonna, Maria Luisa: ›,Septem Mundi Miracula' come templi della virtù. Pirro Ligorio e l'interpretazione cinquecentesca delle meraviglie del mondo‹, in: *Psicon* III/7 (1976), S. 24–63.

Madreiter, Irene: ›Ktesias und Babylonien. Über eine nicht existierende Größe in den Persika‹, in: *Ktesias' Welt*, hg. von Josef Wiesehöfer/Giovanni Lanfranchi/Robert Rollinger, Wiesbaden 2011, S. 247–279.

Mahon, Denis: ›Guercino's Paintings of Semiramis‹, in: *The Art Bulletin* 31/3 (1949), S. 217–223.

Manesson-Mallet, Allain: *Description de L'Univers*, Paris 1683.

Manesson-Mallet, Alain [Allain]: *Beschreibung des gantzen Welt-Kreises: nebst allgemeinen und besonderen Land-Charten von denen Kayserthümern, Königreichen, Fürstenthümern, Provinzen, Insuln und Staaten des Erd-Kreyses, aus der alten und neuen Geographie ...; 2. Worinne das alte und neue Asia*, Frankfurt 1719.

Marani, Ercolano: ›La costruzione del giardino pensile nel Palazzo Ducale di Mantova‹, in: *Atti e Memorie della Accademia Virgiliana di Mantova* N.S. 38 (1970), S. 181–201.

Martufi, Roberta: ›Il giardino pensile del palazzo ducale di Urbino‹, in: *I giardini del duca. Luoghi di delizia dai Montefeltro ai Della Rovere*, hg. von Anna Cerboni Baiardi, Ausst.-Kat. Urbino, Cinisello Balsamo 2018, S. 89–99.

Marzahn, Joachim /Günther Schauerte (Hg.): *Babylon. Wahrheit*, Ausst.-Kat. Berlin, München 2008.

Marzahn, Joachim: ›Die deutschen Ausgrabungen in Babylon‹, in: *Babylon. Wahrheit*, hg. von Joachim Marzahn/Günther Schauerte, Ausst.-Kat. Berlin, München 2008, S. 67–78.

Maurer, Bruno: ›Lehrgebäude – Gottfried Semper am Zürcher Polytechnikum‹, in: *Gottfried Semper (1803–1879). Architektur und Wissenschaft*, hg. von Winfried Nerdinger/Werner Oechslin, Ausst.-Kat. München/Zürich, München/Berlin/Zürich 2003, S. 306–313.

May, Karl: ›Babel und Bibel. Arabische Fantasia in zwei Akten‹ [1901], in: Ders.: *Lichte Höhen. Aus Karl May's Nachlass*, Bamberg 1956, S. 97–247.

May, Karl: *Bei den Trümmern von Babylon* [1913], Bamberg 2000.

McLean, Matthew: *The »Cosmographia« of Sebastian Münster. Describing the World in the Reformation*, Aldershot 2007.

Merz, Jörg Martin: *Pietro da Cortona. Der Aufstieg zum führenden Maler im barocken Rom*, Tübingen 1991 (= *Tübinger Studien zur Archäologie und Kunstgeschichte* 8).

Merz, Jörg Martin: *Das Heiligtum der Fortuna in Palestrina und die Architektur der Neuzeit*, München 2001 (= *Römische Forschungen der Bibliotheca Hertziana* 29).

Metastasio, Pietro: *Opere*, Bd. 7, Paris 1780.

Metastasio, Pietro: ›Die erkannte Semiramis‹, in: Johann Anton Koch: *Des Herrn Abt Peter Metastasio Kaiserl. Königl. Hofpoetens Dramatische Gedichte*, Bd. 3, Frankfurt/Leipzig 1771, S. 113–238.

Micalizzi, Paolo: *Gubbio. Storia dell'architettura e della città*, 2., rev. Aufl., Gubbio 2009.

Michalski, Sergiusz: ›Venus as Semiramis. A New Interpretation of the Central Figure of Botticelli's Primavera‹, in: *Artibus et historiae* 24/48 (2003), S. 213–222.

Miert, Dirk van (Hg.): *The Kaleidoscopic Scholarship of Hadrianus Junius (1511–1575). Northern Humanism at the Dawn of the Dutch Golden Age*, Leiden/Boston 2011.

Minkowski, Helmut: *Vermutungen über den Turm zu Babel*, Freren 1991.

Münchener Bilderbogen, München (Braun & Schneider) 1886, Nr. 927.

Münster, Sebastian: *Cosmographia. Beschreibung aller Lender durch Sebastianum Münsterum: in welcher begriffen aller Voelcker, Herrschafften, Stetten, und namhafftiger Flecken, herkommen: Sitten, Gebreüch, Ordnung, Glauben, Secten und Hantierung durch die gantze Welt und fürnemlich Teütscher Nation*, Basel 1544.

Münster, Sebastian: *Cosmographey oder beschreibung aller Länder, Herrschafften, fürnem[m]sten Stetten: geschichten, gebreuche[n], handtierungen etc. / Erstmals beschriben durch Sebastianum Munsterum, auch durch jhn selbst gebessert, an Welt vnd Natürlichen historien jetzunder aber biß auff das M.D.LXVI. jar, ... vyl gemehret ...*, Basel 1567.

Münster, Sebastian: *Cosmographey oder beschreibung aller Länder, Herrschafften, fürnemsten Stetten, geschichtem, gebreüchen, handtierungen, etc.*, Basel 1574.

Münster, Sebastian: *Cosmographey Oder beschreibung Aller Länder herrschafftenn vnd fürnemesten Stetten des gantzen Erdbodens sampt jhren Gelegenheiten, Eygenschafften, Religion, Gebreuchen, Geschichten vnnd Handthierungen, etc.*, Basel 1588.

Naredi-Rainer, Paul von: *Salomos Tempel und das Abendland. Monumentale Folgen historischer Irrtümer*, Köln 1994.

Niesner, Manuela: *Das Speculum Humanae Salvationis der Stiftsbibliothek Kremsmünster. Edition der mittelhochdeutschen Versübersetzung und Studien zum Verhältnis von Bild und Text*, Köln/Weimar/Wien 1995.

Norman, Geraldine: *The Hermitage. The Biography of a Great Museum*, London 1997.

Nova, Alessandro/Cornelia Jöchner (Hg.): *Platz und Territorium. Urbane Struktur gestaltet politische Räume*, Berlin/München 2010.

Panzini, Franco: ›Giardini rovereschi nella Pesaro del Cinquecento‹, in: *Pesaro nell età dei Della Rovere*, hg. von Guido Arbizzoni/Antonio Brancati/Maria Rosaria Valazzi, Venedig 1998 (= *Historia Pisaurensia* III, 1), S. 265–284.

Patzak, Bernhard: *Die Villa Imperiale in Pesaro. Studien zur Kunstgeschichte der italienischen Renaissance-Villa und ihrer Innendekoration*, Leipzig 1908.

Pehnt, Wolfgang /Matthias Schirren (Hg.): *Hans Poelzig (1869–1936). Architekt, Lehrer, Künstler*, Ausst.-Kat. Berlin/München/Frankfurt 2007/2008, München 2007.

Penther, Johann Friedrich: *Lexicon architectonicum oder Erklärungen der üblichsten ... Kunst-Wörter der bürgerlichen Bau-Kunst ...*, Bd. 1, Augsburg 1744 (= *Ausführliche Anleitung zur Bürgerlichen Bau-Kunst*, 4 Bde., Augsburg 1744–1748).

Perugini, Raynaldo: ›Athanasius Kircher tra ‚architettura filosofica' e ‚architettura delle meraviglie'‹, in: *Enciclopedismo in Roma barocca. Athanasius Kircher e il Museo del Collegio Romano tra Wunderkammer e museo scientifico*, hg. von Maristella Casciato, Venedig 1986, S. 195–209.

Pettinato, Giovanni: *Semiramis. Herrin über Assur und Babylon. Biographie*, Zürich u. a. 1988.

Philipp, Klaus Jan (Hg.): *Karl Friedrich Schinkel. Späte Projekte*, 2 Bde., Stuttgart/London 2000.

Pieper, Jan: ›Die Natur der Hängenden Gärten‹, in: *Daidalos* 23 (1987), S. 94–109.

Pieper, Jan: *Pienza. Der Entwurf einer humanistischen Weltsicht*, Stuttgart/London 1997.

Pieper, Jan: ›Der zweite Punkt: ‚Le toit-jardin‘. Le Corbusiers bewohnbare Dächer‹, in: *Stadtbaukunst: Das Dach,* Katalog zu den Dortmunder Architekturtagen 2007, hg. von Dortmunder Institut für Stadtbaukunst, Köln 2008 (= *Dortmunder Architekturhefte* 20), S. 66–85.

Pizan, Christine de: *Das Buch von der Stadt der Frauen* [ca. 1400], übers. von Margarete Zimmermann, München 1990.

C. Plinius Secundus d. Ä.: *Naturalis Historiae/Naturkunde,* lateinisch–deutsch, Buch XXXVI, hg. und übers. von Roderich König in Zusammenarbeit mit Joachim Hopp, 2. Aufl., Düsseldorf 2007.

Plutarch: ›Perikles‹, in: Ders.: *Fünf Doppelbiographien,* griechisch und deutsch, Teil 1, übers. von Konrat Ziegler/Walter Wuhrmann, Zürich 1994, S. 510–611.

Poeschke, Joachim/Candida Syndikus (Hg.): *Leon Battista Alberti. Humanist – Architekt – Kunsttheoretiker,* Münster 2008.

Polaschegg, Andrea/Michael Weichenhan (Hg.): *Berlin-Babylon. Eine deutsche Faszination,* Berlin 2017.

Poleggi, Ennio: *Genova. Una Civiltà di Palazzi,* Genua 2002.

Polichetti, Maria Luisa (Hg.): *Il Palazzo di Federico da Montefeltro,* Bd. 1: *Restauri e ricerche,* Urbino 1985.

Poliziano, Angelo: *Silvae,* hg. und übers. von Charles Fantazzi, Cambridge/MA 2004 (= *The I Tatti Renaissance Library* 14).

Poliziano, Angelo: *Vorworte und Vorlesungen,* übers., eingeleitet und mit Anmerkungen versehen von Otto und Eva Schönberger, Würzburg 2011.

Pomella, Gioconda (Hg.): *Palazzi dei Rolli,* Genua 2004.

Prange, Peter: *Entwurf und Phantasie. Zeichnungen des Johann Bernhard Fischer von Erlach (1656–1723),* Ausst.-Kat. Salzburg 2004 (= *Schriften des Salzburger Barockmuseums* 28).

Putten, Jasper van: *Networked Nation. Mapping German Cities in Sebastian Münster's ›Cosmographia‹,* Leiden/Boston 2018 (= *Maps, Spaces, Cultures* 1).

Quintus Curtius Rufus: *Historiae Alexandri Magni. Geschichte Alexanders des Großen,* Lateinisch/Deutsch, übers. von Felicitas Olef-Krafft, hg. u. kommentiert von Felicitas Olef-Krafft/Peter Krafft, Stuttgart 2014.

Rappenecker, Monika: ›Petrus Comestor‹, in: *Biographisch-Bibliographisches Kirchenlexikon,* Bd. 7, Hamm 1994, Sp. 343–345.

Reade, Julian: *Assyrian Sculpture,* 2. Aufl., London 1998.

Reuchlin, Johannes: *De arte cabalistica libri tres* [1517], Stuttgart-Bad Cannstatt 2010 (= Ders.: *Sämtliche Werke,* Bd. II,1 hg. von Widu-Wolfgang Ehlers/Fritz Felgentreu, hebräischer Text hg. von Reimund Leicht).

Riccomini, Anna Maria: ›A Garden of Statues and Marbles: The Soderini Collection in the Mausoleum of Augustus‹, in: *Journal of the Warburg and Cortauld Institutes* 58 (1995), S. 265–284.

Rich, Claudius James: *Narrative of a Journey to the Site of Babylon in 1811 ...,* London 1839.

Rodríguez-Moya, Inmaculada/Víctor Mínguez: *The Seven Ancient Wonders in the Early Modern World,* London/New York 2017.

Roeck, Bernd/Andreas Tönnesmann: *Die Nase Italiens. Federico da Montefeltro, Herzog von Urbino*, Berlin 2005.

Rollinger, Robert: ›Babylon in der antiken Tradition – Herodot, Ktesias, Semiramis und die Hängenden Gärten‹, in: *Babylon. Wahrheit*, hg. von Joachim Marzahn/Günther Schauerte, Ausst.-Kat. Berlin, München 2008, S. 487–504.

Romer, John u. Elizabeth: *The Seven Wonders of the World. A History of the Modern Imagination*, London 2000.

Roscoe, William: *The Life of Lorenzo De' Medici, Called the Magnificent*, 2 Bde., London 1796.

Roth, Gunhild: ›Speculum humanae salvationis‹, in: *Lexikon des Mittelalters*, Bd. 7, München 1995, Sp. 2088f.

Rotondi, Pasquale: *The Ducal Palace of Urbino. Its Architecture and Decoration*, New York 1969.

Saraina, Torello: *De origine et amplitudine ciuitatis Veronae. Eiusdem De viris illustribus antiquis Veronensibus* ..., Verona 1540.

Schippan, Michael: ›Eine historisch Große. Katharina II. von Russland‹, in: *Friedrich und die historische Größe. Beiträge des dritten Colloquiums in der Reihe »Friedrich300«* vom 25./26. September 2009, hg. von Michael Kaiser/Jürgen Luh (= *Friedrich300 – Colloquien*, 3), abrufbar unter: https://www.perspectivia.net/publikationen/friedrich300-colloquien/friedrich-groesse (19.11.2019).

Schmidt, Johann Jacob: *Biblischer Historicus*, Leipzig 1740.

Schmidt-Nechl, Barbara: ›Die Isola Bella im Lago Maggiore. Die Entwicklung einer Garteninsel im Seicento‹, in: *Die Gartenkunst* 11/2 (1999), S. 240–267.

Schweizer, Stefan: ›Forum‹, in: *Der Neue Pauly. Enzyklopädie der Antike*, Bd. 13 (Rezeptions- und Wissenschaftsgeschichte), Stuttgart 2000, Sp. 1152–1162.

Schweizer, Stefan: ›‚Stil', ‚Bedeutung', ‚Wahrnehmung'. Historische Wurzeln interdisziplinärer Architekturdeutung und ihre transdisziplinären Perspektiven‹, in: *Bauen als Kunst und historische Praxis. Architektur und Stadtraum im Gespräch zwischen Kunstgeschichte und Geschichtswissenschaft*, hg. von Stefan Schweizer/Jörg Stabenow, Teilbd. 1, Göttingen 2006 (= *Göttinger Gespräche zur Geschichtswissenschaft* 26), S. 21–83.

Schweizer, Stefan: *Die Erfindung der Gartenkunst. Gattungsautonomie – Diskursgeschichte – Kunstwerkanspruch*, Berlin/München 2013 (= *Kunstwissenschaftliche Studien* 172).

Sedlacek, Ingrid: *Die Neuf Preuses. Heldinnen des Spätmittelalters*, Marburg 1997 (= *Studien zur Kunst- und Kulturgeschichte* 14).

Semper, Gottfried: ›Ueber den Zusammenhang der architektonischen Systeme mit allgemeinen Kulturzuständen‹, in: Ders.: *Kleine Schriften*, hg. von Manfred und Hans Semper, Berlin/Stuttgart 1884, S. 351–368.

Semper, Gottfried: ›Ueber Baustile‹, in: Ders.: *Kleine Schriften*, hg. von Manfred und Hans Semper, Berlin/Stuttgart 1884, S. 395–426.

Seneca, Lucius Annaeus: *Epistulae morales ad Lucilium/Briefe an Lucilius*, Bd. I, hg. und übers. von Gerhard Fink, Düsseldorf 2007.

Senn, Rolf Thomas: ›Karl Friedrich Schinkel. Orientalismus im Gewand von Mittelalter und Antike‹, in: *Jahrbuch der Stiftung Preußische Schlösser und Gärten Berlin-Brandenburg* 1 (1995/96), S. 203–225.

Serlio, Sebastiano: *Il Terzo Libro Di Sebastiano Serlio Bolognese, Nel Qval Si Figvrano, E Descrivono Le Antiqvita Di Roma, E Le Altre Che Sono In Italia, E Fvori De Italia,* Venedig 1544.

Seymour, Michael J.: ›Semiramis und die Wunder Babylons‹, in: *Babylon. Mythos,* hg. von Moritz Wullen/Günther Schauerte, Ausst.-Kat. Berlin/Paris/London, München 2008, S. 231–243.

Simonis, Annette: ›Semiramis‹, in: *Der Neue Pauly,* Supplement-Bd. 8: *Historische Gestalten der Antike,* hg. von Peter von Möllendorf/Annette Simonis/Linda Simonis, Stuttgart u. a. 2013, Sp. 879–892.

Stackelberg, Jürgen von: *Voltaire,* München 2006.

Stork, Hans Walter: ›Speculum humanae salvationis‹, in: *Lexikon der Buchmalerei,* Bd. 2, hg. von Hartmut Engelhart, Stuttgart 2012, S. 614–616.

Strohmann, Nicola Katharina: ›Nabucodonosor‹, in: *Lexikon der Oper,* Bd. 2, hg. von Elisabeth Schmierer, Laaber 2002, S. 228f.

Sulzer, Johann Georg: *Allgemeine Theorie der schönen Künste,* Teil 1, Leipzig 1771.

Taylor, Jonathan: ›Die britischen Forschungsreisenden im 19. Jahrhundert‹, in: *Babylon. Wahrheit,* hg. von Joachim Marzahn/Günther Schauerte, Ausst.-Kat. Berlin, München 2008, S. 57–62.

Teodori, Brunella: ›Note e critiche e storia dei restauri del giardino pensile‹, in: *Il Palazzo di Federico da Montefeltro,* Bd. 1: *Restauri e ricerche,* hg. von Maria Luisa Polichetti, Urbino 1985, S. 529–552.

Tönnesmann, Andreas: *Pienza. Städtebau und Humanismus,* 3. Aufl., Berlin 2013.

Toršina, Ljudmila Evgenievna: *The Hermitage. The History of the Buildings and Collections,* St. Petersburg 2000.

Üchtritz-Amade, Stephanie Gräfin: *Semiramis,* Zürich 1931.

Valazzi, Maria Rosaria (Hg.): *Pesaro tra Medioevo e Rinascimento,* Venedig 1990 (= *Historia Pisaurensia* II).

Valerius Maximus: *Sammlung merkwürdiger Reden und Thaten,* übers. von Friedrich Hoffmann, Stuttgart 1829.

Vasari, Giorgio: *Das Leben des Donatello und des Michelozzo,* neu ins Deutsche übers. von Victoria Lorini, hg., kommentiert u. eingeleitet von Ulrich Pfisterer, Berlin 2013.

Vinardi, Maria Grazia: ›‚Horti pensili, come le delitie dei Giardini, coronati di fiori di frutti di Cedri di Naranci' – il Giardino di Agliè‹, in: *Vivere il giardino,* hg. von Daniela Biancolini, Turin 2003, S. 93–109.

Veldman, Ilja M.: ›Maarten van Heemskerck and Hadrianus Junius: The Relationship between a Painter and a Humanist‹, in: *Simiolus. Netherlands Quarterly for the History of Art* 7/1 (1974), S. 35–54.

Veldman, Ilja M.: *Maarten van Heemskerck and Dutch Humanism in the Sixteenth Century,* Maarssen 1977.

Veldman, Ilja M.: *Crispijn de Passe and His Progeny (1564–1670),* Rotterdam 2001.

Veldman, Ilja M.: ›L'homme et le cosmos‹, in: *Heemskerck & l'humanisme. Un œuvre à penser 1498–1576*, hg. von Francis Ribemont, Ausst.-Kat. Rennes 2010/11, Paris 2010, S. 33–47.

Vitruvius Pollio, Marcus: *Zehn Bücher über Architektur. Vitruvii De architectura libri decem*, lateinisch–deutsch, übers. und mit Anm. versehen von Curt Fensterbusch, 5. Aufl., Darmstadt 1991.

Voltaire: ›Semiramis. Ein Trauerspiel in Versen und fünf Aufzügen‹, in: *Neue Sammlung von Schauspielen welche auf der Kaiserlich Königlichen privil. deutschen Schaubühne zu Wien aufgeführet werden*, Bd. 3, Wien 1764, S. 1–60.

Waldau, Victor: *Semiramis. Herrscherin im sündhaften Babylon*, Berlin/Düsseldorf 1957.

Walravens, Hartmut: ›Die Sieben Weltwunder in chinesischer Darstellung‹, in: *Oriens Extremus* 17/1–2 (1970), S. 101–124.

Weber, Max: ›Wissenschaft als Beruf‹, in: *Max Weber-Gesamtausgabe*, Bd. I/17: *Wissenschaft als Beruf 1917/1919/Politik als Beruf 1919*, hg. von Birgit Morgenbrod/ Wolfgang J. Mommsen u. a., Tübingen 1992, S. 71–112.

Wegener, Ulrike B.: *Die Faszination des Maßlosen. Der Turmbau zu Babel von Pieter Bruegel bis Athanasius Kircher*, Hildesheim/Zürich/New York 1995.

Weichenhan, Michael: ›Weltliteratur unterm Sternenhimmel. Gilgamesch um 1900‹, in: *Zeitschrift für Ideengeschichte* XII/4 (2018), S. 67–74.

Wildenbruch, Ernst von: *Semiramis.* Eine Erzählung, Berlin 1904.

Wilson, Adrian/Joyce Lancaster Wilson: *A Medieval Mirror. Speculum Humanae Salvationis 1324–1500*, Berkeley u. a. 1984.

Wiseman, Donald J.: *Nebuchadrezzar and Babylon. The Schweich Lectures of the British Academy 1983*, Oxford 1985.

Wullen, Moritz /Günther Schauerte (Hg.): *Babylon. Mythos*, Ausst.-Kat. Berlin/Paris/ London, München 2008.

Zamarovský, Vojtěch: *Den Sieben Weltwundern auf der Spur*, 2. Aufl., Leipzig 1981 (Tschechische Originalausgabe Prag 1975).

Literatur zum Kapitel 7

Ahrendt, Jana: *Historische Gründächer. Ihr Entwicklungsgang bis zur Erfindung des Eisenbetons*, 2 Teile, Ing.-Diss. TU Berlin 2007.

Ansel, Wolfgang /Deutscher Dachgärtner Verband e. V. (Hg.): *Leitfaden Dachbegrünung für Kommunen*, Nürtingen 2011.

Ansel, Wolfgang/Deutscher Dachgärtner Verband e. V. (Hg): *Kommunale Gründach-Strategien*, Nürtingen 2016.

Baumann, Rudi: *Begrünte Architektur*, München 1983.

Besset, Maurice: *Le Corbusier* [1967], Genf 1987.

Blanc, Patrick: *Dispositif pour la culture sans sol de plantes sur une surface sensiblement verticale*, Paris 1996, abrufbar unter : https://patents.google.com/patent/ FR2747265A1/fr (09.12.2019).

Blanc, Patrick: *Vertikale Gärten*, Stuttgart 2009.

Brune, Miriam /Steffen Bender/Markus Groth: *Gebäudebegrünung und Klimawandel. Anpassung an die Folgen des Klimawandels durch klimawandeltaugliche Begrünung*, Hamburg: Climate Service Center Germany, April 2017 (= *Report* 30).

Bundesministerium für Umwelt, Naturschutz, Bau und Reaktorsicherheit (Hg.): *Weißbuch Stadtgrün*, Berlin 2017.

Busse, Hans-Busso von u.a. (Hg.): *Atlas Flache Dächer. Nutzbare Flächen*, München 1992.

Cooper, Paul: *Grüne Räume*, München 2003.

Deutscher Bundestag, 13. Wahlperiode (Hg.): *Abschlußbericht der Enquete-Kommission »Schutz des Menschen und der Umwelt – Ziele und Rahmenbedingungen einer nachhaltig zukunftsverträglichen Entwicklung«. Konzept Nachhaltigkeit. Vom Leitbild zur Umsetzung*, Berlin, 26.6.1998 (= *Drucksache* 13/11200).

Ernst & Sohn (Hg.): *Regenwasser-Management 2019* und *Gebäudebegrünung 2019*, April 2019 (= *Bautechnik, Sonderhefte*).

Faskel, Bernd: *Die Alten bauten besser. Energiesparen durch klimabewußte Architektur*, Frankfurt am Main 1982.

Freireiss, Kristin u. Lukas (Hg.): *Architecture of Change*, Teil 2, Berlin 2009.

Gollwitzer, Gerda /Werner Wirsing: *Dachgärten + Dachterrassen*, München 1962.

Goode, Patrick /Michael Lancaster/Susan Jellicoe/Geoffrey Jellicoe (Hg.): *The Oxford Companion to Gardens*, Oxford 1986.

Gropius, Walter: *Idee und Aufbau des staatlichen Bauhauses Weimar*, München 1923.

Grüntuch-Ernst, Almut: *Hortitecture*, Berlin 2018.

Grützmacher, Bernd: *Grasdach – Aufbau, Konstruktion, Systeme*, München 1984.

Hoffmann, Jens /Claudia J. Nahson: *Roberto Burle Marx*, New Haven/New York 2016.

Hundertwasser-Haus, Die Hundertwasser Gemeinnützige Privatstiftung: http://www.hundertwasser-haus.info.

ingenhoven architects (Hg.): *supergreen*, Tokio 2015 (= *a + u architecture and urbanism*, 2015/08, No. 539).

ingenhoven architects (Hg.): *Green heart Marina One Singapore – Architecture for Tropical Cities* (Ausst.-Kat.), Berlin 2017.

Jodidio, Philip: *Green Architecture Now!*, Köln 2009.

Jodidio, Philip: *Rooftops*, Köln 2016.

Köhler, Manfred (Hg.): *Handbuch Bauwerksbegrünung*, Köln 2012.

Köhler, Manfred/Christian Rares Nistor: *Wandgebundene Begrünungen. Quantifizierungen einer neuen Bauweise in der Klima-Architektur*, hg. von der Forschungsgesellschaft Landschaftsentwicklung Landschaftsbau e. V. (FLL), Stuttgart 2018.

Köhler, Manfred: *Das Physikgebäude Berlin-Adlershof*, 18.12.2015, https://neuelandschaft.de/artikel/das-physikgebaeude-berlin-adlershof-1504.html.

Köhler, Manfred/Daniel Kaiser: ›Evidence of the Climate Mitigation Effect of Green Roofs – A 20-Year Weather Study on an Extensive Green Roof (EGR) in Northeast Germany‹, in: *Buildings* 9/157 (2019), 18 Seiten.

Koolhaas, Rem: *Elements of Architecture*, Venedig 2014.

Le Corbusier: *Précisions sur un état présent de l'architecture et de l'urbanisme/Feststellungen zu Architektur und Städtebau* [1929], Frankfurt/Berlin/Wien 1964.

Le Corbusier/Pierre Jeanneret: *Œuvre Complète de 1910–1929*, hg. von Willy Boesiger/Oscar Stonorov, Zürich 1948.

Le Corbusier 1910–65, hg. von Willy Boesiger/Hans Girsberger, Zürich 1967.

Le Corbusier: *The Art of Architecture*, hg. von Alexander von Vegesack, Ausst.-Kat. Vitra Design Museum, Weil am Rhein 2007.

Lepik, Andreas (Hg.): *draußen. Landschaftsarchitektur auf globalem Terrain*, Berlin 2017.

Liesecke, Hans-Joachim u. a.: *Grundlagen der Dachbegrünung*, Berlin/Hannover 1989.

Loos, Adolf: ›Die moderne Siedlung. Ein Vortrag‹, in: *Adolf Loos. Trotzdem: 1900–1930*, hg. von Adolf Opel, Wien 1988, S. 183–206.

Meyder, Simone: ›Große Individualität trotz Verdichtung. Reihen- und Terrassenhäuser der Siedlung ‚Im Schneider' in Waiblingen-Neustadt‹, in: *Denkmalpflege in Baden-Württemberg* 3 (2011), S. 164–165.

Minke, Gernot /Gottfried Witte: *Häuser mit grünem Pelz. Ein Handbuch zur Hausbegrünung*, Frankfurt am Main 1985.

Mösle, Peter/Michaela Lambertz/Stefan Altenschmidt/Christoph Ingenhoven (Hg.): *Praxishandbuch Green Building*, Berlin 2018.

Neumann, Klaus: *Planungs- und baurechtliche Festlegungen der Gebäudebegrünung in der Bauleitplanung (in Deutschland)*, World Green Infrastructure Congress, Berlin, Juni 2017.

Pahl, Jürgen: *Architekturtheorie des 20. Jahrhunderts*, München 1999.

Penn, Ashley: *Über den Dächern*, Kempen 2016.

Pfoser, Nicole: ›Erweiterte ‚Systematik' der Fassadenbegrünung – Eigenschaften und Unterschiede von Boden- und Fassadengebundenen Begrünungssystemen‹, in: *Biotope City*, Amsterdam 2011.

Pfoser, Nicole: ›Fassadenbegrünung. Erweiterte Systematik‹, in: *Bauwerksbegrünung, Jahrbuch 2011* (Stuttgart), S. 97–103.

Pfoser, Nicole: *Der Stellenwert der Fassadenbegrünung in Architektur und Städtebau*, Vortrag in Hamburg, 25.9.2018, abrufbar unter: https://www.gebaeudegruen.info/fileadmin/website/downloads/bugg-vortraege/fassaden_hamburg_2018/Nicole_Pfoser.pdf.

Probst, Hartmut /Christian Schädlich (Hg.): *Walter Gropius. Ausgewählte Schriften*, Berlin 1988.

Rabitz, Carl: *Naturdächer von vulkanischem Cement oder Moderne hangende Gärten*, Berlin 1867.

Reif, Jonas: *CityTrop*, Stuttgart 2017.

Rockefeller Center (Hg.): *Gardens of the Nations*, New York 1935, abrufbar unter: http://www.ralphhancock.com/gardenofthenations (19.11.2019).

Röske, Dieter: *Die Entwicklung des flachen Daches in der modernen Architektur in Deutschland* (Diss. Ing. TU Berlin), Berlin 2009.

Rüber, Eduard: *Das Rasendach. Die wohlfeilste, dauerhafteste und feuersicherste Eindeckungsart für Stadt- und Land-Gebäude*, Hannover: Edition Libri Rari, 1998 (Reprint nach einem Orig. der 1. Aufl., München, Cotta, 1860).

Scherer, Hans Ulrich: ›Terrassenbauten‹, in: *Das Werk* 53/6 (1966), S. 201–207.

Schultze-Naumburg, Paul: *Flaches oder geneigtes Dach?*, Berlin 1927.

Sedlbauer, Klaus/Eberhard Schunck/Rainer Barthel/Hartwig M. Künzel: *Flachdachatlas. Werkstoffe, Konstruktionen, Nutzungen*, München 2010.

Sieber, Heinz G. /Forschungsgesellschaft Landschaftsentwicklung – Landschaftsbau e. V. (Hg.): *Das begrünte Haus. Bedeutung und konstruktive Hinweise*, Karlsruhe 1983.

Sloterdijk, Peter: *Sphären*, 3 Bde., Frankfurt am Main 1998–2004.

Thiele, Klaus-Jakob: ›Wohnen am Hang‹, in: *Bauwelt* 14 (1961), S. 397ff.

Titman, Marc: ›Dualism Is Dead; Long Live the Pastoral‹, in: *Architectural Design*, Special Issue: *The New Pastoralism. Landscape into Architecture* 83/3 (Mai/Juni 2013), S. 14–19.

Tudiwer, David u. a.: ›Abbildung der wärmedämmenden Wirkung eines fassadengebundenen Begrünungssystems in einem Simulationsmodell‹, in: *Bauphysik* 41/3 (2019), S. 155–161.

Uffelen, Chris van: *Green, Greener, Greenest. Façades, Roofs, Indoors*, Salenstein 2017.

Unruh, Tina (Hg.): *Das Klima als Entwurfsfaktor*, Luzern 2013.

Vogt, Max: *Le Corbusier. Der edle Wilde. Zur Archäologie der Moderne*, Braunschweig/Wiesbaden 1996.

Wingler, Hans M.: *Das Bauhaus, 1919–1933. Weimar, Dessau, Berlin*, Bramsche 1962.

Abbildungsnachweis

Abb. 1, 2: www.budget.com.au

Abb. 3 (Anna Wöffen), 19, 21, 38, 44 (Stefan Arendt, LVR-Zentrum für Medien und Bildung), 6, 7, 8, 18, 20, 25, 26, 42, 43: Stiftung Schloss und Park Benrath

Abb. 4: Biblioteca Apostolica Vaticana

Abb. 5: Museum Meermanno: House of the book, Den Haag

Abb. 9, 10, 12: Kupferstichkabinett, Staatliche Kunstsammlungen Dresden; Fotografie: Herbert Boswank

Abb. 11: Bibliothèque nationale de France, Paris

Abb. 13, 14: aus: Max Kunze (Hg.): *Die Sieben Weltwunder der Antike. Wege der Wiedergewinnung aus sechs Jahrhunderten*, Ausst.-Kat. Stendal, Mainz 2003

Abb. 15, 16, 17: Bibliothek Kunstpalast Düsseldorf

Abb. 22, 40: bpk/Kupferstichkabinett SMB

Abb. 23: gta Archiv/ETH Zürich

Abb. 24: © AKG-Images

Abb. 27: Florenz, Biblioteca Nazionale

Abb. 28: © composer/stock.adobe.com

Abb. 29: aus: Herbert Keutner: ›Der Giardino Pensile der Loggia dei Lanzi und seine Fontäne‹, in: *Kunstgeschichtliche Studien für Hans Kauffmann*, hg. von Wolfgang Braunfels, Berlin 1956, S. 242

Abb. 30, 31, 32, 34: Stefan Schweizer

Abb. 33: © Dario/stock.adobe.com

Abb. 35: © Fabianodp/stock.adobe.com

Abb. 36: © giodilo/stock.adobe.com – Adobe

Abb. 37: aus: Ennio Poleggi: *Genova. Una Civiltà di Palazzi*, Genua 2002, S. 145

Abb. 39: © arbalest/stock.adobe.com

Abb. 41: aus: Steffi Roettgen: *Wandmalerei der Frührenaissance in Italien*, Bd. I, München 1996, S. 59

Abb. 45: aus: Robert Koldewey: *Die Königsburgen von Babylon, Erster Teil: Die Südburg*, Leipzig 1931 (= *Wissenschaftliche Veröffentlichungen der Deutschen Orient-Gesellschaft* 54).

Abb. 46: aus: Joachim Marzahn/Günther Schauerte (Hg.): *Babylon. Wahrheit*, Ausst.-Kat. Berlin, München 2008, S. 145

Abb. 47: aus: Fritz Krischen: *Weltwunder der Baukunst in Babylonien und Jonien*, Tübingen 1956

Abb. 48: TU Berlin, Architekturmuseum, Inv.-Nr. 2727

Abb. 49: Thomas Ledl, CC BY-SA 4.0

Abb. 50, 54: aus: Hans-Busso von Busse u.a. (Hg.): *Atlas Flache Dächer. Nutzbare Flächen*, München 1992, S. 36 und 43

Abb. 51, 59: Fotografie Frank Maier-Solgk

Abb. 52: aus: Le Corbusier: *Précisions sur un état présent de l'architecture et de l'urbanisme/Feststellungen zu Architektur und Städtebau* [1929], Frankfurt/Berlin/Wien 1964, S. 51

Abb. 53: aus: Yukio Futagawa (Hg.): *Frank Lloyd Wright Monograph, 1907–1913*, Tokio 1987, S. 230

Abb. 55: © Alamy Stock Photo F04N77

Abb. 56: aus: Jens Hoffmann/Claudia J. Nahson: *Roberto Burle Marx*, New Haven/New York 2016, S. 23

Abb. 58: *Denkmalpflege in Baden-Württemberg* 3 (2011), S. 164 f.

Abb. 60: Privatarchiv

Abb. 61, 62: © Auböck + Kárász Landschaftsarchitekten und Architekten

Abb. 63: © WOHA, Fotografie: K. Kopter

Abb. 64: © WOHA, Fotografie: Patrick Bingham Hall

Abb. 65, 66: © Stefano Boeri Architetti

Abb. 67: © ingenhoven architects

Abb. 68: © ingenhoven architects/Cadman

Abb. 69: © MRVDV

Abb. 70, 71: © C.F. Møller Architects

Gartenkunst und Architektur bei Wagenbach

Stefan Schweizer *André le Nôtre und die Erfindung der französischen Gartenkunst*

Die französischen Garten- und Parkanlagen André le Nôtres – allen voran Versailles – wurden zum Vorbild für prächtige Gärten in ganz Europa: Herrenhausen, Nymphenburg, Schönbrunn und Peterhof in Russland. Stefan Schweizer stellt uns den Erfinder der barocken Gartenkunst vor und führt in seine schönsten Parks.

SVLTO. Fadengeheftet. Rotes Leinen. 144 Seiten

Horst Bredekamp
Leibniz und die Revolution der Gartenkunst
Herrenhausen, Versailles und die Philosophie der Blätter

Freiheit, Individualität, Überraschung: Eine neue Sicht auf die Gartenkunst des Barock!

KKB. Gebunden mit Schildchen und Prägung. Mit über 100, großteils farbigen Abbildungen und 2 Ausklapptafeln. 176 Seiten

Horst Bredekamp *Berlin am Mittelmeer*
Kleine Architekturgeschichte der Sehnsucht nach dem Süden

Horst Bredekamp als Stadtführer durch die Mitte Berlins – unversehens ist man in Rom, Florenz, Venedig. Der Autor verführt zu einem völlig neuen Blick auf eine Stadt, die man zu kennen glaubte ...

Sachbuch. Klappenbroschur. 176 Seiten mit sehr vielen Abbildungen

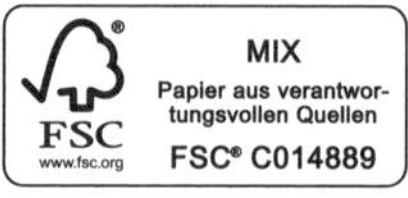

2. Auflage 2021
 Emser Straße 40/41
10719 Berlin www.wagenbach.de

Umschlaggestaltung Julie August unter Verwendung einer kolorierten Zeichnung von Gottfried Semper (1860)

Gesetzt aus der Scala Pro und der Avenir

Repro von typegerecht, Berlin

Umschlagmaterial von Salzer Papier GmbH, St. Pölten

Vorsatzmaterial von peyer graphic, Leonberg

Gedruckt und gebunden bei Pustet, Regensburg

Printed in Germany.

ISBN 978 3 8031 3694 7